U0129164

迷　航　記

黃埔情暨陸官 44 期一些閒話

陳 福 成 著

文　學　叢　刊

文史哲出版社印行

國家圖書館出版品預行編目資料

迷航記：黃埔情暨陸官 44 期一些閒話/ 陳
福成著.--初版 -- 臺北市：文史哲, 民 102.05
頁; 公分（文學叢刊；292）
ISBN 978-986-314-109-9（平裝）

855　　　102008030

文學叢刊 292

迷航記

黃埔情暨陸官 44 期一些閒話

著　者：陳　福　成
出版者：文史哲出版社
http://www.lapen.com.tw
e-mail:lapen@ms74.hinet.net
登記證字號：行政院新聞局版臺業字五三三七號
發行人：彭　正　雄
發行所：文史哲出版社
印刷者：文史哲出版社
臺北市羅斯福路一段七十二巷四號
郵政劃撥帳號：一六一八〇一七五
電話886-2-23511028・傳真886-2-23965656

定價新臺幣五〇〇元

中華民國一〇二年（2013）五月初版
中華民國一〇三年（2014）二月增訂再版

ISBN 978-986-314-109-9　　08292

六十憶舊（代序）

——寫在本書出版前

說來很神奇，也很意外，這輩子至今竟然要出版第七十好幾本書，忝列「作家」之門牆，詩壇上又封了一頂「詩人」大帽子。寫作像吃了大痲，一發不可收拾！

但我十五歲就立志要當大將軍，要率領大軍反攻大陸，解救同胞，完成中國再統一之大業。卻不知甚麼鬼使神差，這股火怎僅燒了三年，到官校一年級時，四個死黨商議（誓約）要另走一條路，另設一個大目標，另創一番四人共有的大事業，要建設一座「理想國」。

從此，我們拼命的，在理想國中追求理想，在偉大的目標中迷航，在茫茫大海中沒有羅盤，我們亦從不失志，從濃霧中望出，目標似在不遠處的天邊。那兒，定有美麗的彩霞。

也真的意外，我們也拼出屬於個人的一片天，經數十年追尋，路走到這裡，再也不迷航了。但我發現，有大船團、超級大船團，仍在迷航，啊！中華民國、中華人民共和國，你們何時航向中國？

人生走過六十年，回顧前面那段迷航的大半生，至今仍覺不可思議，而最後到台大能快速鹹魚翻身，也是很神奇，這些舊事就當成六十歲紀念品吧！

本書以「迷航記」名之，我確實迷航了很久。最近聽一個大師演講說，「畢業十年拼工作、畢業二十年拼家庭、畢業三十年人生方向大定調」。若是，可自我安慰！末了，要感謝文史哲出版社老闆彭正雄先生，爲本書編務盡心盡力。（二〇一三年春台北公館蟾蜍山萬盛草堂主人陳福成草誌）

迷航記

——黃埔情暨陸官44期一些閒話

目 次

官校三年級學生照，民國 63 年。

二〇一〇年六月二十四日，參加台大宜蘭藏酒莊一日遊。

結婚在我的年代是「志向」，在現代是人生的「石頭」。

鍾聖賜先走一步，他說目前讀「西方極樂陸軍官校」，神奇的是，校長竟然還是老校長蔣中正先生。

幾年前（約民 88）在石門水庫，當時已不迷航了！

前排左起：盧志德、陳福成、陳家祥、童榮南；後排左起：袁國台、解定國、黃富陽、林鐵基、周小強。

我（左）和同學指揮官路復國（右），在寢室內。82 年 8 月 18 日。

「微型同學會」留影。

「微型同學會」留影。

「微型同學會」留影。

「微型同學會」留影。

製作、攝影：洪玲妙

我和虞義輝於民 78 年研究所畢業，兩家人合照紀念。

台大系列，參加台大登山會，到 2004 年止，我完成百岳山的 24 岳。

很久以前……

參加台大旅遊，左是主任教官吳信義

2002 年 7 月，登雪山主峰、東峰、翠池。右是台大主任教官吳元俊。

民國百年 4 月 3 日參加早餐會，與樞機主教單國璽合影。

2011 年 11 月 23 日，台大退聯會苗栗南庄一日遊。

其實，「夕陽紅」是最美的！

美好的人生這樣過！在橋頭糖廠吃冰

台大退聯會，2010 年 12 月。

台大退聯會花蓮慕谷慕魚、兆豐二日遊，2012 年 9 月。

與妻在後慈湖。

台大退聯會花蓮二日遊。

在山西洪洞根祖文化園區。

大陸系列，師兄弟三人山西洪洞尋根

參加山西芮城永樂宮文化活動，在主席台上。

在山西舜帝陵

參觀山西芮城劉焦智兄弟的祖居

找到「根」了！

藝文界

在山西芮城永樂宮

參加南北藝文交流

在江西三清山

秋水詩友

藝文論壇座談會

秋水詩友

秋水詩友

在山西關帝廟（關公的運城老家）

前排左起：
王潤身、本書作者、余水雄、方矩
後排左起：
紀進福、黃武皇、杜建民、王道平

97 年湯山聯誼會

向老師長陳廷寵將軍敬酒

2010 年 12 月湯山聯誼會

右上圖：預備班三年級時（民 59-60）全班合照，我在前排最右，林利國（前排右四）；二排右一劉建民、右三童榮南、右六周小強、右七解定國；後排右一史同鵬、右二林義峻、右七盧志德。本班也有幾位走了。

其它圖：同學會各項活動

44期同學會
ROC
2012/02/18

學會
2012/02/18

陸軍官校44期同學會
2012/02/18

陸軍官校44期同學會

陸軍官校44期同學會
2012/02/18

同學會各項活動

軍官校44期同學會
ROC
ROC

第一篇　迷航記（一）

半生迷航
找不到路
但許多人都說條條大路通羅馬
卻怎麼也看不到一條路的
影子

第一章　初中畢業：黑手、士校與官校

一、從小學說起

我初中爲甚麼會讀「台中縣東勢工職初中部」？這要從小學說起。我小學六年最深刻的印象，是我從來沒有在讀書、沒有上課的記憶，只有小六最後要考初中，到「升學班」讀了一星期（好像有十多天）。換言之，我小學六年的「讀書經驗」，就是最後那幾天。說來也夠「神奇」，甚至荒唐吧！很多人一定不相信。這是正式的國民教育，怎可能如此！

或許不能怪罪一些學校，我小一讀台中縣大肚國小，小二讀台中市太平國小，小三讀大雅國小六張犁分校，小四到畢業讀新社鄉大南國小。這只是概略，實際上搬家、轉校，中間常停了好幾個月，加上每到新校要重新適應，所以小四之前，我並沒有讀書記憶，那些師生同學，從未印入我的腦海中。

但小五、小六時期，我印象深刻，記憶鮮明。那是大約民國五十三、四年間，台中縣新社鄉大南國民小學，我小五小六的導師都是董振華（一個老師負責所有課目），我這班是「放牛班」，當時學校分「升學班」和「放牛班」兩種。記得每天玩的不亦樂乎！每天一身乾淨衣服到校，放學時已和一隻「泥牛」沒兩樣，媽媽每天都問：「爲甚麼玩成這樣？是不是在泥地上打滾？」確實是在泥地上打滾，當時小男生流行玩的遊戲叫「開邊」（台灣，似摔跤，分兩組的團體對打），那時除教室內水泥地，室外全是泥土地，等於下課就在泥地上打滾，焉有不一身泥土，最辛苦是媽媽。

小五小六那兩年，我們也從未讀書，記憶中好像連課本也沒有。每天早上第一節課，董老師一上講台問：

「各位小朋友，昨天西遊記講到那裡了？」

「唐三藏被蜘蛛精抓去了！」小朋友大聲答。

「好，今天講孫悟空大戰蜘蛛精……」

就這樣一個董振華老師帶我們玩過兩年，小五小六我們真的是在放牛。上午一、二節課講西遊記，三、四節課講封神榜，這些講完再講三國演義，有些精彩的情節一講再講，小朋友高興的不得了，因為不必讀書、寫功課，我想天底下的小朋友大概差不多，都想每天玩的高興，反正有得玩就好了。上午是聽故事，下午一、二節課打躲避球，或自由活動，然後放學回家，這是多麼快樂的一天，多麼快樂的小學生活。

反觀另一群小朋友，好可憐！每天上課、補習，他們是父母有眼光的一群，叫他們讀「升學班」。白天的課不夠，晚上加上補習，回到家都很晚了。

可是我的好日子也快結束了，小六快畢業前約一個月，我聽到父母一段對話，媽問爸：「阿成小學畢業要做甚麼？」「去當學徒……」「……」「還太小……」那個年代也不問問小孩。

幾天後，爸媽有結論了。「阿成啊！你還是參加初中聯考好了！到升學班去補一補。」就這樣我到升學班去讀了十多天，當然是白讀，初中聯考當然也沒希望。但「東勢工職」一定上得了，因為是台中縣最差的學校，只要報名就算「考上」！

二、東勢工業職業學校

民國五十四年我讀了東勢工職初中部（第十五屆）土木科，心理真實的不很好，面子上掛不住，因為感覺上像是全台中縣最差的學校。當年所謂的「職業學校」，都是一般初中、高中考不上，不得已只好去讀職業學校。

記憶中，我們初一到初三的「職業課」，大概做做基本木工、翻翻泥水（水泥、石子、沙的比例）。大家都在鬼混是我最深刻的印象，很多同學（含我在內），到畢業時，都仍不知道水泥、沙石和水的比例多少！

我對那些「職業」課程超級沒興趣，更是別提了。其他課目如國文、幾何、生物、英文、理化等，因為小學沒有基礎，大多課目對我而言，難度很高，尤其我對理科幾乎「天生」沒興趣，讀起來毫無味道。我只對國文有興趣，原因是導師丘謙很負責講課，也從嚴要求，尤其重視作文，對我很有影響。另一個原因是回家後有一位叫王淮的叔叔（當是他是中興嶺八〇五總醫院病患，我父親是護理），他每週為我講論語、孟子，也指導我寫作文。國文是我唯一可以風光的課目，東工校刊開始有我的作品，在同學間是很「拉風」的事，我記得經常可以領導二十到三十元的稿費，這將近是豐原客運一個月的車票錢（中興嶺——東勢）。所有的科目只有一個國文好，但很神奇的——也始終不解，我卻六學期、三學年都拿了全屆第一名，畢業總成績當然也就是全屆第一名，領了當時台中縣長王子癸的「縣長獎」（獎狀如附）。

這怎麼可能！我小學全在「放牛」，到小六還不知道ㄅㄆㄇ，初中三年級時英文二十六字母仍背不全，怎能全拿第一名，任誰也不相信，我自己也不相信，老土阿成怎可能拿「縣長獎」？

想來原因有幾，一者東工讀書風氣本來就差，絕大多數人都是鬼混，我算用功。當時考試老師都要「劃重點」，師生心知肚明，不論理科文科，老師劃五題考四題半。換言之，只要把劃的重點背起來，考試一定過關，我一定努力背，但班上同學背也懶得背。另一個原因是初中部只有甲乙兩班，全屆才八十人，若有數百人，可能有不少高手，我便沒有機會第一名。

反正初中三年在矇矇懂懂、迷迷糊糊、無思無想的情境中過了。至今仍記憶深刻的，是自己「暗戀」一位高中部叫「李淑華」的女生，還寫了「情書」給人家。當然是沒結果，因爲人家根本不理我這「小弟弟」。

台中縣東工初中部第十五屆，於民國五十七年六月十八日舉行畢業典禮，全班有三十二人（按畢業同學錄），分別是楊福炎、李耀煌、郭仁銘、陳福成（筆者）、謝秀明、黃貴龍、劉漢耀、范慶毓、賴台棟、潘新木、黃興樂、劉漢欽、張鎮江、鄧嘉昭、江盛雄、林文輝、劉春生、黃敏源、林舜、劉國棟、鍾武安、劉火炎、陳瑞昌、張國石、詹正乾、黃志欽、王阿木、徐進泉、黃文海、黃慶章、陸輝曜、黃瑞發。

本班同學「據聞」已有幾位走了。十多年前我曾試圖要辦同學會，都因找不到人而未成。畢業至今（二〇一二年），已經四十四年了，也尚未辦過同學會，只因自己是第一名畢業，感覺上好像有一份責任未了。

全班三十二人中，竟有五人去讀陸軍士校，我去讀陸軍官校。等於是大約五分之一同學「從軍報國」去了，比例很高，為甚麼？多年後我仍不解。或許是那大時代的環境背景，學校師長都拼命「鼓動」從軍報國。

也有一個特別原因，我班導師丘謙是陸官二十五期，全校教職員含校長毛琦在內，有近半有軍事院校背景，班上同學盡管不讀書，但「國家民族」觀念超強，而我又是軍人子弟（當時已從民宅搬入眷村），我的國家民族觀念在「東工時期」（初中時代），已經形成，我自己也不知所以，只是回頭去看自己的初中日記，已儼然像是一位「愛國主義者」。

三、士校、官校與黑手

在那個高唱「反攻大陸」的年代，我敢說全台灣有很多學校在「流行」考各種軍事學校。其中以士官學校的須要量最大，所以「瘋士校」是當時常見的「校景」。

本文附印當年我的日記中，有關歡送同學入士校及師長的嘉勉。我發現爲甚麼自己的「國家民族」觀念很強烈，原來當年的導師丘謙和童軍團長劉明智已在我們「空白」的心田，種下愛國家、愛民族的種子。

讀我民國五十七年五月七日的日記，以「歡送本班同學入士官學校」示題，丘謙老師的話：今天我們班上有四位同學投向士校，我們覺得非常光榮，因爲他們的前程是無量的。再說國與家是不可分開的，一個人應該忠於國家、愛護國家。因爲國亡家即瓦解……過去日本想滅中國，以一股不可阻……

民國五十七年五月九日，團長劉明智的話：一個人要有國家關（觀）念。國家是每個人的懷抱，也最值得回憶。我們每一個人要有一個中心思想——我是中國人。像紀政、楊傳廣他們是沒有國家民族觀念，他們有能力爲國爭光，國家把他們培養起來，目的是要他們參加世運會，爲國家爭點光榮。可是他們把本都忘了，竟然脫離了祖國關係，而入美籍。這些只是初中的日記，老師怎樣說，孩子就怎麼「收」。

記這篇日記時，我才初中三年級十五歲，老師怎麼說，我怎麼聽、怎麼寫，若以現代去評四十多年的事，是不通也不合理的。

團長劉明智又說：（以下取意）外國所以強盛，因國民心中有國家，國民從軍，子弟讀軍事學校，家長親友會來慶祝，社會中最好的人才是去幹軍人；可是我們中國人，有孩子要去當軍人，就說這孩子完蛋了，把軍人看得很低，這樣國家那會強盛？希望同學們把眼光放遠……

就在這一片從軍熱潮時，有一天我又聽到父母在對話：

媽媽說，阿成畢業叫他去當黑手好了，三年六個月出師可以做師傅，一輩子不愁吃穿……因爲表兄弟有人在當黑手。

爸爸說，當黑手有甚麼好？一輩子沒前途……

兩老爭了多久？有沒有爭出結果？我已經毫無記憶了！因我那時也沒有自己的想法，一切仍在矇懂狀態中。但我確實受到學校從軍熱的影響，也很想進士校（陸軍士官學校）。記得初三下開始，連續有幾批已入士校就讀的學長，回來宣傳讀士校有很多福利，一個個穿著體面，確實很多人受到鼓舞，我也不例外。當我有一天鼓起勇氣，向正在工作的爸爸說：「班上很多人考士校，我也想進士校。」

我清楚的記得那一天，是一個休假日，但爸爸正好有事回醫院（那時他在八〇五總醫院精神科當護士），我們孩童時常到醫院玩。他聽我說要考士校，轉過頭來一臉不高興的樣子……一語不發看著我，顯得生氣，我心頭有些慌，不知道老爸爲何聽到我要考士校，一臉不高興。

一會兒，他才冒出第一句話，「考士校，真是沒出息！你要一輩子當士官嗎？」

我一頭霧水，因爲我聽不懂，爲何沒出息？不是從軍報國嗎？至於一輩子當甚麼士官，自己也不清楚，難道當士官不好嗎？爲什麼那樣多人去當？一時愣住了，不知如何是好？

又過一會兒，老爸又補一句：「要幹軍人，就去陸軍官校，至少也當個官，讀士校只能當士官，沒出息啊！當官才像個人樣。」老爸大概就這個語氣。

後來，我當然也就沒進陸軍士校，而去了陸軍官校預備班十三期，使我成了「職業軍人」，這是意外！

民國五十七年六月十八日，在我的日記裡記著這天是畢業典禮，以第一名成績畢業，得以免試直升本校高中部。我的「縣長獎」包含獎狀、一本相簿、一支校長送的鐵力士鋼筆、婦女會理事長送的朱自清文集。

我並沒有直升東工高中部，畢業典禮後，我開始準備考陸軍官校的事。那時眷村已有人讀陸官，我也打聽到一些消息，都說是如何的好！只是媽媽很不捨！

那個年代，我們一年四季全打光腳，全校同學很少人有鞋穿。這張小學畢業照也只有一個同學有鞋穿。正中央三個大人的右邊是董振華老師，我在二排左六。

這是唯一的童年正式照片，在「東勢林照相館」。

兩個妹妹

我和兩個妹妹

這組照片是唯一僅存的一張小學同學生活照，時間約是民國 54 年 4、5 月間，老師董振華前一天提醒說：明天要照相，有鞋的穿鞋來。結果只有 2 個小朋友「帶」鞋來。

左圖：我和兩個妹妹

下圖：玩「武俠」遊戲

一條心
前排左三是我。翻拍自畢業紀念冊初三甲。民國 57 年。

正中央三個穿西裝的，左起：訓導主任藍雲中、校長毛琦、教務主任于文銘。校長正後方是我。翻拍自畢業紀念冊。民國 57 年。前排右四是導師丘謙。（初三甲全體畢業同學留影）

軍訓檢閱

（初中三年都是他當導師，陸官25期，他重視作文，我受到影響。）

禮者理也

義者宜也

丘謙敬題

初三甲導師　丘　謙

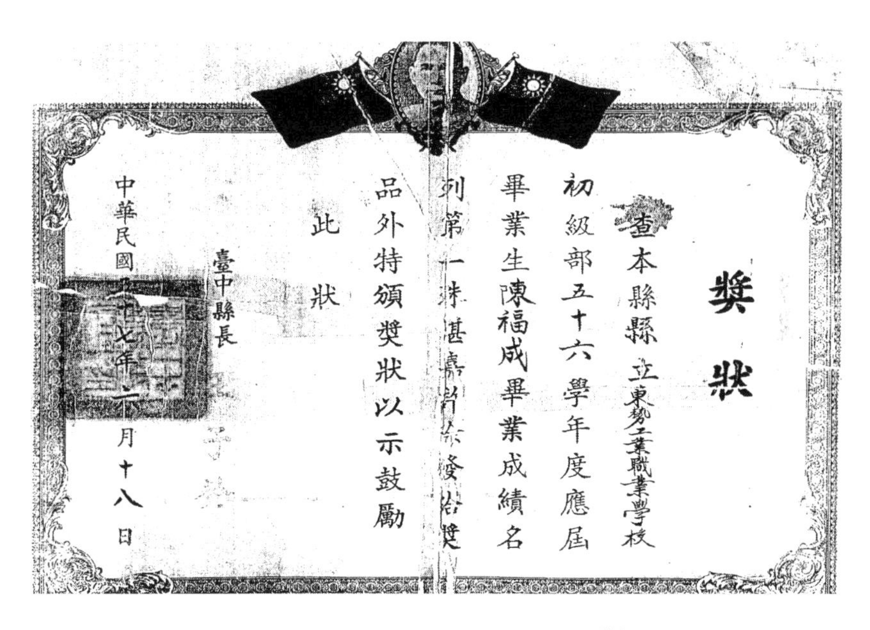

獎狀

查本縣縣立東勢工業職業學校
初級部五十六學年度應屆
畢業生陳福成畢業成績名
列第一殊堪嘉許爰給獎
品外特頒獎狀以示鼓勵
此狀
臺中縣長
中華民國五十七年六月十八日

從軍報國

歡送同學入士校

57 年 5 月 9 日 星期 四 天氣 晴

57 年 5 月 9 日 星期 四 天氣 晴

這是民國 57 年 5 月 9 日的日記。

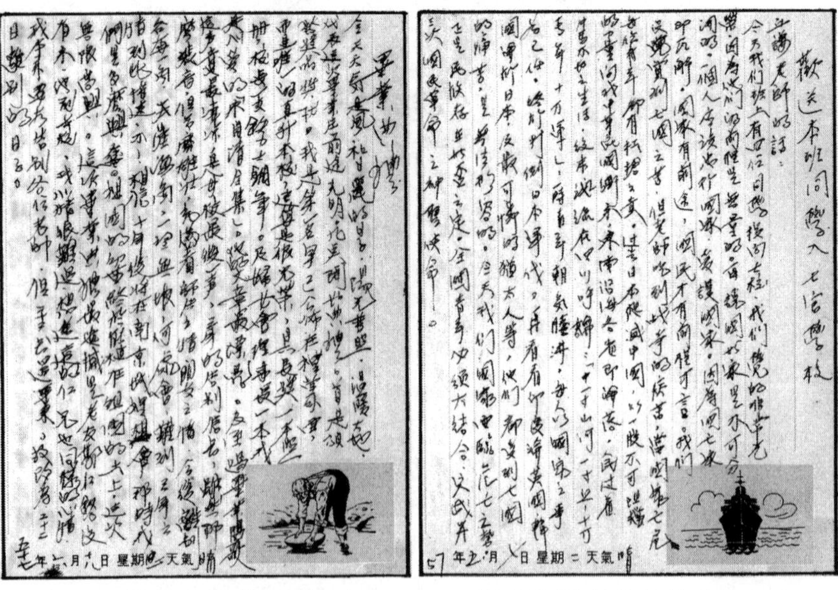
57 年 6 月 18 日 星期 二 天氣 晴

歡送本班同學入士官學校

57 年 5 月 7 日 星期 二 天氣 晴

這是民國 57 年 6 月 18 日的日記。　　這是民國 57 年 5 月 7 日的日記。

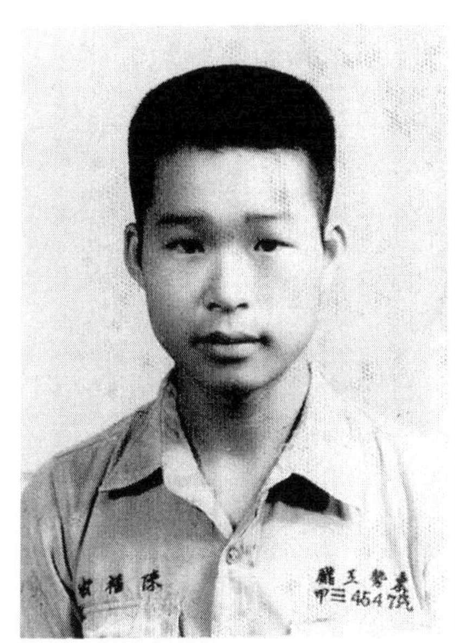

東工初三的學生制服照

東工畢業前好友合照留念，因後來各奔東西，從此再也未見這三位好友。前右是筆者，時間約是民國 57 年 5 月間。

歡送士校同學

第二章 陸軍官校預備班十三期

一、這天開始，成為黃埔人

民國五十七年九月十三日，在我的日記示題「一個難忘的日子」，那是十多天前的八月三十日，這天是人生難忘的一天。

這天上午六點五十分，家人送我到台中火車站，會見表哥坤鴻，他是來送行的，我大哥冬隆一路陪我到鳳山，進陸軍官校大門，走到預備班，他才又回台中。

原來，有十三天沒有寫日記，一定是剛報到被操得沒時間寫了。這一路從東勢工業職業學校初中部學生，到成爲一個「黃埔人」，成爲國民革命軍的一員，我好像「適應」的還不錯，從日記上看不出有何適應不良問題，而且對未來充滿希望，現在回頭看，自己真是很天真，這可能要歸功於東工的「愛國教育」。

我後來回顧、反省自己的「愛國主義」思想形成於何時？小學時代只有一個「玩」字可以涵蓋，談不上思想的形成，只有初中那三年最清楚。我如一張白紙走進東工，畢業時紙上寫滿了愛國……

九月十三日的日記寫到初入預備班的生活，長官的管教方式。「完全軍人的戰場生活，這要使你忘記社會上的污穢生活，而從事新生活開始。此外，排長、連長、營長也常在訓話，目的在使一個學生腦中灌入軍人氣質、國家民族觀念。」日記還寫到「不到十二天我便習慣了」！我真厲害，回頭看自己十五六歲的心態，我不知道該哭！還是該笑？

日記還提到薛重信、曹新六這兩位排長，他們是我進預備班接觸最早的排長，還用「愛的教育、鐵的紀律」形容他們的管教。

生活中也有奇事，如十月四日的日記寫當「蒼蠅公差」，還有個口號「消滅蒼蠅就是消滅共△」這是那門子學問？

人生真是很奇妙、很詭異，決心要做、立志要做，大多沒有結果，或不了了之；而不想做、痛恨不做、拼命要逃脫，卻又偏偏走上那條路，如我成為國民革命軍的一員，成為以「黃埔人」為榮，至今回憶，想起來都仍覺得奇怪，不可思議，如何形成的，天知道！

二、被打、被磨、被㧌、被搧、被揍、被踹、被踢……

每次同學會都有聊不完的話題。有一天，一群同學到旅館……在金門時不小心砲打到對岸……現在某某是馬防部司令、某某是八軍團司令……某某幹了ㄨ事被收押了……以及幹他媽的△△△，下回不投票給他了，管他去死……

大家比手劃腳，加上表情，不論好壞，都成了美麗的回憶。以下話題也偶爾聽到，因爲這種事沒有相當氣氛，當事人極少說出來：

A同學：我被某排長踹了一腳，差一點內傷。

B同學：我曾被某排長揍到趴在地上。

C同學：有一天晚上我被兩個排長叫到天台，海K一頓！

D同學：別提啦！我還被某排長打了一耳光……

E同學：我被用蚊帳竿打到不能坐椅子，晚上趴著睡，真是幹他媽的豬八戒！

……我們是被打大的，那是一個以打爲教育方法的時代，還是陸軍官校預備班在那時，認爲「不打不成器」，所以要好好的打，革命軍人是打出來的！

也確實，有一位官當到很大的同學，聊天時告訴我說，有一回只因內務沒整好（其實已超好，只是檢查者認爲不夠完美），排長拿蚊帳竿打他屁股，那蚊帳竿是鋁製的，約一公分直徑，屁股被打的紅一條、青一條，痛了一個月，但心中的痛難好，如今隔了四十多年，想起來還是痛！

民國五十七年九月二十日，我的日記寫到，昨夜十時，我們第二排就寢，六、七兩班咕咕嚕嚕講話，排長全排集合，詢問：「講話的舉手」，竟然只有四位同學舉手。排長說：「不誠實則全排有份。」結果全排每人打一下手心，這可是用鋁製的蚊帳竿狠狠的「抽」！

另一篇日記，五十七年十月十八日，爲老校長蔣公要來主持三軍四校畢業典禮，我們每天都花很長時間練習基本教練、練習不動姿勢，排長走到你面前喊「挺胸」，然後重重一拳搥在胸口。這種「打」根本不叫打，因爲每日有之，早晚行之，我敢說沒被這樣「打」過的，不是預備班學生。

這種打罵教育，一年級最慘，二年級次之，三年級開始被當成「人」看待，到後來正期生一年級入伍生也慘，美其名曰「野獸營式教育」（據稱是學習美國西典軍校）。但我認爲，我們誤解了「嚴格、磨練」的定義，我們主持教育的各級長官對西典軍校所謂的「野獸營」，認知不夠正確，這樣教育出來的人，也必然心理不健全。

預備班一、二年級的學生，除了經常性的打罵，排長（或任何學長），也可以在任何時間、任何地點、以任何方式整你、磨你，叫你在地上爬、在一大片含羞草上爬、交互蹲跳多少個、伏地挺身幾百個、大熱天出棉被操……無奇不有，反正合理的是訓練，不合理的是磨練。

很奇怪，我碰到預備班同學中，幾乎都曾被任一種方式「打」過，至少基本教練被搥過胸部，但我們心中無恨，不恨學校，不恨長官，我們仍以「黃埔人」爲榮。

三、預備班那三年是怎麼熬過的

當年毛都沒長齊，辭別爹娘遠分離；
大哥送我革命去，是預備班十三期。
合理無理都磨練，吃苦耐勞沒得閒；
午夜有人哭媽咪，身心熬煉大志堅。

生活作息嚴管理，整月無休不稀奇；
麥克阿瑟當標竿，洗地磨地磨心氣。
新來營長孫大公，軍服鼻挺立如松；

留美碩士英文好，他的子弟氣如鴻。
林義俊和解定國，陳鏡培加一個我；
寒假四人征梨山，零下八度凍哆嗦。
劉建民和虞義輝，三個死黨共徘徊；
後來又有張國英，屏東騎車不想歸。
彈吉他把馬子屌，存錢買琴誰知曉？
土法煉鋼學吉他，帶情人唱歌她嬌。

學生時代的生活，無論如何的苦、多麼的不合理、被磨的怎樣的慘、被訓的不甘心、日子多制式無聊，其實回憶起來，仍是愉快的。何況現在大家都退休了，都一介老先生，人越老未來越來越少，過去越來越多；理想越來越少或無，而回憶越來越多，只剩下回憶，怎能不把回憶朝好的方向轉變、轉念一下，對自己至少也好過些，如以上的詩，那時我們都初中剛畢業，才十五六的孩子，晚上睡覺時，我確實聽到有同學在綿被裡哭泣叫媽媽。

回憶這三年是怎麼度過的，大體上一天除睡覺時間外，約略可以做三區使用。一者是上一般高中的正常課程，再者是軍事教育相關的課程，三者是一些無謂的勞動、整人、磨人、解散集合的玩意兒。

先說一般高中的正常課程。例如，國文、英文、物理、化學等，雖規定必須上課，但常被佔用，重要節慶、比賽、表演，一度「瘋莒拳」，日夜都在打，這種事經年累月都有。又如來賓來校，我們表演「波浪舞」，都是日夜不停的操，凡此無聊又無休止的幹活，簡直每週、每月，無時無刻，佔用了無窮無盡，數不完的年青歲月。我們十五六歲就獻身報國，所以我們現在領退休金領得心安理得。那些台獨份子和無知的人，卻說我們退休金這要減那要扣，除了是政治鬥爭說得過去，其他就只能用「狼心狗肺」形容，十八趴蔡英文不是照領嗎？

其次是軍事教育。所有野外教練、基本教練、讀訓、聽訓、刺槍、莒拳等等。我敢說，就以我在軍校七年，「讀訓、聽訓」時間的總和，加起來可能不少於半年，真是不思議！不思議！

就以「聽訓」來說，每天的排長、值星官、連長訓話時間正常約兩小時內，每週的營長、班主任、校長訓話就更久了。尤其大週會的校長訓話一定是整個上午的，經常星期天放假，從早晨起床、檢查內務，到長官一關關複檢，放假時已是中午，很多人檢查不及格（皮鞋不夠亮），就得「禁足」。

就算所有檢查全都過關，星期天順利放假，但出了校門在任何地方都可能碰到「蓋世太保劉少校」，記一個違紀，下星期天便完了！

當時校長林初耀最愛搞這套，檢查內務、廁所、訓話，都說這就是軍事教育，同學們恨死了林初耀，好好一個星期天，就被他搞掉了半天，都叫他「林光頭」！還有張立夫校長也愛搞這套，將軍最善於檢查廁所。

現在回想這些事，深入思索，還覺得怪怪的，我們黃埔教育每天花幾小時整內務、掃廁所，牙膏頭向左、牙刷向右……綿被的角度要九十度……光搞這些，人的思維只在一些雞毛蒜皮綠豆大的事，難怪打仗老輸給「解放軍」。但那是以前，不知現在如何！若依然如故，也真是悲哀、不長進！

第三說到無謂的勞動、整人、磨人、解散集合的玩意兒，佔去的時間，我敢說三者最多，更進而壓縮了睡覺、放假的時間，美其名曰「星期天放假」，但一年級幾乎沒有，二年級後好些。

那些是無謂的勞動？

割不完的草、擦不完的鞋、搞不盡的綿被……一變又一變的掃廁所、一級又一級的檢查，排長、值星官、連長、營長、班主任、校長，你的皮鞋是否「亮」？必須經這麼多長官看過，都說亮（至少沒意見），才算及格，若有一位長官說不亮，星期天就泡湯了！

任何時候，有任何學長、長官看你不順，說你走路姿勢不正、兩眼亂飄、未正視前方，就能整你、磨你、罰你，只要不搞死人，都算合法合理，因爲你「違紀」，要受到處罰！這種無謂的浪費時間，我也敢說至少佔去學生時代三分之一時間。

又例如解散、集合，每天幾乎有無數次的重複也佔去很多時間。起床早點名集合、早餐集合帶隊、唱軍歌進餐廳；進教室集合、午餐集合、下午上課集合……集合、解散、訓話……青春歲月是這樣流走了！

總的來說，預備班這三年是在「訓練、磨練」中度過，如今想來，都是不合情理的磨人、整人，說來奇怪，當年的我似乎接受了那種教育，且視爲「成大功、立大業」的必經過程。

所以，我在預備班這三年雖然也熬的苦，但基本上接受了「領袖的子弟兵」榮銜，決心爲「中國的統一大業」盡力，獻出我的一生乃至生命，這輩子至少要幹到二顆星星以上，率領大軍「反攻大陸」，爲領袖打第一仗、立第一功。（讀者、同學千萬別笑掉你的假牙，直到預備班畢業，我仍如是設想！）

記得有一次榮團會（可能二年級時），我起來大聲發言：「現在我們國家有難，朱毛在大陸作亂，要以國家爲重，個人生命都是小意思……」等等，一堆不知所云的神話、鬼話。（如今思之，確是不知所云的鬼話）。

但從這次榮團會後，我在預五連有了外號，叫「小意思」，幾位很熟的老同學見面仍叫我「小意思」，友情再蘊涵著一些「歷史故事」，就多一分親切感，那是生命中，用官位、金錢、地位換不到的。

四、一些甜蜜的回憶

年過六十後，不斷反思這輩子有那些苦樂，發現很多「真理」。原來，最甜蜜的回憶來自最堅苦的環境中，最好的讀書時間是工作最忙的時候；若一個人始終處於順境和快樂，要錢有錢、要人有人、要車有車、光鮮亮麗，不知道他老，有甚麼「甜蜜的回憶」？若一個人每天遊手好閒，不須工作就有大把銀子可花，他會去讀書、進修嗎？應是不可能的，換成我自己也做不到。

預備班那三年盡管被磨、被整、被訓，日子苦到極點，但你視爲「當然」，日子便不覺得苦，且能苦中作樂。記得有一回同學們邀約護專女生一起郊遊，連上吉他好手李壽全同學帶一把吉他，結果女生全圍在他身邊彈唱，他風光的不得了，我和幾位同學在一旁成了「無聊男子」，沒有女生理我們！這一幕「反差」太大，對我太震撼了！回來後我決心苦練吉他，下回郊遊一定要「扳回一城」。

當時連上吉他最高竿的是李壽全，其次尹俠君，而開始練吉他是我和劉建民，其實卻是土法練鋼，幾個月後會彈一曲「望春風」，就很能吸引一些目光。

剛進預備班時，我和解定國、陳鏡培、林義峻，最早成爲「死黨」。大約二年級後，又和虞義輝、劉建民、張國英成爲「死黨」，虞劉張和我四人，還決心幹一翻大事業，這是後話。

劉建民家住屏東眷村，放假日我和虞義輝、張國英都到他家玩，中午劉媽媽涼麵是我們仍覺溫馨的回憶，下午四人騎單車逛田野風光，直到下午四五點，回鳳山在校門口不遠處的王生民路吃一碗大滷麵，真是快樂的一天。

那個年代，生活雖清苦，我們慾望少，思想單純，感情純潔，必會釀造出生命的「美酒」，老年時思之飲之，才是甜蜜的回憶。

預備班這三年，有一段日子過得比較自在，我幾乎有權利在一些活動、上課「遲到早退」，那是一年級上學期，初入預備班，我不知道何種原因！也不知爲甚麼！長官竟叫我當「伙委」，即伙食委員，當了好幾個月，好像將近半年。那時連長是楊自生，他叫我每天中午送一份水果到連長室，我當然一個「是」，反正一切都是當然的，長官是不會錯的，長官的話就是命令，是我這段時間受教的「重要信念」。

記憶中，我大概幹了幾個月伙委，又幹了好一陣子採買，這段日子最大的「福利」，是你可以光明正大的「摸魚」，又可以合法的遲到早退，少了很多被磨、被整的機會，不亦樂乎！也是美好的回憶。

當伙委、採買必然和連長、輔導長有接觸（大多長官找你去）。每次送水果到連長房間，連長常會「問話」，通常先說兩句好聽的話，「陳福成你表現的很好」等，然後慢慢貼近主題：「張某某和李某某最近講些甚麼？」連輔導長也會這樣問話，其實我早已忘了我怎樣說、怎樣答，那時太年青、太單純，或許是實話實說吧！

民國六十年六月三十日，預備班畢業，相當於高中學歷，證書上印著校長「林初耀」，被同學們恨的牙癢癢的林光頭，大家擔心著到正期班仍是他當校長，不知要怎樣的慘狀！

而我，帶著要「成大功、立大業」的理想，走過「化龍橋」（陸官正期和預備班中間一座小橋），好像偉大的事業就在眼前，只待我們好好努力。

回首預備班這三年怎麼過的？割不完的草！擦不完的鞋！掃不完的地！清不完的廁所！集不完的合！聽不完的訓！出不完的操！演不完的節目！浪費不完的時間……

一個難忘的日子

中華五十七年八月三十日，是我人生難忘的一天，是我從學生跨進入更高的一步，是從文學校進入武學校的一天，更是我人生旅程的一個段落—踏入黃埔軍校光輝的一日。

八月三十日上午六點五十分家人送我到台中，在台中會見坤鴻哥，二哥、三哥送我到鳳山，這是我十六歲月以來首次長期與父母兄弟朋友們別離，但是我為了前程奮鬥，而且也無不謝之意，一直我多麼想念，我還是把淚向肚子流。

我和哥哥由台中乘坐上午十點六分火車，因此體到鳳山。在火車上，我在打算我後日的生活，我的前途應該開創。

但我心裡仍是默默，不能夠到了鳳山。

軍中生活我首次嘗味，並不是味苦，而是尤苦[illegible]收廿，每天早晨五點起床，慢起，排長吹哨，洗臉、刷牙、早餐……三分鐘，還有三十分鐘兩支四腳

57年9月13日 星期五 天氣晴

有什麼緊，動個不停，排長又高聲喊還有一分鐘，穿鞋……上，集合時也一樣，這樣生活雖不慣，但我認為如此，時時把握時間，才能適應，才有進步之餘地，中午午睡我躺在床上寫信，我有許多朋友，有軍[illegible]同學，都問他們許多軍校之生活，是緊張的，將來一星期是許多基本訓練，使全軍人的戰場生活，要使你忘記社會上的習慣生活，而從事於軍營中。排長、連長、營長常在訓話，目的在使個學生體中灌入軍人氣質，國家民族觀念，領導的精神，到九月八日才正式上課，此有功課全部高中課程，只是生活軍事化而已，不到10天我便習慣了，我們的排長[illegible]重信，曹新六二位，軍紀非常嚴明，但教育治棄能發，可為「鐵的紀律，愛的教育」之互緊，很時他人不能動，快樂時就盡情唱遊，我漸漸的由軍人了。

57年9月13日 星期五 天氣晴

軍隊中就是以服從為高準則，連長常說太陽由西邊出來，你也沒有，你必須答上「是」，你如辯理，就是抗命，這是為什麼，因為古來軍事方面，士兵都要服從，假使一師長不聽軍長命令，營長不聽師長命令，那麼士兵都要造反了，就談不上保國衛御，不能抵抗外侮，國家非亡不可。每一個人都該從長官，軍隊才能發揮力量來保國衛民。

排長規定，就寢不能有聲音，昨夜十時，我們第二排就寢，六、七兩班吱吱喳喳講話，排長則全排集合，問到：「講話的舉手！」除自首外，就只有四位同學舉手，排長道：不誠實則全排有份。結果全排每人一下肘，打了之後，大家就寢，不誠實同學他會受到良心的責備。

誠實是上帝最尊重的事—洪白

誠實之人，是人類之王—勃倫斯

57年9月20日 星期五 天氣晴

秀蘭今天來軍校。讀書

久雨待晴，昨日仍陰，今日仍晴，天有很好照應，弟，校園裡的地圖，他在飛翔，感到幸福的清涼，今天我到了「螢橋」分差之，這個名字我從未聽見，也是軍校生活特色之一，螞蟻害人類，此所以我們有滅之之責，每班每日繳二十隻，這裡便利於螞蟻很骯髒，根本沒有，所以我便利拾撿堆去打，這裡面有句名言說是「滿威力蒼蠅就里消滅光點」。全天好像的熱的很，但有時熱又很大。讀書的情緒是心情，月光送到了，全班每一位同學都在競爭，我發現這多數學生個個都在課業上的努力，很多學生不得十分鐘也把握著，不浪費的都在書上，無百分之一在心，採取低的分數，這是讀書風氣來提高。我在第一二號第一名，但證中他有強中手，山高還有比一山高，這裡都是些高手上進者，要比他們還高，惟自然改那麼容易，但我必盡全力。

57年10月4日 星期五 天氣晴

三軍畢業典禮。

我陸軍官校兩個月來上下一致準備所期望的日子，終於在今天降臨了，全天是三軍畢業典禮，共有四所，我最高領袖總統親臨主持，[illegible]軍事學校參加，會非常壯嚴偉大，這是我人生中所特有的日子，但是我們大家所失望的是不能參加，[illegible]。這可是第二連的服務，有七次的機會，[illegible]，我們第二連，我們不問為什麼，[illegible]，[illegible]這句話真是[illegible]，[illegible]最大成功。[illegible]，全天[illegible]。我們大家好好[illegible]，明年由全天[illegible]，更光輝。

57年10月30日　星期三　天氣晴

考後。　　基本訓練

前幾天大家忙得不可開交，為了月考，夜車開的越速，現在月考過去了，我們心裡更急，表面上是天下太平，輕鬆了，但那些心裡有些不及格的同學，我看是不好過的。[illegible]，不及格要禁足，[illegible]自己的成績，所以[illegible]，今天發表生物成績，我自己[illegible]，我已下了功夫，得分仍[illegible]，但山高還有比山高，拚命的人還有呢，所以八十分不算好，這就是現在讀書風氣高的程度，使人可驚。

最近為了準備三軍官校畢業典禮，[illegible]，故近日加緊基本訓練，[illegible]不動姿勢，[illegible]練習立正，收下顎，兩眼平視，不得[illegible]，收小腹，挺胸，小腿使緊，而且站在那裡[illegible]一根打下來要不動，要流汗，[illegible]，使腳下[illegible]，連動也不動，下午時，[illegible]不聽大腦指揮，我不知錯何地。

57年10月18日　星期五　天氣晴

預備班二年級時（民 58 下～59 上）。大閱官（黑西裝）是黃杰，陪檢官左二是于豪章將軍，其左後是營長孫大松。學生（前排近而遠）有宋智正、桑鴻文、張源水，餘均不詳。

照片提供：桑鴻文同學。

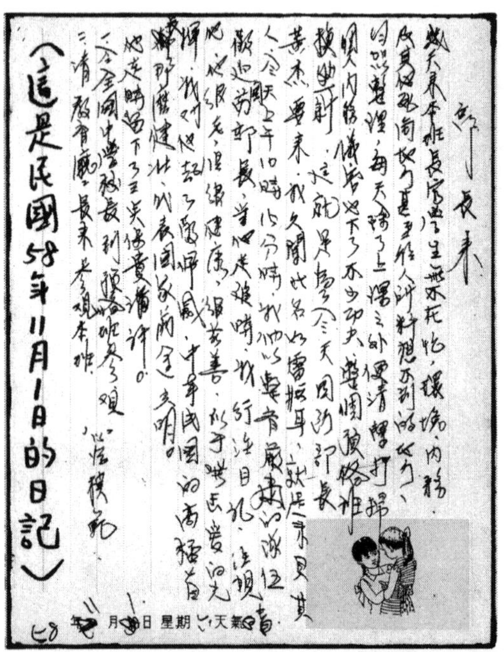
（這是民國58年11月1日的日記）

這天的日記寫著國防部長黃杰來視察，我們已經忙了好幾天，上午十時十五分學生們列隊恭迎，我寫下行注目禮時，看到他的感覺，他健康、慈善，及他講話要點，他說要叫全國中學校長來參觀預備班，要命啊！

（這是民國58年11月4日的日記）

這天的日記寫著「光輝的十月，再見」，每年十月我們幾乎整個月沒上課，天天大搞環境內務、迎賓參觀、表演節目，一批批華僑、來賓，聽不完的致詞、訓話，黃埔軍校成了大公園、大動物園！

右一虞義輝、右二劉建民。

左起：筆者、劉建民、不詳、虞義輝，預備班時代，照片以下同。

預備班一年級帶隊進教室，這位置是預五連門口，左邊樹旁是連集合場。現在……

左起：虞義輝、羅武雄排長、本書作者、張國英、劉建民。

初入預備班的死黨，左起：筆者、解定國、林義俊、陳鏡培。

三年級時，同學老師出遊。右一林利國，右二是本書作者。

筆者（右）、劉建民（左），橫貫公路，民60年。

預五連門口，早已拆了。

以前郊遊流行帶這種唱機，陳鏡培照於某次郊遊，約民國六十年預備班三年級時。

在橫貫公路，民60年。

在預五連天台，左起：賴仁山、劉建民、筆者。

預備班教室，民國57到60年我在這裡度過三年，現在都拆光光了。

當時預備班遠景，最遠的山叫「614 高地」，翻過高地是大寮，近景是黃埔湖邊的草皮。現在早已拆了。

在預備班精神堡壘，59年（已拆除）。

進軍校後第一張寄回給媽媽的軍裝照片。

預備班三年級時（民59－60）全班合照，我在前排最右，林利國（前排右四）；二排右一劉建民、右三童榮南、右六周小強、右七解定國；後排右一史同鵬、右二林義峻、右七盧志德。本班也有幾位走了。

預備班三年級與同學劉建民合照，背景是黃埔湖畔，現在精神堡壘都不見了，59年。

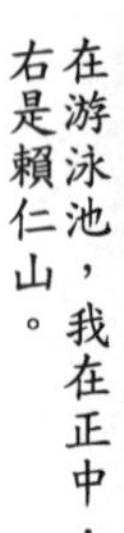

在游泳池，我在正中，右是賴仁山。

第三章　陸軍官校44期

一、一年級入伍生訓練後「不想幹」情緒漫溢亂漾

幾十年來，四個「死黨」始終不清楚形成這個情緒的「最根本原因」，到底是怎樣出現的?爲何突然間思想產生如此大的「質變」?才不久前(預備班畢業、民60年6月)，我還在思索著「成大功、立大業」，爲領袖打第一仗、立第一功，做領袖的子弟兵，做一個典型的革命軍人，要好好在正期生這四年努力學習……

怎麼幾個月後，入伍生教育過後，大約是一年級下學期(不確定、反正是在一年級)，「不想幹」情緒如洪水猛獸，侵略並佔領了我心胸腦海，虞義輝、劉建民、張國英（張哲豪）和我，嚴重程度差不多。若真要說出一些原因，大概不外軍人沒前途、軍人薪水很低、軍人要窮一輩子、不自由。根據當時的一些長官說法，幹十年才到少校，頂多中校，幹二十年也很少有機會升到將軍，還有外面的世界多美麗、自由，我們卻像囚犯關

在牢房中，這簡直天地之差別，那裡美好就太清楚不過了，我們四人出去努力個十幾年，不難成爲「大企業家」，至少也是個不小的老闆級人物……夢越來越脫離現實，但脫離現實後使人更爽，人爽就會失去理性判斷！

或者當時已有同學用一些「傳說中的辦法」，達成退學目的，且在外面混的不錯，就更加深我們「不想幹」要設法退學的信念。於是大概一年級下學期到二上吧！虞劉張和我四人，多次在晚點名後，到大操場的草皮上，星星高掛天空，四人圍坐討論退學的事，會議大概如下（現場重建範式）：

我：現在有幾種退學方法？

劉：生病、考試作弊、不假外出……

虞：那一種方法最好？

劉：聽說都要賠不少錢。

我：生活費、教育費、每月領的，全要吐出來。

張：損失比較小的，可以轉專修班。

虞：服役沒幾年就退伍也很好，選項之一。

我：但專修班也要好幾年，長痛不如短痛，乾脆現在就下去……只是要賠很多錢……

這樣的「秘密會議」舉行了好幾回，越來越有急迫感，總不能一直拖下去。但每次碰到退學或開除（考試作弊照陸官榮譽制度一定開除），家長要賠很多錢，問題就「卡」住了，大家的態度不外……

我：我老爸那有錢賠……

虞：我家也沒錢，一定會氣死我老爸……

張：我搞不好被扁一頓……

劉：窮才來軍校，要賠也沒有……

問題就這樣拖著、懸著。多年後，軍校畢業很多年了，我碰到一位當年鼓起勇氣退學的同學說，國防部有說要賠啦！我老爸怎可能把錢吐出來，我老爸說把孩子交給軍校，沒管好，還想找陸官算帳呢！還敢來要錢！要錢沒有！要命一條！反攻大陸再給吧！……

早知如此，我們也早用「考試作弊」下來了。話頭再回到當年，四人最後有了「決議」，決定畢業好好幹，反正只服務十年，退伍時才三十四歲，還是大有可為，我們決定退伍後開一個大牧場，養很多牛，並把這計劃定名「長青」！

有了目標，我們真的開始幹活，利用休假時間到屏東牧場參觀，讀有關養牛的書；再者我們共同約定，三十歲前要完成自己的婚姻大事。

但後來張國英還是鼓足勇氣，轉了專修班。嚴守約定的剩下劉虞和我三人，我們在偉大的目標中「迷航」了很多年，虞在迷航途上有「既定新目標」，他達成了個人的「成大功、立大業」；劉也有新目標，我大概是最「執迷不悟」，迷航最久的一位，且險些在巨浪中滅頂，這些都是後話。

半個世紀過了，我檢討這些問題，「長青」事業，就個人言，都有一片天；就長青團體言，我們考了零分，繳了白卷，一切的一切，都在空口說白話，毫無行動力，執行力也掛零。

啊！人生，真是太詭異了，我們有很多「計畫」，計畫的都成空，所有得到的，都是意外天外飛來，真是無心插柳柳成蔭。

二、頹廢委靡的大三、大四

約是大一下到二上之間，決定「不想幹」了，此後大三、四的我雖在官校，但心已不在，心亦無所在，終日茫茫，心不在焉！

這很可怕，我變得頹廢委靡，服裝不整、頭髮不理、皮鞋不擦，故做「西皮」狀，皮鞋穿到前面開大洞，我也不管、照穿，和不久前準備「成大功、立大業」的我，完全變成另一個人。連上長官當然看不下去，我亦不理會，我行我素，純是想製造問題，不然學校看著辦，把我退學或開除都行，正合我意！

情緒最惡劣是大三、四這兩年（大一被管的死死的，不敢有動作，大二開始不在乎！）。我完全不像一個革命軍人，而像一個身心都無處可去的孤魂野鬼，唯一的安慰是還有一個女朋友，我們至少已交往三年了，她在台中，我在鳳山「牢房」裡，每週我們至少會互通一至兩封信（那年頭沒電話、沒電腦，感情全靠書信維持）。假如沒有女朋友，那日子更難熬了，可惜我一畢業去了金門，那時外島規定初到部隊兩年不准回台休假，這「馬子」在那時「發動兵變」，結束我們前後將近六年的戀情。驗證俗話說的「近水樓台先得月，女人愛她身邊的男人」一語。這些後話，後面再說。

前面講到劉建民、虞義輝、張國英和我四人，我們雖共同決議「不想幹」，但又決議讀畢業，幹十年退伍，這有點像打亂仗，因為未來變數太多。可能如此，所以張國英乾脆走自己的路，轉讀專修班，這點我很佩服他的當機立斷，他是四個死黨最早得到解放的人。

四個死黨一個去了專修班，剩劉虞和我三人，我在陸官正期班的大二後幾年，大多是我們三人一起玩，若不在一起，我頂多游泳池、圖書館、教室聽歌消磨時間，或寫文章投校刊。基本上我的生活圈（交際圈）很小，我不善交際，在同學間屬於沉默、寡言、活在一個小圈圈的人，寫文章發表一下，證明自己的存在與價值，如此而已。

三個死黨又開了多次會議，討論未來方向及若干必須遵守的原則。其中之一是畢業後服務十年就退伍，此期間所有會造成延長役期、必須多服役的考試或班隊，一律不參加，才能在十年一到同時退伍，等全退後三人要一起幹大事業（牧場或其他都行，爲堅定這個「長青計畫」，利用一個時機進行「簽約」儀式。）

這個妙計是劉建民想出來的。民國六十三年母親節，我們一起在屏東新新旅館，三人全身脫光光以示坦誠，誓曰：「奮鬥到底、不達目的、誓不終止」，劉還去中藥店買黃蓮，每人吃一片，以示「不怕苦」。

隔年，民國六十四年五月十一日的日記，我寫一篇「長青一週年紀念」。對三劍客能訂下這樣的「努力方針」，還覺得很興奮。四十多年後我寫這些回憶，還覺得不思議！好天真！到底奮鬥甚麼？如何起步？本錢何在？一切皆空、甚麼都無，就奮鬥到底！底在那裡？就像小學兒童的作文，寫著長大要當「大企業家」；但當時我們已是大學生，爲何仍有如此不切實際，又完全脫離現實的想法？是愚昧無知？還是在陸官牢房呆久了，人呆了！還是被理想沖昏了頭？

因爲這個不切實際的想法，我前半生處於迷航中，整整迷航了三十年，直到民國八十三年到了台灣大學，才找到靠岸的邊，找到方向，如此說來，我全部職業軍人生涯，竟然都在迷航，真是危險！

三、蔣公逝世，我死不簽「志願留營」

民國六十四年四月五日，正是我期畢業前，每位同學心裡盤算著快畢業的日子。蔣公逝世，是台灣地區天大的震憾消息。對於軍校的學生，自有不同的感受，他是偉大的領袖，軍校生和部隊早晚點名高呼「三民主義萬歲、蔣總統萬歲」。軍校生是領袖的子弟兵，是國民革命軍的建軍骨幹，我們對領袖不僅是「絕對忠誠」，更是誓死效忠的，這些是軍校生當時接受的基本信念，爲革命而生，爲革命而死！

所以，偉大的領袖、我們永遠的老校長走了，軍校生怎能沒有「表現」。不知道何人！也不知道從何而來！發起一項驚天動地的「血書簽名」以表忠誠，又發動「自願留營運動」，我記得當時一些「典型、標竿」同學，大概是當實習旅長、營長的，帶頭簽自願留營表，簽二年、三年、五年、十年、十五年……越來越「恐怖」，最後有的簽「終身留營」，整個運動大約瘋了一個月。

整個運動過程，我很冷靜，也考量「長青計畫」的原則，也有了我自己的觀點。所以我始終連一年也不簽，當時住在南營區，記得全連只剩下我和史同鵬不簽留營，成了全連的「問題學生」（其實我早已是問題學生）。

這時候，我認爲尊敬領袖是一回事，我留不留營是一回事，二者不相干，也不能扯在一起。未來有前途自然會留營，沒前途豈不把自己「簽死了」！此事是否和虞劉二人相商，使行動一致，我已無記憶，但我們理應有共同的態度。

因爲我堅持不簽留營，急死了連長、輔導長，他們不能向上面長官交待，拿不出「全連留營」的好成績，我成了罪人。長官紛紛來「精神講話」，也是沒用，不簽就是不簽，至死不簽，看誰能把我奈何！我吃了稱鉈鐵了心，卻也承受極大壓力，後不了了之！

很多年後，我聽說當年這個「自願留營」國防部撤消了，全都不算數。原因可能受到各方質疑（尤其家長），自願留營是「政治策動」所造成，並非學生的自由意志所簽，也就是非學生自願或不自覺被策動的簽名，所以都不算。到底真正原因爲何？那已是三十七年前的事了，我期同學六百多人畢業，如今只一人在位（副參謀總長），其他走的走了，活著的是一介老榮民，有誰真會去追「真相」？

我雖堅持不簽自願留營，並不減少我對領袖的敬愛。民國六十四年，老校長逝世一週，我的日記寫著，「由於我們敬愛的領袖逝世，一週來我的心情一直很不好，每當我看到影片、圖片，禁不住我的熱淚要湧出。國家！國家！沒有一個統一的國家！」正好這週我收到女朋友來信，她的信寫到「好一個哀痛的四月五日，無心提筆！」

那是一個全民有共同目標、共同領袖的年代，社會上沒有分裂勢力，人民有血有肉有感情的年代；完全不同於現在的台灣，朝野各擁山頭，台獨份子沒血沒肉沒良知，導致台灣現在族群分裂、社會分裂，不承認自己的血脈來源，背叛列祖列宗，根本是中華民族的敗家子，炎黃的不肖子孫，台灣真是一個沒希望的地方，只有沉淪到有一天「被吃掉」（被統一）。

這種情形，我就想到鄭成功死後，他的兒孫分成統獨兩派互鬥，結果不久被「吃」了（中國重回統一局面），歷史爲甚麼一直在輪迴？漢奸走狗敗家子不肖子孫爲何代代有之？

四、帶著一個大過畢業

我的大三、四如此的消極，如此的頹廢、懈怠，從革命軍人的標準評量，算是墮落了。遲早要出事，想來已是必然。

民國六十四年五月二十八日的日記還記著，對於三個月後要下部隊的事情，多少有一點恐懼，如何去面對未來的新環境?突然從被管理者變成管理者，這是重大突變。恐懼歸恐懼，相信可以對付得了!畢竟我們是軍人，未來不正常環境多呢!我謹記一個老軍人的話：「到了任何一個部隊，首先要去適應環境，而非改變環境。」

已經到了要畢業，不管自己有多少不滿，總是盡量忍住，不要發作，不要「出事」。偏偏星星之火可以燎原，民國六十四年七月二日的日記，我寫著被李排長記一個大過，起因我已沒印象。情節仍記得，不知何因!李排長一到教室大聲叫「陳福成站起來!」我偏不站起來，兩眼也不看他。就「軍紀」規定這是嚴重的違紀，長官講話必須立正、傾聽、正視長官，李排長更大聲喊叫：「陳福成你給我站起來。」如一頭野獸的叫聲……而全班同學鴨雀無聲!

我的記憶，李排長喊第三回，我才緩緩站起來，一付不在乎的樣子，李排長開始訓話：「陳福成，你這是抗命，你以後要怎樣當軍官……你在軍校七年學了甚麼?學校是這樣教你的嗎?……」

李排長至少訓了二十分鐘，我從頭到尾不發一語，任由他訓，終於他丟下一句，「坐下！」我偏偏又不坐下，任由他再叫「坐下」，我也不理。他氣呼呼衝出教室，丟出一句話，「陳福成你幹不贏我，你最少大過一個！」

就這樣我帶著一個大過走出軍校大門，在所有本期（44）的六百多畢業同學中，沒有人像我如此不堪、不堪回首，在當時的長官（連、排長）眼中，我已不堪造就！

那位「李排長」名叫啥！我沒記憶了！但記得他家賣養樂多，曾在野外教練課（七一四高地）時，送養樂多來「勞軍」。

如今回想這些事，我仍覺得很悲哀，人生路爲甚麼走成這樣子，才在起點就出了大狀況，註定這條路是走不下去的。果然，我一路迷航，東倒西歪，忽左忽右，起起落落，左顧右盼，大家都說「條條大路通羅馬」，我硬是無路可走，每次調到一個單位，都是走頭無路不得已之下的選擇，包括最後落腳台灣大學，才找到人生的意義和目的。神奇啊！

五、反攻復國教育

說到「反攻復國」大業，許多人（尤其像李敖這些專搞個人形像或獨派那些專扯後腿的人），總說那是一場空、買空賣空、欺騙人民的夢中大餅。

這樣說的人，表示他根本不懂中國的歷史傳統和中華文化的核心價值，這種價值就是「春秋大義」。至於獨派的批評，如同孽子、敗家子、不孝子孫那些敗類，對父祖的批評有何不同？

我國歷史文化中的「春秋大義」，主要的核心價值在「大一統」信念的堅持，而不在打了多少勝仗？立了多少功勞？是謂「不以成敗論英雄」。世俗常說「成王敗寇」，是很浮面、很短暫的說法，不能據以用來做歷史定位，更不能用來做春秋大義之定位。

舉實例說明，中國歷史上類似蔣公「反攻大陸」政策，尚有鄭成功收復台灣準備「北伐」大業、孔明的北伐大業，吾人要注意他們有生之年都沒有完成，但他們的歷史定位都達「聖位」，而成功的一方，歷史評價都不高。以近百年來，蔣介石和毛澤東兩集團之爭，表面上毛澤東贏了，蔣公敗了。但不久的未來，毛很快會成為歷史罪人，被後世「鞭屍」，而蔣公的聖賢地位無可動搖。因為毛搞過「去中國化」（馬列），蔣的大一統信念始終如一，至死不變。

這些是現在政治操弄才有的問題，實在是「菩提本無樹、何處惹塵埃」。而在我軍校畢業參加「反攻復國教育」，可沒這些邪說，我們專心致力於國家統一大業的堅持。

民國六十四年八月十一日，我在日記上寫到，今天是來到政戰學校的第二天，平生第一次來這裡，感覺很不一樣，有可愛的地方。昨晚的肝膽相照會是我們四校（陸、海、空、政戰）同學相聚的時刻，彼此四年不見，還是很熱情，尤其政戰學校有女同學，校園有了不一樣的顏色，不像陸、海、空官校，清一色男生，很是單調。

八月十二日的日記寫著，因爲抽到金防部，所以我一直在打聽金門的訊息，有同學抽到「救指部」，真是臉都「綠」了。當時兩岸還在「打」，我心中思考戰爭是甚麼的味道？多數沈默的百姓不喜歡，假如我們這一代不打，下一代將如何？不可想像。（當時的感覺，好像去金馬外島就是要打仗，沒想到有一天兩岸會和解，更沒想到有一天台灣會島內對立、墮落成這個樣子，須要靠陸客來救台灣！）

反攻復國教育從八月十日到二十七日，基本上是精神動員、認識敵情、加強忠誠、三軍團結爲內涵，所安排一系列的課程（含聽一大堆訓、讀領袖訓詞等）。

八月十六日的日記寫著，今天去慈湖謁靈，我還是想念領袖他老人家慈祥的音容，沒有機會參加他的安靈大典，能到慈湖，了去內心一份不安。雖然領袖沒有親自帶我們一起回到祖國大地，相信他的英靈也指引著我們前進的方向，相信歷史會證明三民主義是正確的，而共產主義是錯的，「非中國」的。

八月十七日的日記，三劍客（虞義輝、劉建民和我）逛台北城。我竟然從空氣污染、生態系統的破壞，就洞視未來，到公元二千年將不堪設想，且悲觀的認爲前途暗淡，世界末日……真佩服自己成爲「預言家」了！

八月二十六日記著這是當學生最後的兩天，期許自己以後要真誠帶兵，用真感情善待自己的部下，做一個好長官。

反攻復國教育結束後，我們休了兩星期假，九月十九日我在高雄上了一部編號「二二九」的登陸艇，我從未坐過這麼大的船！從未見過這麼大的海空視野！我第一次離開台灣本島！

民國 62 年在台南某風照區，同行尚有莊岳飛

陸軍軍官學校建校五十週年紀念郵票

今天是長青一週年紀念日，已經想不出有什麼事比這還興奮了。期待了許久，好多事情必須在今天提出討論，做為日後的行動方針。我們三劍客深信這是友誼的結合步入事業結合的第一步，所以當這一天來臨時，我們除了討論有關事情外，一定要過的刺激、非凡、與眾不同。於是，選擇了新新大飯店，好好的過個一天，洗沐浴清化、開歡討論、最後是娛育活動？。我們希望在人生旅途上，幹的刺激，讓青春活力消失於最後時刻。相信三人一心所產生的力量足以抵抗日後所有困難，故長青的第一個誓言是"奮鬥到底，不達目的，誓不終止"

長青一週年紀念

民國 64 年 5 月 11 日的日記

當我們三人把未來的理想確定之後，內心感到無比的輕鬆，前所未有。我們誓言"既然路線已定，那麼今後我們一定朝這方向進行，勿三心二意"

由我們的理想，尋找至成功的道路。不論在何時、何地，我不會忘記對成功的追求，對生命的愛好，事業的奮鬥。一個名叫彩珍的女孩說到：我希望努力於知識的追求，同時也希望努力於生命的追求。

也許上帝造成一個我只有這一次，就我所知此次是絕無僅有的。什麼會使命運可貴，為什麼我不去熱愛呢？

理想

民國 64 年 3 月 2 日的日記

在台南舊砲校教室門口，這時人已開始頹廢，看不到人生的希望何在？

在寢室門口

昨日电視播出越南政府軍已經無條件投降。万人感慨萬千。
國際間本是無正義存在，是一些利害關係的相互牽制。想要靠外國的支援確實茫然。美國固然要負相當大的責任，其不該臨陣逃亡，推卸責任，置越南於不顧。
但越南本身則也太依賴美國了，突然失去軍援，便一無所有，任越共蹂躪，所謂自立、人立、天立；自助人助，天助。
想到此，憶當年 我們 總統 拒絕國軍美援，真是佩服他老人家高明、偉大。

民國 64 年 5 月 1 日的日記。

領袖不在了，卻更引起我對他老人家的懷念。在我心中對這位平凡的偉人有說不完的崇拜，我的 領袖。
領袖記日記是我們可以學習的，其數十年如一日，雖其間如何紛煩、如何憂苦，始終沒有間斷中輟。領袖自言，"數十年我日夕有日課，每日夕有日記，雖在造次顛沛中，也從沒有一天間斷。"
好久以前我自訂了一個信條，"自強不息"。謹希望習我領袖在人生旅途上時時保持一個續行力，我心願如此，相信距理想也不如此遠的人要近些。無他，人生來一心要瞭得所以，不負所生。
念我領袖

民國 64 年 5 月 14 日的日記。

官校二年級合照，前排左二是我。左一是好友翁思德，曾任三軍大學戰略教官，五十歲時因病去逝，實是國家與家庭的損失。

打野外，攻佔山頭後歡呼，右三是我，是否有人還知「M1」步槍？

由於我們敬愛的
領袖逝世，一週以來我的心情一直很不好，每當我看到影片、圖片，禁不住我的熱淚要湧出。
國家！國家！沒有一個統一的國家！
誠如公努所言，好一個哀痛的四月五日，無心去看事。
不再多言，只願國家進步。告慰領袖，我們的老校長。在天之靈。所謂主耶蘇佐 領袖平安。

領袖逝世後一週我的日記。

最近校方有一篇畢業論文"官校教育之我見"以求有志要聽之當事者的意見而加以改革。不少同學都努力於此事。官校教育實在有改革之必要，那此幕實為了所謂的"體育劃一"而常之認看連人也要改成同一角度，視青年人之活潑為亂，而要限與全連坐在太陽下才認為有秩序，每以压迫忽略啟蒙，諸如种种愚行層出不窮，就其原因，本校辦教育之一些人都非是老行伍、对新式軍校、文武兼備的學制毫無所知，如何辦乎。
我想以上所言不應是吾人之偏見，凡我同學甚至大多數幹部都有同感，望此次能有所作為以益於期老弟。

"官校教育之我見"

64 month 5 day 30

民國 64 年 5 月 30 日的日記。

校屆的鳳凰花如常奇鬥艷似的擺出了另人驚奇的態勢，引走了同學們一陣不安的情緒。雖然我們從記得吃了四年黃埔飯，但學校生活好像一直另人在不大而对三個月後下部隊的事情多少帶點恐懼，如何去面对此新環境呢？一刹那！
由被管理者轉變為管理者，這不能不說是一項重大突變。但恐懼歸恐懼，我們深信都可以对付得了！必竟我們是軍人，未來不正常的環境多着呢！所以我們準記住一個老軍人的話"到了任何一個部隊首先要去適應環境而非改變環境"。

64 month 5 day 28

我們的不安！

民國 64 年 5 月 28 日的日記。

64 month 8 day 11

今天是來到政工幹校的第二天，平生第一次來幹校，在各方面都給了我和官校不同的感覺，其中有複雜的事，有些不足為人道的可笑之處。昨晚的聯誼晚會是我們四校同學相聚的時刻，彼此四年不見，感到一股無比的熱情，尤其幹校女同學往往可以在會中參加一些其他顏色，場面不会太單調，而且同樣是大學生，比起來比較上水準多了。若在官校，這些都是"舶來品"，大部份只會都是清一色。
此地是北投，山色青倚，空氣新鮮，也有溫泉，住起來似乎愉快，可惜沒有，我也要設法尋找。

民國 64 年 8 月 11 日的日記。

這幾天日子好像比較單調，雖然自以為能安排生活，但今天總的為尋找生活的刺激而說了一個大話。
當然我不向幾个排長那樣人的領導，你的氣勢是压迫性，口吻是挑戰性，我並不覺得如何！只想看看他說了别人一個大话是否自己內心會愉快些，但沒有。

64 month 7 day 2

在我，就好像過了半年的平靜生活，突然和某人來一場游泳比賽。
排長沒錯，我也沒錯，只是各人立場不同，但非聖人怎能容我，我亦要超常人之風度。
未來的日子，他還是他，
我還是我，各有天下。

民國 64 年 7 月 2 日的日記。

自從 領袖仙逝，在每一個周時刻裡，他老人家慈祥的音容總是勾我無限懷念，尤其沒有機會參加奉靈大典，引為終生之憾。還好！幹校將我們安排了這個謁靈的時機，可以到慈湖去瞻仰此一偉人暫眠之地，了去我內心一份不安，不愧為一位黃埔子弟。

雖然領袖沒有親自把我們帶到祖國大陸，但將一直由他的英靈指引着我們向正確方向前進，歷史也會記明領袖的三民主義是人類真正的需要，中共邊主義不過想赤化世界中心。但願慈湖有靈的英靈，待來日河山再造，當朝拜迎英回陣來。

64 month 8 day 16 星期六
謁靈慈湖

民國 64 年 8 月 16 日的日記。

因為抽到金防部，所以最近一直在打聽有關金門的消息，聽說還不錯。

我想幹軍人每一個人都該到金馬前線去聞聞火藥味，尤其是久居台灣溫室的大家，大部分不太當動，若抽到戰指部，臉都垮了！

戰爭是個什麼樣的味道，對大部分只是百姓而言，他們是不喜歡的，假如說我們這一代不去打，那麼下一代將是如何的苦況，實在不可想像，國際上，一天變化無窮，何況若干年後！

這些事情不想也罷，初級幹部我們除了要執行命令之外，也只有想想而已！也應該有個結果吧！

64 month 8 day 12

民國 64 年 8 月 12 日的日記。

今天是當學生的最後兩天，二十年來老在當學生，已經很煩了，等不及要脫離這種環境。

今天是我在排資理地位的最後二天，長久以來一直是在被人煩、叫、去做的場面，明天一過輪到我去叫別人去做別人。這久以來我所看到的幹官很少以佳的以客觀態度真心帶我們，知矣、辨矣看自己、說一句：我們很不該。

今後我當盡可能之力，做一個好幹官，真心愛護他們。

我可以動不動用法，人都有感情，用感情領導他，這是上上之策。64.8.26

民國 64 年 8 月 26 日的日記。

好久沒有來過此一花花之城，青年人的世界——台北市。

下午我們三劍客由中華商場向三軍軍官俱樂部逛起，沿途青年男女好百花齊放，真看得眼花撩亂，對比想像只有二十多年的光陰，滄海桑田，全變了！

人擠、屋擠、車擠、悶，可能是每個大都市的特色，不到半個小時我就開始心煩，要快點上北投，一片寧靜和新鮮使我覺得我再也不想上台北了。

空氣污染，將會成為人類共同的大危機，它破壞了生態系統的循環，給人們帶來了絕症，若人類不設法解決此一大問題，到2000年，將不堪設想，前途暗淡，世界末日……

64 month 8 day 17

於台北市感言

民國 64 年 8 月 17 日的日記。

運動會，在選手村

劉建民的畢業紀念戒掉入大貝湖，我和虞義輝下去幫忙找，仍未找到。

黃埔湖畔的銅馬。

軍校畢業與兩個死黨合照，時在民國六十四年六月。

學生課間作業紙 ①

課目 匪黨理論批判 〔第一章〕 班別 5-3

學號 113 姓名 [illegible] 日期

一、試簡述黑格爾辯證法之大意。

答：黑氏的辯證法就是其所謂的邏輯，而視之為內在的自我運動，而且是唯一的正確方法。主要是以否定為核心，由於否定之判斷，使使思想不斷向前發展。具體言之，原有之思維就是靜態，而否定就為動能，兩者相遇是矛盾。正是所謂的正反合三級歷程，不停的發展，而能達到絕對理念。這種內在矛盾又為演變發展的動力，是可以統一在內的。其目的在達到無[illegible]的境界，而非馬克斯所謂之永久製造、擴大矛盾。

二、唯物辯證法之矛盾法何以錯誤？

答：此又名對立的統一和統一的分裂法則，是說明宇宙的動力的法則。其以為宇宙因有內在矛盾而變動不居。一面是萬世萬物都包含在矛盾而依矛盾運動發展，一面又認為矛盾可統一。他舉例氫氧為矛盾，統一物即水。其實兩者在化學領域並非所謂矛盾對立，氫氧二者乃為差異性而表明其性質不同，而且氫氧之結為水非自發之作用，而其外力實施。列寧說："將統一物分裂為兩相對立之部而研究之，即為辯證法之本質。"可見他把對立解為矛盾，為大錯也。對立如左右手相輔，而矛盾為互相排斥。

三、唯物辯證法質量法則何以錯誤？

答：此又名量到質及質到量之轉化法則，是說明量的變化可以轉變質，而質的變化又可以產生量的變化。恩格斯以水之三態說明質變。其實不論那一態，都是由H_2O組成，本質並未有其他變化。可見，他的舉例違反常識，也與不合，何能為一理呢？

學生課間作業紙

②

課目　　　　　　　　　　　　　　班別

學號　　　　　　姓名　　　　　　日期

他之所以如此，無非堅定其共產党徒的信心「資本主義之最更結果必有矛盾更為共產主義」。其實資本雖發展，但不一定用於剝削，亦可用作福利事業。

四、唯物辯証法之否定之否定法則何以錯誤？

答：此乃克服矛盾、解決矛盾的一種方式，第一個否定造成矛盾，第二個否定解決矛盾，不過否定並非消滅，而是揚棄。他以麥子發芽為例，麥粒消滅是為否定，那株麥子多年生物開花並未致否定，可見其雖在自然界中找到特殊例子，就無不能自圓其說。其實宇宙之間並非照依規律三段歷程。一切有否定，同時也有肯定，一方面是相剋相對，而另一方面是相生相养，決非否定說之以偏概全所可解釋的。

五、答唯物辯証法、反對形式邏輯何以錯誤？

答：唯物辯証法最反對形式邏輯之同一律「A是A」，他們認為這多在事物不變化的前提下才能應用，並於變化中未來事物「A非A」同時不能不是別的東西，故「A是A同時又非A」已。要知「A非A」指主詞和賓詞之同一，反之，則人同時等於人，而又等於他物，更可說「唯物辯證法，同時又非唯物辯証法」如此世界上任何一物又可等於任何一物，則亂也。

學生課間作業思紙
維
業工用紙 (2)

課目：匪黨理論批判（第二章）　班別：別 5530

學號：113　姓名：陳福成　日期：

一、辯証唯物論和一般唯物論有何不同、

答：費爾巴哈是自然唯物論者，他認為人腦子的思維不過是肉体的活人，所主觀世界也就屬於自然世界，所以人的思維本身也是自然世界之一部，故所謂唯物論大致就是認為宇宙一切現象，都以物為根源，任何事務不外物質的存在及其活動。

但馬氏以為費氏之唯物論不充份的須加以改造，於是他便把黑格爾的辯証法搬了過來，武裝唯物論，成其所謂的辯証唯物論，以為馬克斯之宇宙觀，是匪徒唯信不疑的哲學，是無產階級鬥爭的精神武器。然其二者並無多大差異。

二、試指陳辯証唯物論的第一個錯誤？

答：首先是其宇宙的本質問題，牠和唯心論相同錯誤，認為宇宙的本質是物質，並且离精神而獨立。其實宇宙是一個大的有機体，其間是彼此聯繫、彼此影响，親如國父所言：「統指宇宙之間，不外物質精神二者」。天人、主客，心物並非彼此对立。

唯物論認為物質不滅，但現在科學之証明，物須要能合一始能不滅，故又失去科學上根據。再者，近代科學對物質之詮釋和傳統哲學然不同，因為物質分析到最後已非物質，而是一种波動，也是精之一种，故以辯証唯物論認為物質是心和運動合一，哲學上並非唯物論所有，亦可用唯心論，故我們亦可言，精神和物質心合一。

學生課間作業紙

課目 匪黨理論批判　　　　班別

學號　　　　姓名 陳福成　　　　日期

三、試指陳辯証唯物論之第二錯誤？

答：「意識是特殊物質的物質」「思想是人類大腦表現出來的改造過的物質」何等荒謬？！思想與大腦是截然不同，思想可以自覺自知，思不佔空間，大腦不能自覺，且大佔空間。辯証唯物論，以辯証唯物論者思想的辯証唯物論，決非其大腦的辯証唯物論。如我們不以心物合一，則其理論從何而來，我們早知辯証論者其存在先有思想，思維為存在所決定。其實我們是站在心物合一之觀點，認為大腦或精神依從於心物合有物質和精神兩者並重。國父的出之有知說，更斷定宇宙間沒有純物質或純精神存在。兩者相依而生。

四、指陳辯証唯物論中之個錯誤？

答：存在決定思維，而思維同時也影響存在，此乃不可否認之事實，由歷史更可証明：盧梭的民約論影響法國大革命、陳[illegible]救眾的思想，更影響德國統一；所以人在社會中受社會影響，同時也還思想改變社會，所謂「時勢造英雄，英雄也造時勢」即存在思維之合一。

五、辯証唯物論對共產匪黨有實踐上有何影響。

答：因為辯証唯物論由物質而發展，故視一切存在為物質活動，於是主進而強調物質，抹殺了精神、自然、人性便淹沒了。更因辯証唯物論是匪黨的實踐哲學，他們又重現實，蔑視人類的意，故視人類為工具，把人類和物質等量齊觀，則故認力可以決

學生課間作業紙

課目＿＿＿＿ 班別＿＿＿＿

學號＿＿＿＿ 姓名＿＿＿＿ 日期＿＿＿＿

一切。故有「人海戰術」、「康生計劃」的演出。

總之共匪今天走向反人類反道德、反正義及出賣國家的罪行。這形形意思的導演，可以說是基本理論錯誤，觀念錯誤，導至行為的錯誤。

第四章 第一次金門

——第一次外島

一、二二九登陸艇、大海、金門

三軍四校反攻復國教育結束後，又休了兩週假。民國六十四年九月十九日（前幾天已先到壽山報到等船），我登上一艘編號「二二九」的登陸艇，軍人習稱「開口笑」，航向金門，是我首次離開台灣本島，第一次看到海空如此廣闊，世界如此的大。

但「開口笑」是一種很「恐怖」的船，原因是後來的十九年野戰部隊生涯中，多次本外島換防，都以師爲單位移防，都是用這種船運兵和裝備行李，大約一艘船可以運一個旅的兵力，只見全船裡外人山人海，到處滿是行李裝備，而人，躺的、臥的、睡的、吐的、打牌的、喝酒的……空氣滿溢著酸、臭、雜味……若是碰上冬天移防更慘，東北季風巨浪，使船如雲霄飛車船在海中起落，恐怖啊！有一次從馬祖回台灣，船開了二十四小時！

這種深刻的景像，讓我想起一部小說叫「根」，描寫四百多年前白人把黑奴從非洲運到美洲，那種運奴船，我敢說二者差不多，可見當時軍人的苦。而那時的軍人現在都成一介「老榮民」，領一點退休金過日子，那些無恥的台獨份子兼豬八戒又兼民族敗類，說我們這不該那不該，真是良知給狗吃了，偏偏統派又是扶不起的阿斗，王金平只會利用「利法院」扯馬英九後腿，算了！多說多生氣，話頭回到民國六十四年我上了二二九號「開口笑」！

印象中，船開了很久，下午很晚到金門，我是金防部砲指部，一關關報到分發，最後到斗門砲兵連（八吋砲），我的官職是「連附」，官拜中尉，是負責砲兵連射擊指揮所的一個小小主管。當年火砲之發射有五個部門的緊密連接，才能發揮砲兵火力的戰力：觀（觀測）、通（通信）、測（測地）、射（射擊指揮所）、砲（砲陣地）。一個砲兵連的軍官，通常觀測官負責觀測所業務，副連長負責砲陣地，連附主持指揮所業務，通信班和測地班各有資深士官帶領。

這天晚上我到了斗門砲兵連，連長是四十期的詹彬彪。一見面，第一句話說：「連上很久沒有値星官了，終於來了一個正期班的，明天開始你擔任値星官。」

我記得這値星官一接，竟接了將近一年，沒有下値星，每天帶著一群兵，上山下海、操課，我負責上所有的課，沒有回台休假，不知那日子怎麼熬過的！

我的指揮所就在環島公路（北）邊，是一個半地下碉堡，經一條小坑道連接到出口一片林地，坑道的切邊把一個骨灰罐切掉了一半，每日進出都要經過被切掉一半的骨灰罐，並看「他」一眼，習以爲常。

而外面的林地上，也有數個小土堆，裡面必埋著一位先烈，有的有姓名生卒年代，有些則無，我們每天在墳堆旁値勤、吃飯、喝酒、聊軍中八卦……

二、無聊的日子、不想幹的念頭

我第一次外島金門的時間大約一年半多，到民國六十六年春才移防回桃園更寮腳。這段時間真是超級無聊，不想幹的念頭又起，這和當時部隊（斗門砲兵連）氣氛有些關係。

雖說超級無聊，操課之餘也必須過好自己的日子，我的興趣在寫作，我有些作品此時已有初稿，後經多次修訂，三十多年後才出版。而寫信則是一種「精神安慰」，除家書外，有女朋友的情書（此時我和她的戀情已在尾聲、後說）；友情書信以劉建民、虞義輝爲主，但很久才連絡上這二位死黨，那時通訊不發達，書信往返拖很長時間，甚至幾個星期，至少也得到一點友情的安慰。

我每天帶著兵操課，連上只有三個軍官，連長、副連長和我，連長每天窩在房間，只有晚點名出現一下，有時好多天不見人影。副連長是一個老軍官，每天散散步，也是啥事不幹。只有我一個年青軍官，又是正期，全連雜事全落在我頭上。那時各班至少有二、三個老士官，當然更不出操、不上課、不幹活的，喝酒的、賭博的，到村裡和村姑調情打屁的……如此這般。

那時兩岸「單打雙不打」，砲陣地、射揮所附近常有對岸砲宣彈文宣飛下來，那些對我沒影響，只是我看到部隊沒希望、死氣沈沈，大家都在鬼混。我的情緒也很低落，因爲看不到明天，我又開始評估「用甚麼辦法可以下去」，可以不當軍人，可以當一個自由自在的老百姓。

那時台灣仍是「戒嚴地」，金門則是「戰地」，戰地的軍法是「碰」不得的，不小心便是死刑。於是，我盤算著，等回台灣再「幹一票」，下定決心，軍人是不想幹了，只在浪費生命。

某日，偶遇另一營的四十三期老哥，一聊之下，才知是「志同道合」者，都是不想幹的，他說：「老弟啊！放聰明點，身處戰地要乖乖的，但搞點錢賺，不會判死刑的，你想不想賺錢？」

我以為他要賣大米或賣軍火，或搞貪污，否則要怎樣賺錢？我問：「現在人在軍隊怎麼賺？」

「老弟，你真是死腦筋！像我，我把台灣成衣廠的衣服進口到金門，賣給山外、金城一些店裡，有的幹部也向我拿衣服，昨天村裡阿嫂還找我買了一件……」

「怎樣進口？」

「老弟你真是呆也！用郵包寄來就行了，扣除郵費，還大大有錢賺！」

「這種郵包寄到部隊，一下就被查扣了！」

「老弟我說你呆，你還真是呆子！不會寄老百姓家！」

老哥說的天花亂醉，我真的利用時間和他跑了幾趟山外、沙美和金城的店，但我並沒有成為「獨立的販賣者」，倒是一年多後回台灣，向他學習到成衣廠批貨，在夜市地攤賣了兩回，後不了了之，無息而終！

民國六十四、五年的金門還是很緊張，離對岸近，那時北韓開挖幾條大地道，準備進攻南韓，被美國偵測到，引起亞太局勢緊張。以金門位置，中共若要展開「地道戰」

並不難，我們每天晚上都派「聽音哨」，耳朵貼地，結果很久連鬼也沒聽到！也不了了之！

三、她，在後方發動「兵變」

據非正式統計的說法，男生當兵如果在外島，而有女朋友在台灣，一年內發生「兵變」的可能性，有六成以上。晚近以來，本外島當兵的已能正常休假，尚且如此。在民國六、七十年代，當兵一到外島，除少數「特別假」，都到退伍才能回台灣，兵變發生率就更高了。

她，是我婚前戀愛最久的女友，我們大約在民國六十年我大一時認識，我大一、二時對人生已失去方向，不想幹軍人了！大三、四更是委靡，那四年過的苦悶，她是我親情、友情之外，最大的安慰，寒暑假我們一定有一段快樂的時光。一起玩、看電影，她和我最大的共通點是對文學有興趣，記得初認識時（我二十歲、她十七歲），她已讀完不少中國傳統文學作品，文筆很好，長髮披肩、大眼眼的「文學才女」，我很迷她，因為她也有新女性的開放態度。

可能是「金屬疲勞」的關係，或久了膩了！大約到我正期班快畢業前，二人情緒有點怪怪的，顯現在一些不尋常的「徵候」，往昔每二、三天我們必有情書往來，畢業前「時隔」開始拉長，每週、每十天才一封信，且信中不知所云，不如往昔之熱情、直接，這種氣氛怪怪的，知道有事，說不上來何事！

民國六十四年九月，我到了金門，我們仍維持每月一信，半年多後，她在信中提一事：她媽媽要她嫁給表哥（當時表兄妹可結婚），她拒絕（我判斷只是不忍傷我心）。

大約我到金門一年左右，約民國六十五年夏，我又收到她的信，她說擋不住媽媽的壓力，只得當乖女兒女，嫁給她表哥，我回一封祝福的信，正式結束將近六年的戀情。我只是感傷。不捨這長時間來，她帶給我的快樂。早在畢業前的日記，我寫著「去吧！愛飄那就到那。」看來我算很達觀的人。

民國六十六年春，結束我的第一次金門也是第一次外島，事前已知道要移防回桃園更寮腳，心中沒有興奮、沒有高興、沒有期待！因為正盤算著回台灣要幹一個大票的，

民國 64 年 5 月 21 日的日記。

終結軍人生涯，不計成本——只要不判死刑。

四、寫作，是我在金門唯一的消遣

當人們處在一個不喜歡、沒希望、孤獨寂寞的地方，又不能脫身，你會怎樣？這是不能想像的問題，因爲每人感受、反應不同，也許有人跳海、造反……

我清楚自己所處的困境，不能造反，不敢跳海，只好昇華，我讀書和寫作，讀很多，也寫很多。只有在創作的「理想國」中，我才是主人、是國王，有我自己的世界，自己來設計「世界藍圖」。

此處引三篇當時發表在金門「正氣中華報」的短文，分別是民國六十五年元月二十六日「不朽時空」、三月七日「這一段征程」、五月二十日「千古歲月話人」。雖不成熟，代表當時我的思維。

這一段征程

漢軍　六五、三、七金門正氣中華報

當校區的鳳凰花開如爭奇鬥艷的選美大會似的，展開另一驚人姿態時，引起我們同學一陣不安的情緒。雖然我們最少也吃了四年的黃埔飯，身為「學生王子」的四年級在老弟們的心中是理想軍人的化身，我們挺起的胸膛使他們崇拜，我們「目空一切」的無敵隊伍叫他們敬畏。

但是學校生活好像一直叫人長不大，對於不久將來要下部隊的事情總是帶有恐懼感，如何去面對那千變萬化的新環境呢？彈指之間，由被管理者轉成管理者，這種立場的突變對一個黃埔學生而言，不能不說是一個轉捩點。

花開花謝，它們不也年年成長，從小樹變到婷婷玉立，「樹族們」可不像人類的太太小姐們，受不住雨打風吹的溫室花朵一個，它們也受了校區這種充滿軍人氣份改變了氣質，不是嗎？當初春燕幸人間，操場上的小草個個抬頭了，我聽得見它們的歡呼「啊！我要開始一個新環境了。」

它們的堅強、樂觀教育了我的心志，要我去僅記住一位老軍人的話「到了任何一個地方，首先是先適應環境，而非改變環境。」的確，人創造了環境，環境也影響人，我極力企圖抹掉內心那層不安，一種莫明其妙的衝動。

畢業的前一個月除了心情的游移不定外，生活也塗上一層淡淡的單調，五月的雲特別烏黑，五月的鳳凰樹在悲淒，顯示了孩子們內心的未成熟和對世事不夠精明老練。後來表現於外的是畢業前兩週覺得排長口氣總帶有挑戰性，本能地不想甩他，當一個領導者，雖然排長是個小領袖，在自己不為部下所甩的時候，是會惱怒的。為此我挨了一個大過，不安的心情開始動盪起來，我拚命想找些正當理由為自己辯護，他非聖人怎能容我，我更非超人如何能無動於衷，事後我譏笑存在的一切，都是笨蟲，只會計較眼前的利害得失，其他的呢？笨！笨！

突然之間，我聽到自己的跫音已邁出官校大門，那個革命遙籃唯一的進口，七年前從此入，七年後從此出，桑田本無太多變化，但是漫長歲月已消失，追念往事，進步多少？我發覺很多事情的突變常是一念之間，此一念之間則是成敗分水嶺。蔣公病中隨筆「成敗之分，在於絲毫之間，存亡之分乃由於一念之間也。」由此看，桑田已成滄海，世事原本無所謂「變」及「不變」，都只是內心的一種感覺而已，人是這些的幕後主持人，哲人哲言，洞察我心之所想。

逝者如斯，不分晝夜；來者待吾等追求。

六十四年九月十九日是這部未寫完（正在每天拚命地寫）的傳記中頗可以懷念的日子，扛著下午火熱的太陽，裝了滿懷感傷，揮離親朋好友，步上「二二九」的第一階梯，更告別美麗之島的每株草，母親送別的熱淚波動似的流入心房，被微血管送到皮下各部位。家！可愛的家，臨時的旅館，對青年人而言，那的確是不可久留的客棧，我只有意利用畢業假的十多天在那裏修養生息，待精力充沛時飛往他處。

家！充滿關心、溫情，這些現在我都要放在一邊，我已能自立；堆滿了水果、冰箱、電視的安樂窩，我要甩開，免得磨去了雄心壯志，「人要事磨」，那兒都是安樂，那裏是個砥礪的場所，只是一個加油站而已。

家！四面牆立，壓迫了我要飛奔的心，那兒只能容納我的一隻腳，另隻卻掉在門外，那裏只屬於老年人，年青人都應「離家出走」。那個以大地為床，天空為帳，山岳為牆的家，才夠氣魄。

我終於醒悟，不在感傷，中秋之夜，我坐在一條好大好大從未坐過的大船——二九——上，藍天緊抱住浩瀚大海，太闊了！人生不就像一隻船一樣？在茫茫海中，無時無刻不在把住它的舵，朝向目標航行。我們的目標就是金門。

千古歲月話人　漢軍　六五、五、二十　金門正氣中華報

三百萬年前時，……那時候……。

地球上已有飛鳥走獸，更有森林泊湖，江河沼澤，可能早已有了玫瑰花和紫丁香，但那兒美不美呢？愜不愜意呢？一點也不；那時早就有「雲破月來花弄影」的

佳境，不過遐不遐思呢？一點也不。為什麼？沒有人在。「人」，真的那麼重要呢！是很重要，那些都是因人感覺其存在、美麗、遐思、愜意，才在人類生活領域裡有一席之地，甚至價值連城。人名之曰「花」則為花，美化之則成美花。

時間本是無，空間本蠻野；二者皆無知無覺。當人出現後，他開始運握乾坤，劃破了寂靜空無的空間，擬訂時間的定義，有了起點和終點，於是遠古、中生、近代以垂百世在時間和空間所及之處均加上了人的色彩，人使時間不斷拉長，使空間不斷膨脹，人因而可以「視道萬里，思接千載」了。

小橋、流水、古道、斜陽本是寂靜無精無靈，客觀的虛體；是人把無聲無息的小橋構思成有形有色；流水本無意義，人潤之以形態美和動態美，事實上萬物之本體已生來具有某種意義，但它們沒有智慧不能「自我推銷」，一切非人之動植物亦無能為力，唯人可以命名之、提拔之，始將「蔓草縈骨」「拱木斂魂」等脫化成靈氣四散，精神散發。

人者無限，非人者有限；人者主觀，非人者客觀，無限使有限幻化成無限，進而有無合一，是謂人生至高境界，天人合一，主觀引動客觀，進而主客合一，謂哲學之至高，舉凡人皆有哲學。牧童也不例外；故已存在且具有智慧之人合由人名之始生動力的哲學，兩者合為一，把人帶入「道通天外有形外，思入風雲變態中」突破了億萬年以來未能被其他生物突破的時空限制。

有形而有限的軀體加上無形又無限的智慧心靈，才使得人成為「齊天大聖」，其能力何止於神通廣大的「七十二變」，吾人還以為可以駕越觀世音菩薩，無所不能，無所不在。

有一天我們可以只吃一粒「仙丹」做事半功倍的工作，甚至根本就不要做了，動下嘴巴（以音波控制一切）；可以一睡二十年再起床，青春依就在，真是長生不死了；或者一個寒假可以遊歷太陽系，欣賞太空奇境；也可能女兒在月球上讀護專，兒子在火星當工程師，爸媽在水星的別墅裏，每到星期假日則約會在金星。朋友！我尚未就寢，這也不是白日夢，而是事實上掌握在人類手裏的。所以君勿小看這不拉點大的腦袋瓜子，他的能力可以從目前的統治風雨湖泊進化到未來統馭宇宙內的光電波動；經現在的下臨江海至無限長之日月星辰。

「浩浩乎！平沙無垠，敻不見人。河水縈帶，羣山糾紛……」大自然的生息是人賦予的，人不存在自然界，一切存在者皆不存在了。也就是沒有人，一切等於零，處在虛無飄渺了。

不朽時空

漢軍　六五、元、廿六　金門正氣中華報

一天過了，是來到金門的第一百二十二天。

我發覺自己很早以前在潛意識裏，每天就像一個吝嗇鬼似的計較著日出日落；一個好吃鬼一樣兩眼瞪著每一時刻的丟去，當我再提此寸管，時間已似滄海桑田，一切成追憶。

時間對於我正如雙乳之對於一位青春少女那般敏感；以致深覺得不能隨意讓一天消失，挽留之慇懃恰似她們保存自己的敏感帶不能隨便奉獻出來。我感覺得，這一天應該有什麼收穫或應該有一些對事物新的領會和觀察，應該……應該……，太多了。

你我都無權授給自己二十四小時，每個人都是不自覺不自由地命定來到這個世界，無權且不可能後退了，當你還是一個精子的時候，便本能地向前飛馳去尋找生命，等到生命授給之後，又要命定你一天天的渡過；但是在渡過的過程中，我們則有權用經驗去設計自己的理想，於是因為自覺我求得抉擇，可以有自由的抉擇以創造授給的這一天，使這原本空白的，留下一點什麼。我不敢說留下一個句子或一件事，五百年後要人們不得不都來研究其含意，但這也是一種理想啊！年青人就有這份令人敬佩的不自量力狂，天不怕、地不怕，甚至在小心靈中找不出一個「怕」，只有狂風怒號的「闖」字，勇者不懼，懼則怯懦魔王乘機進住心窩，形成能力小事物大的相反局面，百事不興也。

一天未來，我開始期待；來時我運用自己的權利抉擇行路的方向；去了，我回顧那些留下的點滴，一分鐘是獨立體，當它六十份組合再一起時，則分子之間犧牲已見而成一更大之結合體。每一分鐘在我心裏像是一塊骨牌，一個個疊積起來，他們縱橫關係是親密而相吸，他們不得不且必須結為一體；時間在我身體中最適當的地理位置——方寸，構成一道生命中的長城，這一彈指之間，就是自我歷史上永恆的一部份。

一具不到六十公斤的骨肉，論重量不如一條豬，論所站空間不如一頭馬，其評啥住於斯而慢條斯理地統治萬物，造物主其創造萬物妙在此。豬必傾其畢生之力努力吃肥供人魚肉為其崇高之責；馬壯以供人騎；而人則用智慧管理眾生。我雖僅以五尺之軀存在浩大無邊之宇宙，卻為之驕傲，吾是此地主人也。恆河沙粒雖小，皆為組成恆河一份子；我雖小，是人類延綿不絕的歷史上一交接站，若無我，歷史無以交待，人類種族失去香烟。

豬能履行其職責——肥而後受宰，我何能項其背？固然說牠們在「白刀入，紅刀出」時，有聲淚俱下的哀嘆，也並非是牠不服裁判的判決，不過是「悲歡離合」的自然現象，在無限時空中，誰有本事做到真正的「不以物喜，不以物悲」呢。是故其不為此自然現象而悲，卻因絕別眾兄弟而淚灑滿襟，生物所表現及其內含的感情合於一也。君何不到豬舍參觀，牠們多麼勤勞的運用每分鐘養肥自己，勤奮者在豬類中同樣可以造成「聖豬」，牠的生命已成牠們的歷史上的永恆的一部份。

世間唯一現象是萬物之「天行，君子以自強不息」的精神，一直在覆行其所負使命，在無限浩渺的空間和恆久的時間裏，不論蜜蜂、螞蟻……花草樹木，甚至「X星蝴蝶」或「Y星狗」，都因其所負任務而生存。

朋友！一天去了，我已在你空白的時空裏，留下深厚的痕跡，我是不會對不起你的。

第五章 更寮腳營區・跑路・調一九三師連長

一、更寮腳營區更黑更亂，我一走了之

民國六十六年春之季，我順利換防回到桃園更寮腳營區，這裡是六軍團砲兵六〇〇群的一個營區，這裡更黑更亂。原因可能是大家剛從前線「戰地」解放出來，確實要解放一下：

△出操上課當然是「隨意」啦！

△一堆堆、一叢叢人，營區聚賭半公開的。

△吃吃喝喝、終日醉，一批批軍官皆如是。

△喜歡外跑的，酒家茶室妓女戶是安樂窩。

△晚上連長、副連長、幹部爬牆外出，爽啊！

從我到這個營區，約有三個多月處於「無政府狀態」，這時我已升任砲連副連長，前面那些爽日子當然也有我的一份，只是我心中一直評估局面，用何種方法下去，正在找機會。我聽到同是砲兵的同學（也在桃園營區），已經利用「不假外出」（或逃亡），構成軍法審判的要件，而且只判了兩年，這是讓人鼓舞的消息。

我當時認爲關個兩年就出來了，這個「成本」很合理、合算，關兩年換一輩子的自由，我願意！

正好這年秋天有一個砲兵演習，我評估「機會來了」。若在「平時」，我一走了之，頂多是「不假外出」，記過了事；現在部隊演習，我一走了之，情節重大，一定就構成了「軍法審判」，關個兩年出來，海闊天空，想幹啥就幹啥！

這是何等重大的決定！怎能沒和兩個死黨研究？如今回憶，確實沒有印象了。當初若和他們二位商討，劉虞二人定會阻止、分析利弊，要我冷靜、理性等等。

但可能沒有和他二位商量，一者那二人遠在天邊，遠水救不了近火，他們也不清楚我的處境。再者，此事宜秘密行事，若寫信告知（當時僅此一途），可能被政戰部門查到，更爲不妙！

這時我發現別營的兩位軍官和我志同道合，都是不想幹的，一個叫阿狗，一個叫阿貓，他們正計畫要用賣假、大米或裝備，構成軍法審判下去。但最終我沒有和他們合幹，因爲涉及嚴重的品德問題（見第十九章）。

當年只想到用一切辦法下去，軍人多幹一天都是受罪。現在仍想不通當年爲何那麼消極？對軍人、對部隊厭惡到了極點，簡直是人間煉獄。

於是，民國六十六年秋冬之際，有一個砲兵演習訓練。我事先準備好便服，等部隊演習開始，我（副連長）把戰砲隊帶到預定的演習射擊陣地，所有的事情都就緒好了！

當晚，野外一片黑漆漆，但晚上九點多好亮的月亮，一定是月亮同情我的處境，爲我照亮引路。我悄悄換一身便服，走了！走出演習陣地外！

我平靜極了，邊走邊想，到桃園車站坐火車，我再也不想回到這個鬼地方，這個叫許多人痛恨的地獄，終於解脫了……

二、跑了！又被老爸拎回部隊

夜，很深了，桃園街上人還多，我在火車站附近徘徊，一時之間不知往何處去。

女朋友飛了，朋友遠在天邊，只有腳步聲理我，孤影與我同行，天氣有些涼涼的，心很冷！

記得那個晚上，我乘夜車到台中，先去找哥哥，以前放假也常在三更半夜到台中，哥哥不疑有他，我也沒說出真相，只說放假。我在台中鬼混了兩天，心神不寧的，心中想著，我的行爲到底叫甚麼？部隊演習，副連長跑了，跑路，這是「不假外出」，若幾天不回去是否構成「逃亡罪」，一不做二不休，幹了，就幹到底吧！

第三天，我向哥說，要上中興嶺眷村看老爸老媽。我又在家裡呆了三天，只向老爸說放假，老爸也不懷疑，第四天晚上老爸起疑問我：「你在台中待了二天，又在山上待了四天，本島休假有那麼久嗎？」果然老軍人有「職業敏感度」。

我心中想走了六天，應該夠了，於是坦誠向老爸說：「我不想幹了！」

「甚麼意思？」老爸問。

我說：「我不假外出，今天六天了，應該構成軍法審判，我想關兩年出來，努力奮鬥。」

「甚麼？」老爸神情慌張，「這很嚴重，才不止關兩年，荒唐！荒唐！這很嚴重！你必須馬上回營。」

我說決不回營，決不想幹了。老爸還說要親自帶我回去見指揮官，晚上沒車下台中，否則老爸連夜就要帶我回部隊。

這天晚上我和老爸談了很多，我說幹軍人沒前途，老爸說：「軍人有甚麼不好？慢慢幹至少是個校官，幹二十年，國家養你一輩子，你都不必去找工作，永遠有工作，那裡不好？」

我和老爸沒交集，但他堅持明天一大早，他親自陪我回部隊見指揮官。我心中設想，反正已經跑了一個星期，回去也好接受軍法審判，答應老爸明天一起回部隊。

第二天我和父親一大早，從中興嶺坐早班車下台中，乘火車回到更寮腳營區，直奔指揮官室（我從金門回來時指揮官是羅縱，現在是杜金榮，杜後來當了很大的官。）我老爸一見杜指揮官，先說了一大堆抱歉、懇求的話，大意是：「這孩子一時糊塗，犯下這樣的錯，我身為他的父親實在很過意不去，部隊重視軍紀，一定要處分他，請指揮官給他一次機會，讓他有機會報答指揮官的寬宏大量，我感激指揮官……」

我立正姿勢，呆若木雞，站在指揮官面前，難過極了！心情很複雜，這時已是上尉軍官了，人生路怎麼走成了這個局面。老爸說完指揮官對我說，他語氣平和：

「陳副連長，你已是一個上尉軍官，你看！讓你父親這麼辛苦大老遠送你回來，還叫父親這麼操心，真是很不應該，要好好反省，報答父親這一片苦心……」

「是、是」我連連稱是，也只能稱是。顯然指揮官打出一張「溫情牌」，又對我父親說：

「陳先生，你也是軍人，知道軍中不能沒有軍紀，我會盡可能的降低處分……」指揮官刀切豆腐兩面光，各方面都得考量，政三大概已照規定通報上級，或已展開調查，此刻我仍一頭霧水。

「是、是、當然！」老爸應付指揮官的回話，又請求指揮官給孩子一個自新的機會……

此事過後，我仍在更寮腳營區過了一段渾渾噩噩的日子，該查的單位都來查了。後來監察官告訴我，杜指揮官仁慈，國家培養一個軍官也不容易，指示本案先記一大過結案（但先發行政命令、不發人事命令），只過一陣子，改記小過一個並調職，詳情如何？我不得而知。但小過一個是確定，因多年後我發現人事考核資料記上這筆，當時不知嚴重性，其實已注定軍職發展有了「致命傷」（我致命傷已夠多，現在又加一傷）。往後我幹完營長，本要去國安局，因此事而未成。

大約民國六十七年春節後，杜指揮官召見我，說：「陳副連長，那件事對你待在軍砲確實有傷，若能換個環境更好，現在一九三師砲兵七七二營營部連連長有缺。你願不願意去？這是一個升職、表現的機會！」

我當下就說：「報告指揮官，我去，感謝指揮官栽培。」約十多天後，我去報到，砲兵七七二營在雙連坡。

第六章 第一次馬祖高登（第二次外島）

一、雙連坡戀情：李花情水深千尺

大約民國六十七年春節過後不久，我帶著受了「重傷」的身心，有如一隻鬥敗的公雞，一隻受傷的野狗，一隻戰敗的野獸，來到桃園雙連坡報到，幹起了一九三師砲兵七七二營營部連連長，記得營長是劉國強，師長是陳廷寵將軍。不知何種緣故？陳廷寵後來很「器重」我，叫我好好「跟著他幹」，我卻死命的「不想幹」！唉！那時，心中在想甚麼？那是後話！

我雖身心受了重傷，但評估眼前局面，路還是要走下去，而且現在是連長，身爲主官，營部連的任務又是砲兵營的後勤支援性質。總不能因自己不想幹，拖垮了全連、全營。是故，當下有了「決心」，就好好幹吧！反正退伍時間還早，當時仍在期待服役十年退伍。幸好，同營有同學陳文成是砲連連長，營部有學長周立勇（42期）很親切，讓我在生活上不會感到太寂寞。

但上任不久，我知道了一個「天大的秘密」，三個月後一九三師要移防到馬祖北竿，對我而言，真是「天大的不幸」，因爲我一年前才從金門回來，怎麼現在又要去馬祖！但也只好硬著頭皮面對、接受、準備！

接下來的三個月，全營動員準備移防，這是國軍年度的大演習，本師去馬祖北竿，換回已在北竿駐防兩年的二六九師。當年都是師對師換防，是訓練也是演習，而部隊常說「演習視同作戰」。準備移防期間，師長陳廷寵來過幾次，我盡力表現的積極，記得他對我印象很好，找我「個別談話」，不久我調砲三連連長，爲何調動？我並不知情，反正服從命令就是。

移防馬祖前的三、四個月，我偶然機會有一個女朋友，而且「一見鍾情」，但想到馬上要去外島，一去又是兩年，鐵定又有「兵變」發生。所以，這段戀情是不是「戀情」？至今仍懷疑著，但那段甜蜜，一生忘不了。有點像赴戰場的軍人、古代出使任務的刺客或出勤的神風特攻隊員，都是打算一去不回的，死前和自己心愛的女人瘋狂的過上幾夜，後來我記下了這段戀情：

坡上李花嫩雪白，秋月嬌羞款款來；

夜來花落仙女飄，花瓣風中慢解開。
李花情竇才初開，有緣情人偶然摘；
夜來風雨頻催花，涓涓細水雲亂釵。
李花情水深千尺，任誰眼裡是西施；
從此一別西風去，再賞李花待何時？

民國六十七年七月，我去了馬祖高登，一去整整兩年。起初我們通了幾封信，大約半年多後，漸漸的，沒消沒息了，也算是「沒有發生兵變」。男人對於女人嘛！要的不多，就是那一點點感覺，那一點點「感官」激情，便是一生「永恆的回憶」。

二、馬祖高登二年：砲兵連連長及其他

△一個沒水、沒電、沒女人的地方

我到一九三師砲兵七七二營接營部連連長不久，又轉調砲三連連長，此時部隊距換防馬祖時間很近了，我記得大約兩個月，爲何又調動？我不清楚。但營長說的頂好聽的：「陳連長！這次換防，本營要有一個砲連配屬高登，師長要一個肯負責、有能力的連長，

我和師長都認爲你是最佳人選，希望你好好表現。」

天啊！何時我從一個「問題逃官」，突然成了「肯負責、有能力」的砲兵連連長，是師長（陳廷寵將軍）真的看到他要的人才，還是找不到人？反正此時的我已經「轉念」，幹吧！長官須要我我就幹。

但「高登」在那裡？讀書的時候我對高中地理課比較有信心，從未聞中華民國領土範圍有個高登島。

六十七年七月，我率領一個砲兵連到達這個小島，真的是小島，就在馬祖北竿旁邊半小時船程就到。我站在島的最高點，可以望見四週的海，可見其大小。

這個島沒水、沒電、沒女人、也沒有任何出產，只有數百軍人。先說沒水怎麼過活？因沒有自來水、無河無溪，在我砲連連部山腳下有泉水湧出，形成一些水池，每日由兵挑上山儲存，煮飯、洗澡用。

再說沒電，很難相信已到二十世紀下半葉，我國領土範圍內且有數百軍人的駐地，竟然沒有電力設備，我駐島整整兩年，照明主要用「馬燈」（一種手提煤油燈），其次是臘燭。大約到六十八年底，來了一部發電機，每天晚上在一些重要地方可以有六小時發電，但效果不好，還是得靠馬燈和臘燭。

高登因為沒有老百姓住，所以也沒有女人，只有一個步兵營（欠一連駐北竿）及砲兵連，純粹是「男人國」。但每三個多月（最久半年），高登總機會用「電話記錄」通報全島官兵，大意說：「第十一類補給品於某月某日起，到本島補給三天，白天補給士官兵，晚上是軍官時間。」接著有一份各連補給時間分配表，以免擠在一起。

客倌會問，「何謂第十一類補給品？為何叫第十一類？不叫第十類或第十二類？」所謂「第十一類補給品」，即「八三一」也，老一輩人大約知道「八三一」，但現在知道的大概不多了。「八三一」就是軍中公娼，習稱軍中樂園或軍中茶室。所以，每隔一段時間，會有八三一的女人（三到五人不等），由北竿「船老大」的漁船送到高登，通常「補給時間」只有五天，她們就要離開，我記得一張票是一佰五十元，軍官多些。

軍隊的所有補給品（自己用的和給敵人用），共分十大類。故並無所謂「第十一類」或「第十二類」，當時把「八三一」叫第十一類，狗是「第十二類」，都是俗稱，並非正式稱謂。

「狗」會列第十二類補給品，因當時高登營長趙繩武（兼指揮官），規定所有據點（獨立班據點），養狗數量必是人的兩倍，如全班十人，狗要有二十隻以上，一半食用，一半站衛兵用（晚上站哨一人一狗、雙哨二人二狗）。可見當時兩岸還是緊張，所以當時在金馬外島那些被食用的狗，對兩岸和平亦有功焉！

△砲兵連任務、官兵生活

六十七年到六十九年間，高登駐一個步兵營，營長是三十八期的趙繩武兼島指揮官，其下在高登有四個連長，和我同是陸官四十四期有陳報國和劉玉原，一位四十五期的涂國明，及一位資深軍官姓饒。

我帶的砲兵連和步兵營是「配屬」關係，受營的作戰管制，人事後勤仍歸砲兵系統負責。我砲連主要兵器有四門「九〇砲」和四門「七五山砲」，都是年齡比我大很多的老砲，九〇砲任務是「反艦」，七五山砲用於△漁船警告射擊，只要大陸漁船接近我陣地（約五千公尺），火砲必須發射「警告射擊」，以驅離漁船。但警告射擊會有意外，如打傷人船，甚至人死於船沈，就會引起大陸漁船「萬船齊發」，示威乃至包圍高登島。

大陸漁船的警告射擊，可以說每天、日夜、全年，經常性任務，意外在所難免，只要大陸漁船集結，高登一定全島備戰。記得有過幾次，漁船包圍了全島，我們戰備多日，終於沒有爆發更大事故。

說到官兵生活，在一個沒水、沒電、無物產、沒女人的荒島上生活，還能談甚麼「現代生活」？

就說吃的，許多人可能吃過軍人的「野戰罐頭」，超好吃！讚不絕口，但若叫你三餐吃、吃三天、五天、十天、二十天、一個月、一年……你發瘋不？？？你可能寧可餓死吧！正常情況下，每隔兩天北竿「船老大」會運些新鮮蔬菜魚肉等，但大多不正常。尤其冬季，冬北季風下的惡劣天氣，漁船停止運補，我們經常整個月吃罐頭，要新鮮的肉，只有殺狗進補，那些日子，我們不像現代人，倒像原始人。

再說住的，所有官兵住的，其實談不上是一種「建築」，大概比「土洞」好些，好一點的可以叫「碉堡」，冬天溼冷，其他各季看天氣，所以住久了大多會有風濕等病。

在那個年代凡是到外島的，基層（尤其第一線）據點，大多住「土洞」，當二年兵就得病。我早在前幾年就得了「職業病」（耳鳴，因火砲射擊），耳鳴註定跟我一輩子，無藥可救！

再說愉樂，這方面只有各兵發揮創意了，生活其實很無聊，幸好讀書、寫作是我的興趣。有一系列以高登爲主題的現代詩「高登之歌」，後來獲陸軍文藝金像獎現代詩組銀像獎（金像獎從缺）。

在物質條件極度貧乏之下，只有盡可能提昇你的精神層次，否則，必死無遺，或許這就是人們創作的原動力。

在高登兩年，生活不離防衛戰備和做工。約到高登的第二年，上級決定在高登構建八吋砲陣地，這是大工程，以步兵營爲主力，我砲連主要負責漁船警告射擊，兵力亦不多（通常砲連七十人左右，步兵連有百餘人），較少參與工程。

△師長視察，每天陪師長晨跑

我在高登這兩年，北竿師師長都是陳廷寵將軍，他到高登視察多次，每次一定來看砲兵連，對我鼓舞有加，記得他召見講話時說過：「我選你來高登果然沒錯，你叫師長很放心！」長官放心，我便放心。

那時高登軍官幹部最愛到北竿參加各種師的各項講習，一則可以解放無聊苦悶的生活，再者到北竿至少有滿街的女人可以看。外島的商店一定有漂亮的女店員，若無女兒（或女店員），生意就別做了！因爲沒有阿兵哥會上門。我也不例外，一有機會就到北竿，有一回因講習停留多日，師長知道了，叫我陪他晨跑，此後一有機會，師長就叫我陪他晨跑。

有一次我膝蓋酸痛，不能陪跑，師長說「我叫醫官給你打一針就好」，果然醫官的一針，從此都不痛了。後來我知道那玩意兒，叫「美國仙丹」。

當時我只是一個上尉連長，能得到一個少將師長的垂愛，真的是「天上掉下來的機會」。全師連長有一百多人，只有我一人有此「好緣」，照理說我應珍惜，但沒有，下連長後我轉監察，陳廷寵很生氣……質問「爲甚麼不跟著我好好幹？？你前途看好……」我……這是後話，後說。

△懷念高登砲兵連老戰友們

軍隊中，不論官兵新來老退是正常的，我們駐防高登兩年，有多少官兵在連上進出，亦無記錄可查。幸好，就在民國六十九年六、七月間，大家知道回台灣就各奔東西，用手抄複寫幾份全連名冊，我亦帶一份。

回台灣後，過很多年大家早已忘了，帶有名冊的人也不知在何方。直到回台灣的第十九年。我偶然在一口舊木箱中翻出這份名冊，才又想起那些高登老戰友，我當下發出聚會通知，民國八十八年三月七日中午，我們在台北新光大樓頂層餐廳聚會。

當日到會者二十餘人，含數人不能到別人代簽到。全體如下：我（連長）、陳銘銓（輔導長）、陳榮杭、李賀永、趙安章、陳清華、唐福星、杜紀傳、黃啓明、顏貽宗、潘玉明、吳東山、蕭明波、蔡全、陳建興、劉永康、許坤煌、王瑞彬、王東進、楊明謀、幸文在、林宗欽、劉梧桐、蘇燿煌、王扶文、鄭保安、黃明輝（副連長）、堯建利、劉忠雄、鄭皇城、陳泰全、蔡良財。

以上只是高登砲兵連官兵（67—69）少部份，其他還有很多人無聲無息了，不知去向，但他們對國家、對歷史，曾有貢獻。

高登那兩年，不能以「艱困」說之，簡直是「原始」，生活只比「北京原人」好些。今天我們都是一介老榮民了，已經退伍十三年，我領退休金領的心安理得，我們付出過，而那些豬八戒台獨份子卻說我們這不該、那不該，良知良能全給豬狗吃了。沒有當年國軍官兵死守金馬，那有今天台灣的繁榮？連豬狗都不如，怎能搞台獨？

三、換防回台、思考退伍、轉監察官

結束了馬祖高登兩年駐防，我大概在民國六十九年七、八月間，才全連完整回到桃園雙連坡原駐地。我又在台灣待了一年多，此期間完成婚姻大事、正規班及轉監察等事，七十一年春我又去了馬祖，這回駐地在北竿。

但當連長這幾年來，我的思維仍是「退伍準備」，我寫了不少信給長青死黨劉建民和虞義輝，討論退伍的事。所以，這裡用他二人的信，回憶我等那時心情。

陳兄：

今年一過咱們都是卅出頭的人了，時間飛也似地消逝，每當你那化做卡片的祝福悄然而至，莫不使我黯然，儘管距離再遠，總是你那一份先到。

馬祖於我一如金門與台灣，覺不出一點兒甜，多的是冷漠和孤寂，不知道老兄可曾嘗得了悠然自得。寂寞恰似兩面鋒利的刀，使用得當斬獲愈多，Verse Vice.

我也愛寂寞但要music相伴。

何時重聽玉驄嘶，

雲簾撲絮依依的夢回時！

※很想念跟你學下Chord那段時光。

卡片上的話很夠皿嘍：

問候

嫂子，孩子好！

夏青 12.20.

把信寄台北會讓你多得一封。

長青兄：

你的信最難得「都是要人44期」。以我看來咱們長青確實都在賭這口氣不信天下有啥事，寔在外校我倆在外島，就美語來說，他或許算有專長了，相反地在其他方面你和我的路子走的到是很窄。儘管是美語我也想在寔畢業時向他請教一番。此外我的 classic guitar 練的倒是起勁，自我陶醉其中不知將曙。

你忙的如何？可別在美語上露了馬腳。我誠然希望如同我們上次相約，再不久該是豐收的時候了。

歲月如梭，這股傻勁愈見痴狂，放眼畢中捨我其誰，願長青快馬一鞭。七年前下的種子，沒有一株要成 fertilizer.

精！

長青

1209.

的意思：

這些日子裡不知道是何原因，總覺得失去的比得到的多，無論在知識方面，在進德修業上，似乎毫無進展，有時真想抓住些什麼，但內心却惶恐失措，曾有人說「迷失在十字路口」，也許正是我最好的寫照，看看往後的日子，我們好像才剛剛畢業，要往前走，實非初衷，不往前走，又身不由己，若要橫走，各項考試均需延後。在這茫茫的浩瀚中，此刻之心真亂如麻。

回顧即將畢業之初，「長青」的雄心萬丈，隨著時光的消逝，隨著人事的變遷，這股凝聚的向心力，逐漸的被家庭子女取代了，彼此的關懷，也隨著距離的遙遠而變質了．是誰的錯？
誰都沒有錯！這是天性，這是本能，也或許是
我太敏感了！這一切我認為都不重要．重要的
是我深信我們每一個人的心中都早已深埋了一
棵「長青」的種子，這棵種子的成長是需要付
出實際行動的。
不瞞二位，這些時間我常獨自思索，何去何從
！但往往相互矛盾，歲月會使人成長，在不久
前我們可想的，可認為的，經過了那麼多外在
因素的衝激之後，是否有必再重新深入探討
的必要．雖然上次我們在台北聚了一次，但由於時
間倉促，除敘舊話別之外，實無觸及問題重

第 2 頁

國軍標準規定No.3-1-14(19×26.5)cm28½磅打字紙 @100 70. 6. 6800本 中心印

心，因此個人認為到兄此次回來受訓之際，也是我們該赤裸裸的坦誠相見之時，我主張至少要有半天以上的時間我們三人在外閟室而居，讓女眷們前有單獨相聚的時間，當然她們可選擇我或小孟家中。唯有如此我們才能冷靜而深入的研究心中的問題，不知兩位意見如何!!

剛才收到小孟思的來信，言及將暢談自己的準備工作，頗感欣慰。茲將近日來思索的幾個問題陳述於后，希望在下次見面時「長青能毫無保留的報告」；第一大項時間範圍劃分：

一、第一階段自即日起至79年退伍止（服役期間）：

◎二、第二階段自退伍之日起直至永遠：

第 3 頁

※第二大項：考慮範圍劃分：

(一)純粹針对個人與自己家庭為主，完全不考慮「長青」因素，完全以個人利益為出發點。

(二)以「長青」為主，以個人及家庭利益為輔作出發點

※第三大項，針对以上兩項的劃分做一前程設計

(1)今後預定的工作目標與計劃。(含從事的行業考試)

(2)欲実現這些目標可能遭遇的困難與挫折。

(3)欲達此目的應努力的方向，與克服這些障礙應採取的具体作法。

※退任與不退任之利弊分析：

以上這幾個問題若是能得到肯定的答案，我們將生活在「希望」之中，就如同作戰命令中的「全程

作此構想」，事措主動，不管我們身在何处，都有即定的目標，永不迷失。而且我之可以將個人利益與長青利益分開，其目的即在尋求如何使「個人」與「長青」利益相結合。總之此次的相聚務必使吾輩確立堅定不移之信心。最後虔誠的祝福

兩位

一切順利

長青

70.11.20

P.S. 劉兄回台之日盼能盡速與我等聯絡

第 5 頁

小結這幾年，真是可憐啊！長青三人到三十初頭了，軍服也穿了十五年了，竟還在思索「何去何從」的問題。我尤其天真的可怕、嚴重。高登回來了，下了連長，高級班畢業，我又不幹了，轉監察。事前我禮貌的去面前老師長陳廷寵將軍（他已調新竹軍軍長），畢竟他看得起我，一再叫我「跟著他好好幹」！我到他軍長辦公室，他客氣的和我聊聊，我鼓起很大勇氣，「報告師長，我要轉監察！」

此話一出，我看到幾年前向父親說「不想幹了」，老爸突然出現的臉孔和神情。師長突然一臉嚴肅，笑容也不見了，還有點生氣說：「陳福成，你跟著我好好幹，你本職能力也好，爲甚麼要轉監察？」

「……」我有些緊張，不知如何答說。

師長接著說：「你是陸軍官校正期出來的，在軍事系統才有前途，過不久我這裡有營長出缺，你是第一人選，不可以去當監察官。」

我終於鼓起勇氣說：「我可能會讓師長失望，我不是那塊料子……」我不知所云。師長「熬」不過我，他一再勸，我竟不知死活的不想接受長官的「提拔」。最後師長只好丟出一句，「你回去好好思考，轉了你會後悔！」

我不聽師長的話，轉了監察，幾年後我才覺出他的話是對的。軍事幹部進入政戰系統，我自陷「軍事、政戰」兩面不是人的困境，兩邊都當我爲「外人」。

67 年到 69 年駐守馬祖高登島掠影

指揮官、各連長、連輔導長，後排左一是作者。

士官兵與無名英雄銅像。

在高登台，68年春節。

這是高登島最高點，營部所在，前排中間是營長兼指揮官趙繩武中校，右是筆者。攝影時間：約民國69年初。

與連上官兵弟兄合影，我們平時任務是驅離大陸漁船，數千機漁船圍困高登島是常有的事。

這是高登島的北半部，砲兵連部位於人站這位置，大約是中間的山凹處。正前方是筆者，左是連輔導長，照片中人都是連部士官兵。據聞，馬祖各島中，只有高登尚未開放觀光。攝影時間：約民國 69 年初。

陳報國（右）和我，民國 67－69 年我們一起在高登當連長。多年後，約民 80 左右，我在陸總部碰到他，他早已官拜上校，身居要職，而我仍是無處可去的老中校。

第七章　第二次馬祖北竿（第三次外島）

一、監察班第30期

一九三師於民國六十九年秋從馬祖回到台灣，次年衛戍台北（師長已換李建中），砲指部在木柵馬明潭。當時砲指部如「無政府狀態」，指揮官不管事，天天在外面喝的不省人事，我當情報官，是個閒差事。

正好可以叫我一步步轉監察，當所有程序走完，我要前往五七七旅政戰部報到，扛著簡便行李正要出門，記得大約下午四、五點吧！在大門口碰到指揮官，他大概喝醉了，走路東歪西歪，正好看到我大聲問：

「陳福成，你扛著行李要去那裡？」他的樣子有點好笑，臉紅氣喘，說話不清，站也不穩。

「報告指揮官，我轉監察官了，現在要去報到。」他終究是上校指揮官，我很重視軍中倫理，所以我放下行李，立正姿勢向他報告。

「胡說！你轉監察我怎麼不知道？」

「有啦！是指揮官批的。」

他沈默片刻，似在想甚麼！我說：「報告指揮官，我去報到了。」「去吧！」他輕聲說。我大步跨出大門，沒有再回頭看。

民國七十一年四月五日，我到政戰學校參加監察班第三十期講習，五月一日結訓。巧的是此時國防部政三處處長是陳廷寵將軍，不久前他極力反對我轉監察，現在他當起國軍部隊的「監察系統總指揮」。但我想情況不同，他可以，我卻不可以。後來我聽到一種說法，國防部政三處長要幹完步兵師師長，才是最佳人選。

監察班結訓時，老師長陳廷寵將軍來主持結訓典禮，我代表專題報告，題目是「打破沙鍋問到底」，小標題「還問沙鍋底在那裡？」獲全體熱烈掌聲，老師長也嘉許「陳福成一定是優秀的監察官」。

記得當年，軍事幹部轉監察、保防的，人數頗多，幾成流行。這些人在各級長官眼中，大多已貼上「畏苦怕難」的標誌，余以爲畏苦怕難只是「果」，失去志向、失去奮鬥的動力、對部隊和前途都沒了指望則是「因」。

研究社會、政治發展亦能得知若干真相，在落後的社會，軍隊是先進的一群，知識、薪資和生活水平比社會高，大家搶著幹軍人。到了進步的社會，軍人成了落後封閉的一群，幹軍人成了一種苦差事；社會再向前發展，到達繁榮富裕，除非高薪吸引，否則誰要去當兵？

民國六〇、七〇年代後，台灣民間社會經濟發展日愈繁榮，相較軍人生活，已非「苦」字形容，根本是「次等國民」，野戰部隊許多地方的生活條件只能以「原始、低等」說之，當然許多人是幹不下去，只好轉監察或早早求去。

二、馬祖北竿、監察官

民國七十一年夏天，我隨一九三師五七七旅移防，又到了馬祖北竿。（這回外島，前期師長是李建中，後期師長是丁之發）。

五七七旅駐地分散在全北竿各處，旅部在芹山，旅長張仁渝上校（後升少將調中山大學總教官）、副旅長杜俞如中校（一位本職學能很強又負責的資深軍官）、政戰處長陳正武中校（也是本職學能、師旅戰術超強）。很難能可貴的，這三人（旅長、副旅長、處長）還同心同德，沒有互鬥，沒有猜疑，這在所有各類團體中（黨、政、軍、社會、藝文），都是極少極少的，雖是主官負成敗全責，但副旅長、處長亦有功焉。這三人除同心同德、苦幹實幹外，他們的本職學能、師旅營戰術也是超強。

所以，一九三師五七七旅駐防馬祖北竿期間，這三位長官是我軍人生涯中，所見最佳典範。若能早幾年讓我和他們相處共事，我可能是另一番局面。

五七七旅的政戰幕僚，政三（監察）是我、政四（保防）是四十二期的周立勇學長。我二人是軍事幹部轉政戰，正是所謂「畏苦怕難」或不想幹的人，我們也並未扯爛污、拖死狗，雖稱不上「苦幹實幹」，至少算是「負責盡職」，該做的事沒有少做。另外政一（組織）、政二（文宣）幕僚也不錯，政戰處陣容算很堅強。

五七七旅的軍事幕僚（旅部），因有幾位老弟也不想幹，擺明了拖死狗、天天醉（我能感同身受、不久前我更糟），長官很傷腦筋。所以旅部的軍事幕僚比較弱，但我深受感動的，老弟出狀況，副旅長杜俞如苦口慈心力勸，旅長處長一再包容，並未動不動要法辦。

我在芹山一年多，難忘的還有冬天晚上的霧，經常連白天也伸手不見五指。戰地規定晚上六點後「關閉陣地」，我和周立勇學長同住一屋（堡），只有喀花生下酒、聊聊八卦以度漫長黑夜。周學長到七十二年九月服役滿十年，他先退伍下去，過著逍遙自在的生活，我好生羨慕，那是我和另兩個死黨求之而不可得的。

七十二年年底，我因父親生病（癌），不得已找老師長陳廷寵將軍設法，七十三年春我調回六軍團九一兵工群，仍任群監察官。（命令是72年12月16日生效，不知何因拖了很久）我又離開了艱困的戰地生活，回到台灣，放假回家、照料老爸至少方便些，身爲人子，不能爲父母養老送終，是人生不能彌補的遺憾。所以我很感謝老師長陳廷寵將軍，他後來官越當越大，但我卻不敢再去看他，我拂逆了他的善意，他的賞識，我卻不識抬舉！

三、回台灣，與死黨思考退伍事

從馬祖回來後，我只在台灣待了一年半左右，又調到金門。這一年多除了自己工作外，和劉建民、虞義輝多次會商，不外研究退伍的事。此時我期服務已八年多，很早「謠傳」陸官43、44、45、46期要延長三至五年，我們不僅緊張，也不知何去何從，下面劉虞二人給我的信，我們心中想著：

小意思：

來信收悉甚久，均未覆你回信，深感抱歉。一方面事忙，一方面始終仰賴电話，說真的，有机會你問問那(02)9315812的房東我打了N次电話，都說你沒來，我真不知你現住那了，還是辭了「監官」，事情較忙，若电話有了变動不妨來信告之。

最近我有跟你前進的企圖，殊不知辭，這行是否适合我們口味，你現在是此中人，不妨提供些經驗，以免誤入正途，若可以的話請也準備辭了。

另劉兄可能在元月份進正規班，在他回國之前盼能再召開一次高峯會議，屆時還望你對上次提供的資料作個扼要的報告，坦白說，每當看見了你的信，就使

第 頁

我們藝長久的希望重新被點燃，也希望這股力量能繼續支持我，走向長青的目標。

祝

冬安

P.S 大嫂一切可好，何時當爸爸！

弟 義輝 上
70.11.09
21:45

第　　頁

國軍標準規定No.3-1-14(19×26.5)cm28½磅打字紙 @100 70. 6. 6800本 中心印

小意思：

好久未與兩位寫信了，前天收到福成的來信，對於長青的工作精神，本著數十年如一日的態度確實令人汗顏，誠如你們說該是行動的時候了，在這漫長的八年中，我們都經歷了或多或少人生的体驗，而家庭的影响都些微對我們起了些波動，更為了十年，十五年的問題困擾許久，如今一切似乎都逐漸明朗了，不知兩位可否知道，一切仍照原規定，若果如此，我們的腳步就須調整，不能再存觀望態度，一定要做一明確的交待。

目前我正在查証這件事實的真象，基本上在不會有差錯，但不管如何，我認為有必要找個時間再行相聚，共商大計，原則上以福州的假期來配合，盼兩位兄台隨时切取連繫。更希望在某些時容困未中，家庭的包袱不要背得太重！！祝

兩位

健康

弟 蔣烽 筆

70.8.24

福成兄：

前不久輸了一次監察官，結果未獲他人青睞，反到惹人笑笑，而今真正感到吾兄高瞻果決令人心折。這事一連接踵而來的事無不相聯有關，十年、廿年仍在未定之天（或許該說是已決而吾人不知不信），許多考試考的其實不武貴思量，也曾同義輝談過，他想想這是考試院算了，我早已逆料他多年來的心血斷不可能因長青當年議決而左右，且情勢自是始料所及，其果又為「勢」所逼，怎生不心折無盡緻呢！我至今仍還「冬眠未醒」，唸書也即不進腦海，鎮日磨利指甲，低個吟唱請人而已。我兄近來狀況若何？有好長的話要談，兄正考試時限未到，我雖不親書但卻服提身考場的體能卻十分強烈，誰無顧竟當一輩子"不講人性"的阿兵哥呢？寫到這裡我又想起咱倆當年那股豪壯，有多美！願主佑我兄如願以償。

別擔心有人考考院上京就會耽誤。

老劉建 0628.

從以上信件看，他二人和我同樣急，三人都急如火燒屋，卻不知往何處逃？找不到出口。劉建民看出延到十五年已定，吾人百死不信；虞義輝主張「不能再存觀望態度，一定要做一明確交待。」並積極查證延長五年的確實性。劉建民比較隨興，但也認爲「誰願意當一輩子不講人性的軍人？」對軍旅生涯也不抱興趣。

我們三人可能虞義輝最清醒，劉建民次之，而此時的我，尚在迷航！

當我在寫本書之際，陸軍官校發生學長遭學弟割喉的凶殺案，震驚社會各界。校長劉得全說明，因傷人的吳某想退學，利用各種方法達到被開除的目的。（見二〇一三年二月二十日各報導）我很驚訝，陸官怎麼現在還有這種事？不想幹的就讓他走了，何必強要留人，我們的軍事教育怎和四十年前一樣，跟不上時代！

第八章 第二次金門（第四次外島）、政治研究所

一、金防部政三組監察官

我在六軍團九一兵工群度過一年多安穩的日子，後勤單位事較少，監察官事不多（野戰部隊有一種說法，監察官事多很忙，表示單位問題多、軍紀敗壞；事少則表示單位軍紀嚴明，大家都奉公守法。）。於是，我的休假還算正常，我和劉虞二人因兵科都不同（我砲兵、劉工兵、虞裝甲），根本不太可能在同單位，碰面很難，都用書信連絡，劉虞

虞義輝（右）、筆者（中）、駕駛（左），在古寧頭戰史館，民國 74 底或 75 初。

二人是我這輩子書信往返最多的男生，給這二人寫信，如給「情人」寫信，心中說不完的話想讓他們知道。

當然，談最多是我們該何時退伍？延長五年的規定應是屬實，卻像劉建民的信「吾人百死不信」。這一年多，我三人也千載難逢的碰面了，決定延長五年的命令下來了，我們就各人設法考試，能考那裡算那裡！

安逸的日子過得快，約民國七十三年底（或74年初），有一天軍團政三組長官找我去。一見面說：「陳監察官，這一年多你在九一一兵工群表現的很好，你坐下！」我坐在椅子上，心中想著一定要交辦重大任務了！

我禮貌回答：「都是各級長官的愛護。」傳令兵端來一杯咖啡，香氣飄上來，人很清

在金門某古村落中，民國75年。

爽。

長官終於說話：「金防部政三組有個缺，我打算叫你去。」

我聽到金防部，一種直接的反應就說：「報告組長，我從馬祖才回來一年多，我不想現在又去金門。」

「不是現在去，還有幾個月。」

「報告組長，我實在不想去！」

「陳監察官，金防部政三組那個缺是中校缺，管工程監標監驗和採購也單純，好處也不少……」

長官友善，又堅持叫我去，我不想再拂逆一個長官。約民國七十四年春夏之際，我第二次到金門（是我的第四次外島），金防部政三組（時司令官宋心廉）。我到任不久，虞義輝竟然也到了金防部，他是二處情報官。

二、我和虞義輝的一段「蜜月期」。同時考上研究所

沒想到我和虞義輝同在金防部，這真是天上掉下來的機會。三個好友自從六十四年出了軍校大門，再也沒有這種可以經常散步、看黃昏美景的機會。

他在二處住中央坑道，我在政三組住武揚坑道，距「太武公墓」很近，太武公墓規劃的如一座公園，我們經常晚餐後來此散步，沿著一排排先烈先賢的「住家」，研究墓碑上的籍貫、年齡等各種資料，有很多二十幾歲就犧牲了，感慨萬千。但我們自己的事更是牽掛著！

民國七十四年九月，是我們四十四期（六十四年班）服役整十年的時限，我記得就在這年到金門不久，延長五年的公文正式下來。我等三人早有共識，若延長五年確實（看到公文爲準），只好放棄長青先前的決議，各人設法考試，各自找路了。因爲十年役期我等已三十四歲，又延長五年，退休已三十九歲，想到社會創業太晚了，不如搞滿二十年，尋求保障才是上策。

一個黃昏，夕陽照著太武公墓的先烈先賢們，我和虞義輝相約散步，要做一個「最後的決心」，確定我們的「新目標」，其實數月前我們已在收集資訊。虞的專長在英文，我無專長，英文也破，但我對文史哲向來有興趣，過去的歲月讀的東西不離文史哲。

就在太武公墓這個黃昏，虞義輝決心攻下「政治作戰學校外文研究所碩士班」這座山頭，我則主目標也指向同校的「政治研究所碩士班」。此刻，已是七十四年八、九月間，決心已定，黃昏顯得像日出一樣，心中升起一股熱力和希望，一定要拿下這座山頭。

榮獲軍事著作金像獎，與妻到國防部領獎。

這張照片有多位同學，但因數十年未見也叫不出姓名了。林利國（左一）、我（右三）、林曉（右四）。

左起：林利國、林曉、我；我在花防部時，林曉也在台東，幹旅長，後聽說他退伍從事旅館業，也是苦幹實幹；林利國很早接觸佛法，如今已在佛光山任職（見下頁剪報）。我們三人同從預備班起家，有很多共同遊玩的回憶。但他們可能早已忘了，只有當作家的我記得一些。

★也是陸官44期、並從預備班就同連同學的林利國(右一)，後來親近佛法，任佛光山都監院行政主任，右圖他應邀參加「軍官與僧仕」座談。

軍官與僧仕

人間福報 2011.2.20.

文／周團輝

包進榮上校（左起）、黃胤筌上校、慧得法師、慧倫法師、林利國主任。

軍人保家衛國面對敵人，在戰爭中，不免廝殺。出家人講究的是慈悲、不殺生，兩者是衝突矛盾、還是可以相容？

一月三十日福慧家園共修會主題「軍官與僧仕」，禮請佛光山寶塔寺住持慧得法師主持，另有佛光山安樂精舍慧倫法師、陸軍官校七十三年班包進榮上校、陸軍專科學校學指部黃胤筌上校，以及軍官退役、現任佛光山都監院行政主任的林利國與談。全場社會大眾、佛光會員近五百人，前來聆聽這場軍官與法師間精采的對話。

林利國主任曾歷任指揮官、幕僚職、教職的任務，體會到眾生平等的觀念。曾思維：佛法可以運用在日常生活中嗎？軍中有可能平等嗎？並要求所屬幹部軍官，對待士兵要用「信心、歡喜、希望、方便」，為了讓大家知道自己權利，更將士官兵請假者的姓名、次數，明列公告周知，以示公平。

後來他因親近星雲大師，開始有了信仰，學習佛法。最有感觸是「過堂」（用餐），每一位打的飯菜都是一樣，他從中看到眾生平等，由食衣住行中的「食」亦可看到佛法的實踐。

包上校在內湖陸軍官校時，聽到大師的弘法，內容以「家庭和睦」為主軸，大師簡單的幾句話「你大我小、你對我錯」，將佛法的精髓展露無遺。放下「我」執，家庭才能和睦相處。

包進榮更分享對「無即是有」的體認，從國光戰略研究所畢業取得碩士學位後，要回到陸戰隊，當時同期的同學有的已當到處長。在軍中升遷是要看學歷、經歷、績效，同時還要看官運。看到同學升遷時，會想去爭取，不知不覺心中就會生起煩惱心。後來想到「無即是有」，放下心中的罣礙，以平常心去努力工作，結果在經歷各項職務歷練後，很快的也升到副參謀長。「不強求，以認真態度做事，一樣得到相同結果。」

大師常說：「有佛法，就有辦法。」軍中也常說「窮則變，變則通。」在領導統御上有異曲同功之妙，而學佛則可以更大的慈悲，更大的智慧來化解戰爭。

慧得法師是黃上校軍中學長，退役後出家，黃胤筌覺得很好奇，來看望學長，進而想了解，以這樣因緣親近佛法。學佛以後體會到「佛法」是一種生活的態度，工作就是一種修行。

他平時教導學員，也將持戒、布施、行善的理念傳播給同學，希望在學員心中種下善的種子。「愛心」就是慈悲，具體作為就是善待部屬，以誠相待，黃胤筌更以五手：執手、助手、熟手、高手、舵手，分享軍中與佛門相同之處，「小事隨緣」、「大事隨願」，期盼「人間佛教」成為佛教人間。

慧倫法師說，軍中常流行一句話「合理的要求是訓練，不合理的要求是磨鍊。」二軍對峙，除兵器優劣上的較量，更要靠「意志力」，才會取得最後勝利。從佛法的角度來看，不論是訓練還是磨練，都要以「因緣」來看待。大師說生忍就是力量、就是智慧，每一個當下要去觀照，認識清楚後才會接受、承擔、開展。

佛門的戒律修行，是由內向外，由心的改變來提升同一行為。軍中的訓練要求，是由外向內，去除「我」的念頭，建立團隊的共同信念。「軍官與僧仕」精采與談中，聽眾有了清楚的認識，由大家歡喜的笑容中，可以知道大家都滿載而歸。

尤其須要「熱力、動力」，我和虞亦有自知之明，我們不是本科系，根本算半路出家，我們面臨三個劣勢：時間短、非本科、群雄並起。考的人多，錄取率很低。如何突破困境，打敗群雄，一舉攻下「山頭」？我們對「戰略態勢」的評估，算是很正確的，故能訂出必勝之「作戰計畫」。

熱力、動力，再加革命精神，長青一貫的努力精神，猛K、死K、土法煉鋼，能用的時間、能用的方法，全都用上。反正公務之餘，利用時間盡全力努力讀書。

這回的金門之旅約一年多，我和虞也走遍了金門各觀光美景，太武山、海印寺、民俗村、山外、金城……該看的都看了。有時虞到各師督導，打電話給我：「明天到金東師，要不要一道去。」我當然去，金防部參二、政三聯合督導，去「神氣」一下！我和虞相處共遊的時間，從未如這次金門之多之好，以後難再，故說我和他的「蜜月期」。人生的「蜜月」，通常只有一回，那裡二三而再，一次便成永久的回憶。

七十四年九月，我以幾年監察官的經驗，對部隊的教育、管理、管教等問題，完成「十萬言著作」獲國軍第十二屆軍事著作獎。七十五年元月一日，順利升了中校，同年六月，我和虞同時考上理想中的研究所。有喜悅、有感慨，喜悅的是我們終於跨出一步，感慨的是我們有不少同學碩士早已畢業，也有讀博士的，我們才要進門！

三、政治研究所、砲兵六〇八營營長

七十五年六月，得知考上政戰政研所，是多大的高興。因爲這年我三十五歲了，才來讀碩士，真的有點老了，也有點晚了，正是如此，我和虞的兩年研究所，只能以「拼命讀書」來形容，我們抓住所有可用的時間，針對自己專業內必修必讀的學門，似一塊大海綿般，恨不得把天底下的知識全一口吸進來。

研究所兩年的研究、訓練，後來我發現自己在寫作、思維、邏輯上，打下極好的基礎，尤其「方法論」這門課對我日後大量、快速寫作，影響最大。再者，後來我有機會在空中大學授課，也是因研究所取得基本資格。

但影響最大還在「方法論」這東西，這東

我卸任營長時，官兵送到大門口合影留念。
（78.4.27。43砲指部大門口。）

東很難說清楚，很多學生上一學期課仍搞不懂。一旦懂了，有如任督二脈通了，一通百通，神奇的很。

研究所畢業後，我總結這兩年學習心得，以四個字表達告訴劉建民說，讀研究所讓我「脫胎換骨」。他存疑問「有那麼神奇嗎？」我肯定答「確實」，並鼓勵他也考，他英文本來就好，果然他也考上政戰外研所，現在他是英文補習界的「名師」，他也用英文把世界做大，大得比年青時想開的牧場還大！

民國七十七年七月研究所畢業，順利取得碩士學位，事前我已思考著何去何從！我的軍事職務歷練不足，很想回頭再幹監察官，國防部以「必須歷練營長」為由，八月我就向八軍團四三砲指部報到，先發布情報官，不久指揮官涂安都將軍改發布砲兵六〇八營營長。

相較於虞義輝，我們同時畢業，我找不到工作，他則有九顆星星搶著要他去報到，這是他的傳奇！又幾年後，他成了我期同學唯一的「將軍博士」，他的真實，是我的神話！

六〇八營營長幹沒多久，我又聽到一則「天大的秘密」，不久要輪調到小金門（金門烈嶼），心又涼了！

我任四三砲指部六〇八營營長時間不多，約從七十七年八月到七十八年四月，八個月時間，中間又進一次基地，實際約半年。但這半年間，指揮官涂安都將軍給我很深刻的印象，且意外的多年後他和我結了一段「佛緣」。

按我的性格，加上一出黃埔校門就準備不想幹，尤其「不想幹」心態嚴重到我在軍旅生涯的社交很「變形」，我絕不會去和任何「長官」打交道，因爲覺得「沒必要」。這部份我和劉、虞三人相較，我敢說虞義輝沒有這種心態，他始終是長官的「愛將」。我則反其道而行，所以到處碰得灰頭土臉，劉建民則較中庸。

我面對指揮官涂將軍也一樣，絕不會主動去「看」他。但他常來我營，這走走、那看看，見了兵與兵閒聊，看到軍官聊，尤其意外的（因我從未見過），營上慶生會他有空也來，除坐「長官桌」外，他會去和阿兵哥同坐一桌，和那些大兵一起聊天喝酒。

民國 78 年 4 月 27 日，我卸任 43 砲指部 608 營長，官兵送行。我後面是副營長王東祿和輔導長吳建坤。

這是我軍旅多年，所見第一位能放下身段、與官兵「平起平坐」的將軍級長官，以後也未見。離開營長職，到小金門後，再也沒和這位長官連繫，直到我退伍在偶然機緣碰到幾面，並知道他親近佛法。二〇一二年八月，我和台大朋友參加「佛光山夏令佛學營」（共五天），問指揮官要不要參加，他欣然同意一起去。

同行者都是軍人退伍，都一起叫他「指揮官」或「涂將軍」。他說：「我們現在都是佛門中人，稱師兄就好。」是啊！師兄，我這一路走來，是否「緣」字可以解釋？

第九章　第三次金門（第五次外島）：六三八營營長

一、小金門砲兵六三八營營長

我這輩子和金馬外島結了不解之緣，畢業至今十四年，竟然要五度外島了，也未免太過頭。

民國七十八年四月，我到小金門接任金防部砲指部六三八營營長，時金防部司令官程邦治、砲指部指揮官（大砲砲帥）戴郁青、小金門師長張寧吾、小砲（師砲）指揮官趙世璋。這些都是我的長官，但我在小金門營長一年多，竟也完全沒有和他們建立甚麼「私誼」，但趙世璋是我心中「了不起」的長官，他才是當官的好材料，也是一個人才（後述）。

小金門生活很悠閒，一則大砲營（我營火砲有二四洞、一五五加、八吋榴，全國最大的火砲）事少，一則長官少來。我除部隊正常任務外，讀書和寫作是任何時候的「功課」，乃至每日必修課。

此外，大概偶爾和附近村落的村姑聊八卦、喝茶、鬼混！四十六期老弟金克強也在小金門當營長，一起度過很多寂寞的日子。

同學陳亞仲是砲指部副指揮官，我們也常一起喝茶聊天，他心中有很多委屈，讀研究所時（政戰、早我畢業），被政四（保防）在他房間查到一本「民進周刊」，從此便「完了」。好職缺輪不到他，三軍大學再怎麼考也「考不上」，說到傷心處，我也想起自己的處境，兩個大男人，一個中校營長，一個中校副指揮官，竟相擁抱頭痛哭了一場。如今已是二十多年前的往事，我想來仍是感傷，不知陳亞仲同學忘了沒？

我在小金門這一年多，心情也很低潮。忖思自己讀了碩士，怎麼待在這「雞不生蛋鳥不拉屎」的地方，何年何月能解脫，總不能去跳海，當主官最大的麻煩是休假不正常，尤其營連長五個月不能休假是常態，更高級的長官就更久。那是針對很有使命感的軍人可以，據聞宋心廉當金防部司令官時，標榜「三不要」，即「不要家、不要錢、不要命」，怪怪，這是聖人、偉人或英雄？？

我記得有一回從小金門放假回家，晚上回到台北，不很晚，孩子在客廳玩，我在外面敲門要進去，孩子竟看看我，似不認識我，跑進房間叫媽媽，似說：「外面有客人來！」

可見我太久沒放假回家了，連孩子也認不得自己的爸爸回來了。

說到這裡，我又要詛咒那些豬八戒台獨份子，說我們這些退伍軍人領的太多，這不該、那不該，那裡想到當年我們如何犧牲！

在小金門這一年多，唯一的「高潮」，是對岸發生「天安門事件」。我們全島日夜備戰，至少夯了一個多月，才慢慢「降潮」。

二、了不起的軍人：小金門砲指部指揮官趙世璋

我是小金門大砲營長，趙世璋是小金門師砲指揮官，我受他的「作戰管制」，私下他很尊重我，他也是我認爲「了不起」的軍人。

事實上，他對上、對下、對任何兵，都很尊重、很體恤，也很寬厚、很有包容力；而在本職學能、師旅戰術、野略，都有很高的素養。有一回我要回台休假，他打電話來叫我去他的辦公室。

「陳營長，祝你休假愉快，你幫我帶個東西，一個小禮品你幫我送到師長家裡！」一見面他說著。

「師長家在那裡？」我問。

他似很疑惑看看我，問：「陳營長，你是真不知還是假不知？」

「報告指揮官，我真的不知道。」我回答。

他第一次也是唯一的一次，用「責備」的口吻說：「陳營長，這就是你的不對，我們幹職業軍人的，要充份了解六層關係，上三下三，你的下三是連長、排長、班長，你的上三是指揮官、師長、司令官，至少也要掌握上二下二，這些人的行蹤、基本資料等。」

我聽著指揮官說，沈默無語，無言以對，因爲他說中了我的致命傷，我確實不對。接著他告訴我師長住家地址、電話、夫人姓名、孩子大小等事。我只能說「感謝指揮官，我會改進。」他送我出門，想一想又說：

「陳營長，有一個觀念你要建立起來，雖說你回台放假十天，但不是十天都和家人窩在一起，窩在溫柔鄉，家不會跑掉，老婆孩子花兩天看看夠了，至少要用三分之二時間，把所有長官的家都跑一遍。」

「……」我還是無言，這又是我的致命傷，只能回答：「是，指揮官，我會改進。」

接著，他又說：「陳營長，我賞識你才要給你說這些，你是國軍部隊少有的碩士營長很難得，但你三軍大學也該去了，下了營長快去讀陸院，光有碩士在部隊是不行的，我有同學在三軍大學當教官，這回休假你去看看，對考陸院幫助很大……」

「謝謝指揮官的愛護！」我唯一可以回答的。

多年後我仍認為趙世璋是「了不起」的軍人，各方面才能俱足。二〇一一年我看到一則新聞（如附印），我深深祝福他，他未來必是黃埔之光。

三、卸營長、國安局、砲校

我任小金門六三八營長，到七十九年七月一日（命令生效）交卸營長職，調回砲指部第三科任作戰訓練官，又開始一小段很無聊的日子。每天的生活全在坑道內，部份時間在防衛部作戰管制中心值班，這是一種「無事，但很重要的工作」，因為有事必是天大的事，例如戰爭要開打了。

何去何從還是當前最大的問題和困境！思索眼前所有想到的地方，就是無「路」前往，我只好求助死黨虞義輝，他已在國安局受到宋心廉重用，經虞兄奔走。果然有了消息，經他安排，我利用回台休假，備好見面禮，國安局第一處處長（人事）要召見我。

記得已到年底了，我抱著期待，整裝出發，應國安局一處處長召見，談話大約二十分鐘，可謂「相談甚歡」，對我的學經歷（幹完營長、碩士）也滿意。當下就說：「我叫人事官盡快作業，你一個月內就能來報到。」

趙世璋接參謀總長 態勢底定

高層提早出手 終結卡位戰

中國時報 一〇二年五月十六日

吳明杰／台北報導

明年總統大選併立委選舉提前至一月中舉行。據了解，為避免軍中又爆人事惡鬥影響選情和政局穩定，加上選舉前後依慣例高階將領人事將凍結，高層因而提早進行參謀總長人事布局，除上周先核定六名上將異動，年內就會調整總長人事；知情人士說，這項人事安排在遏制軍中惡鬥，形同宣告「總長卡位戰」已經結束！

據指出，在總長寶座原呼聲最高的前空軍司令雷玉其被調任副參謀總長、空軍司令嚴明任職不到半年情況下，高層接續決定將另兩名有競爭總長資格的國防大學校長金乃傑、副參謀總長兼執行官吳達澎調任戰略顧問，相關布局不言可喻，也就是由軍備副部長趙世璋（見左圖，本報資料照片／陳君瑋攝）接任總長的態勢已定。

了解內情的人士說，如不在選前底定總長人事，萬一選舉期間軍中再掀起總長卡位戰，不僅會嚴重影響社會觀感和軍心穩定，對執政黨選情也可能投下變數，因此為讓國軍在選舉期間發揮穩定政局的角色，高層決定提早進行總長人事布局。

此外，雖然馬總統二月五日才核定現任參謀總長林鎮夷延任一年，然明年總統大選將提前到一月十四日，若待林鎮夷延任滿一年才調整總長，屆時大選結果已經出爐；若馬總統連任則無問題，若政黨輪替，到時再進行人事調整勢必引發爭議。

此外，總長人事提前調整，也跟趙世璋即將屆齡有關，同時因國軍在七月還有「漢光二十七號演習」電腦兵推，以及防汛期的重要防災、救災任務，都是參謀總長當前的重要工作，因此總長人事異動時間，預計將在林鎮夷結束今年國軍防災任務後的選前適當時間進行。

軍中先前這波廝殺猛烈的總長卡位戰，從前年雷玉其接任空軍司令後就開打；雷才上任即被爆看風水，隨後空軍內部因軍紀事件挨打也從未間斷，到後來雷玉其終因為娶媳風波中箭落馬降調副總長職務，整個鬥爭過程堪稱軍中歷來最慘烈的一次。原本外界以為這波「總長卡位戰」已經平息，未料後來又傳林鎮夷有意提早報退讓出總長職務，最近連接任總長呼聲最高的趙世璋也被爆罹患重病，後經澄清只是膽結石小手術，讓這場卡位戰又起波瀾。

大選前後 上將人事循例凍結

吳明杰／台北報導

大選將屆，依往例，無論是兩千年、〇四和〇八年大選前後，為避免爭議，軍方都曾有暫時凍結上將人事的慣例。

據了解，高層已顧及相同問題，認為有必要在明年初大選前後凍結包括參謀總長在內人事，相關高層人事布局才會提前展開。

馬英九總統在二〇〇八年五月上任後，充分尊重軍中人事體制，不僅繼續任用由前總統陳水扁任命的參謀總長霍守業，也直到霍守業任滿兩年後，在上任隔年的二月，才重新任命林鎮夷接任參謀總長。

由於林鎮夷目前已任滿兩年總長職務，並在二月經總統核定再延任一年，到明年二月將任滿三年，屆時總統大選結果已出爐；若政黨輪替，外界一度擔憂將長達四個月的憲政空窗期，包括總長在內軍方高層人事是否異動亦是難解之題。

消息人士說，如果包括總長和任職已超過三年還延任一年的國防大學校長金乃傑、副總長兼執行官吳達澎等，若不在選前調整，明年二月將造就出近十幾年來任期最久的總長、副總長和國防大學校長，上將久佔一職對制度建立絕非好事。

軍方高層認為，為避免爭議，明年大選前後軍方上將人事將暫時凍結。

責任副總編輯／楊憲村 編輯／廖述銘

真是太好了！我高興、太太更高興，長年在外的丈夫終於要回來了。虞同學也高興，他幫了好友大忙！

我回金門，等、等，不敢說出一個字，口風緊守，這是「人事秘密」，等三個星期未見人令，我按下情緒，再等、等、等，一個月過了，仍未見公文下來，我很急，打電話找虞義輝，他也急！

經虞同學「查證」說，公文仍壓在宋先生桌上，要我千萬要耐心等，別張揚，他想辦法！我只好等。

一個半月過了，等、等、等、兩個月也過了，這時已是八十年春（春節過不久）。虞同學終於得到答案，他打電話到金門告訴我：「你的案子可能停擺了，原因不很清楚，我也盡力了，很抱歉……」但我心裡很清楚，我知道問題在那裡？

我只能謝謝，老朋友盡力了，自己不行怪不得任何一方。看來，苦悶的日子仍要下去，無始無終，過一天算一天，不然要怎麼辦！宋心廉發現了我是「逃官」！

到八十年四月，是我在金門待滿兩年，照國軍野戰部隊本外島輪調規定，我無論如何一定會調回台灣。四月一日命令生效日要到砲校報到，前兩天就提前回到台北，我按時去報到，任砲校戰術組教官，負責營連戰術科目。時砲校指揮官兼校長是周正之，同學林鐵基也在指揮部，我多少有些安慰，日子不會那麼無聊。

在砲校安定一段時間，我開始思考未來可能面臨的危機。我期延長五年，加我研究所兩年要延長四年，等於到我服役第十九年，任何長官可以叫我「滾」（有前例），我又部隊表現不好、有前科，更無可以依靠的「關係」，更是「極可能發生的危機」，到時失去終身俸，人財兩失。解決之道，只有考三軍大學，讀一年延長兩年。可以跨過二十年，服役二十一年拿終身俸退伍。

於是，我再次拿出土法煉鋼精神，苦讀十餘本軍事專書，全部背下來，目標指向大直三軍大學。

第十章　三軍大學、花防部、聯訓部

一、砲校、三軍大學

我在砲校戰術組約待了一年三個月，期間還到步校參加協同四十五號演習，每次戰術推演都是丁渝洲（步校校長）當主推官，我也大大的見識到丁渝洲的戰術學養很高，有此將領，亦國家之福。

我在砲校的課每天排的滿滿，經常上午四節課、下午四節，晚上又兩節課，一天十節課下來，到晚上下課，兩腿發軟，站起來連走回寢室都困難。幸好這種情形不很久，否則三軍大學也別考

三軍大學同學 2010 年 12 月 4 日，在台大水源會館聚會。前排左起：王潤身、本書作者、余水雄、方矩；後排左起：紀進福、黃武皇、杜建民、王道平。

了！

我鼓足全力拼了大約八個月，終於我在民國八十一年七月四日，走進位於台北大直的三軍大學陸軍指參學院。

重回學生生活是我的最愛，安定放假又正常，是軍人「修養生息」的地方。但陸院的功課超多超緊超硬也是有名的，每天動作最快的人晚上可以躺在床上，準時十點睡；通常作業要寫到十一二點午夜也很正常，動作慢的更晚。

對我而言，讀完研究所回頭讀三軍大學，像是拿了碩士再回去讀大學，雖修不同學門，也能輕鬆應

三軍大學82年班第10班全體同學（欠錢逸君可能當時照相和韓國同學金光鎮）。前排左起：本書作者、王道平、田肇州、方矩、余水雄、賴國柱、陳建宏、栗正傑；二排左起：歐萬強、王潤身、孫謹杓、龔奎力、趙文義；三排左起：蕭天流、黃先勇、丁楨民、黃武皇、杜建民、馬駿芳、江聰明、顧嘉裕、鍾湘台、紀進福。

付。這期陸院有二百多人，我班有十九人，我之外有：顧嘉谿、陳建宏、余水雄、丁楨民、陳銘同、錢逸君、馬駿芳、歐萬強、黃武皇、杜建民、賴國柱、龔奎力、栗正傑、張謹杓、紀進福、江聰明、方矩，及唯一的一位韓國交流軍官金光鎮。

我們這一班雖沒有「四年革命感情」，但有一年的朝夕相處，一起讀書討論功課，沒有鬥爭、沒有猜疑，亦不爭名序，這一年相處算得上「幸福美滿」。

一年很快過了，大約八十二年春，大家開始「找路子」，「日頭炎炎、隨人顧西命」（台語發音），有關係用關係、沒關係拉關係，全無關係快自己建立關係。我的問題最大，因爲這又是我的致命傷。畢業混到現在快二十年了，基本上是「白混了」，同學們幹少將的、上校的，都幹到不想幹了，我仍是一個「老中校」。

危機感促動下，死馬當活馬醫，我想起二十多年前，在學校學十六連連長崔萬靈，學生時代我就看出他「非池中物」。他現在正是陸軍總部人事署署長，位高權重，管全陸軍人事，肩膀上的星星，左右加起來共四顆，我聽說全陸軍中將以下人事，他都能左右，要調誰就調誰。他至少帶過我，求他發發慈悲吧！否則可能出現第六次外島……

八十二年四月間，突破重重困難，終於到陸總部見到我學生時代的老連長崔萬靈，一顆心七上八下，我不知道見了面說些甚麼！只聽老連長丟出一句話：

「都二十幾年了，你沒有一通電話，沒有一封信，你現在找我幹甚麼？」

他揚長而去，我們見面時間大約五十幾秒，絕不超過一分鐘。是啊！二十多年沒有一通問候電話、沒有一信一卡片，現在他幹麻要理你！

這是我這輩子所碰到最大的一顆「語言炸彈」，震的我兩眼昏花。又如古代禪師巨棒，一棒子打過漢唐五代、宋元明清，再打在我頭上，那是一句讀十年詩書也讀不到的「真言」！

二、花防部、砲指部

三軍大學眼看著要畢業了，關係好的同學老早知道自己要去那裡？我不知

花防部砲指部（南美崙營區）八十二年七月份週會，同學指揮官路復國主持講話，左上站著是我，時任副指揮官。

何去何從?好缺不會有我的，只好任由總部去作業，丟到那裡算那裡！

畢業時我收到的人令，新職是「花防部砲指部副指揮官」，我稍寬心，至少是台灣本島。事前我已探知砲指部指揮官是路復國同學，我更放心很多，我認爲同學之間較好相處，至少消除一些「寂寞感」。

但老早我也聽到一些訊息，謂同單位同學任主官與副主官，兩人常爲細故相持不下，吵翻天，最後見面不講話如仇人。我以爲這根本是自己搞不清狀況使然，不顧指揮關係與軍中倫理，主官負成敗之責，副主官不過依令行事，通常人事和財務也不管，要爭甚麼?所以這些對我而言不成問題，我和指揮官（公場合我必稱「報告指揮官」，私

1993.在花防部砲指部任副指揮官
於週會上報告

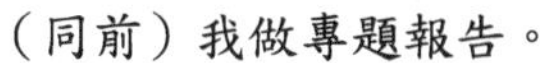
（同前）我做專題報告。

場合我叫他「小路」）。我和小路相處沒幾個月，但我們好得不得了！

記得八十二年六月下旬，某一個陽光燦爛的日子，我裝一車行李，開車從台北出發，一路欣賞山水風景，下午二、三點到花蓮南美崙營區。花蓮也有一些同學，林曉、袁國台，一起遊玩，參加原民活動等，日子還算安詳、熱鬧。

副指揮官基本上是個閒差，在國軍部隊的慣例，如副旅長、副師長等，也都是沒前途、待退軍官幹的，我心裡有數，並不爲意，反正順道花蓮一遊。太太、孩子也正好利用這個機會到花蓮度假，也是這輩子難得的機會，否則有甚麼機會在台灣後花園長時間住下？

我（左）和同學指揮官路復國（右），在寢室內八十二年八月十八日。

副指揮官悠哉悠哉，反正待退，砲指部前面有很大寬廣草皮，我下午時間常在草皮上練習揮竿。倒是路同學，他是有前途，長官也看好的人選，由於他本職學能也強，負責盡職，沒幾年他就升了少將，如今雖已退伍，仍致力於兩岸文化交流工作。路同學不論「在朝在野」，都以「黃埔人」自居，發揚黃埔精神，黃埔也以他為榮。

三、花防部三處、聯訓部、考軍訓教官

我在花防部砲指部大約過了平靜悠哉的四、五個月，有一天突有人問我（忘了訊息來源）：「陳副指揮官！三處要不要去試試？三處要一個副處長。」

野戰部隊向來有一個說法，「逢三不能幹」，這個「三」指的是政三（監察）和參三（作戰、訓練），前者會得罪很多人，後者則累死人。

但我突然有一個想法，當時花防部第三處沒有處長（據聞司令官畢丹在等他的愛將，大約半年後從外島回來，即佔上校處長缺。）我去等於「代處長」的工作，我有機會可以了解一些台灣防衛作戰的「高層思維」，這部份我以往從未涉入，只在三軍大學學到一些理論，實況如何？不得而知，這是我退伍前唯一的「學習機會」。

另一方面，我很清楚自己跳進「火坑」裡，會很累，但三處處長這個上校缺，壓根

沒我的份，不可能給我這個「沒關係」的外人，因爲我和畢丹無淵源，他不知道我是誰！我亦不認識他，但我知道他等的愛將也是我期同學。我只想進入「大內」，窺視一些秘密，了解一些軍團級以上的防衛作戰玩甚麼花樣？與我在陸院所學做「經驗實證」。

八十二年九月或十月，我真的接下花防部三處副處長職，真的也跳入火坑，我帶著三處同仁十多人，每天累得人仰馬翻，舉凡立法、監察、國防委員，或總部、國防部督導、視察，或政府高層有個綠豆大的官說要到花東幹啥，我全要負責做簡報，內容涵蓋黨政軍、戰地政務等，我從未有一天可以在凌晨一點前睡覺。

另外一些我認爲「珍貴的知識」，我參與幾次花防部和各軍團的防衛構想兵棋推演，其中一定會看見國軍與共軍的「戰力比」。（果然不久後我到了台灣大學，立即出版《決戰閏八月：中共武力犯台研究》、《防衛大台灣：三軍戰略大佈局》二書，這些實證知識給我很大幫助，後說。）

我清楚花防部非我久留之地，乃利用休假時間打聽消息。一個偶然機會我碰到同學高立興，他正在聯訓部（當時在台灣大學基隆路邊）。經他努力，我有機會調聯訓部，最後又「胎死腹中」，後來高立興告訴我，某同學向長官進言：「陳福成只是來佔缺的」。我笑答：「都過去式了！人難免有私心。」

八十二年年底，我又得到一個好訊息，教官班四十八期開始要招生，我利用數月苦讀資料，獲准參加考試，沒想到一舉上榜。八十三年二月二十日，我離開累死人的三處，到政戰學校參加教官班四十八期講習，爲時一個月。

職業軍人有兩種職務會被貼上「畏苦怕難、沒出息」標誌，軍事幹部轉監察保防和轉教官，我全俱備了！

第十一章　轉教官、台灣大學、鹹魚翻身

一、台大教官、退伍準備

教官班四十八期於八十三年二月二十日開訓，又在政戰學校過了一個月像「入伍生」的生活，結訓後我回花蓮準備交接。老同學、砲指部指揮官路復國歡送我，贈一塊書有「運籌帷幄」四字的獎牌，我想到自己這輩子（乃至三個死黨），怎麼盡在紙上運籌帷幄。

參謀長雷光旦（他弟弟亦我期同學），當時在花防部以「狠」字聞名，我所有寫的各種簡報，他是第一關審核者，他確實有幾分「狠勁」。他對我說了幾句鼓勵的話，我便於四月十五日離開花防部。而此時，司令官畢丹等的愛將尚未來報到，三處無處長、副處長了，三處這個上校缺竟寧可空著七個月以上，而不給我，只因我和畢丹沒有「任何關係」。走遍全世界「關係」都一樣重要，只是國軍部隊太過頭了。

四月十六日上午八點，我準時到台灣大學校本部的軍訓室報到（此時台大校長陳維

召、軍訓總教官韓懷豫、人事官許火利老弟、辦公室主任楊長基學長）。就在這一天，總教官帶著我見各級長官，之後，我被分配到「男五舍」（在基隆路邊、長青街內），當宿舍教官，結訓時選台大只爲離家近一個理由。

但到台大報到的這天早晨六點，小女兒佳莉出生，我又忙了一陣才辦完報到手續。原先預產期已過，她好像要等我到台大才一起報到。

來台大也正合「長官的期待」，受訓時，教育部軍訓處長謝元熙將軍特別召見我，說（大意）目前台灣大學動蕩不安，指反軍情結，要把教官趕出大學，又說教官學歷不足，現在要找一個碩士去台大……

我在野戰部隊信心不足，但在大學裡，我自認可以應付，因爲教官要上的那個國防、軍事課程，有把握是我的強項，故來台大我無所畏懼。另有幾位同學問我「台大是個火坑，能去嗎？」

我突然想起老總統（老校長、蔣公）說過：「最危險的地方就是最安全的地方」。我開玩笑對他們說：「最亂的地方，就是最好混的地方」。於是，教官班四十八期來台大的，我之外還有：唐瑞和、王潤身、劉亦哲、吳曉慧，共五個教官。

但我很清楚自己「處境艱難」，八十三年是我走出黃埔校門的第十九年、中校十二級、四十三歲；心理上也很頹廢，像一隻鬥敗的公雞、荒原裡戰敗被遺棄的獸，乃至像一隻受虐的野狗，看著日落的黃昏。

而我，只是坐在長青街男五舍的值班室，望向明年，服役滿二十年了，拿到終身俸了，但才四十四歲，要去幹啥？學生時代三個（或四）死黨計畫著開一個大牧場，養很多的牛，那夢影重新在我腦海閃過，我知道那是幻覺，就像夢中的一場星際旅行。

我在男五舍只待了大約四個月，轉調到夜間部，此後我一直在夜間部，不久又兼任文學院主任教官，直到退伍，仍在台大當志工。「台大是我明心見性的道場」，後述。

一個偶然的機會，碰到正在做「雙鶴」直銷的裝甲兵同學陳世仁，他說做雙鶴月入幾十萬，我跟他跑了幾回，我覺得不是那回事，很快停擺了！

又一個偶然的機會，碰到學生時代四死黨之一的張國英，他做安麗直銷，也和他跑了幾回就停擺了。倒是碰到他有如碰到失散多年的兄弟，從民國六十年我們官校一年級商討如何退學未果，他轉專修班，此後未見其人，等於失聯了二十三年之久！

真正引起我的興趣，打算做爲退伍後的第二春，是保險業。當時台大有人在做保險（國泰、秘密），輔導我考上國泰保險執照並成爲業務員；後來我又考上南山保險公司的業務員，心中暗暗的盤算著，退伍後這兩家大公司總有一家可以成爲第二春。

二、天上掉下來的機會：一九九五閏八月

兩岸關係每隔一段時間必定有火花爆出，就長期的大歷史（三、四百年以上）觀之，始終在「統獨」之間搖擺輪迴，基本格局從鄭成功走後，並未改變，而最後的結局（統一）也是可以預期的。

民國八十三年八月一日，商周文化出版社出版《一九九五閏八月》一書，作者叫鄭浪平。此書一面市，如在台灣社會投下一顆原子彈，各界一片譁然，許多人開始移民他國，大有再爆發一九四九年後新一波「移民潮」之勢。因該書（其實只是一本預言小說）直言，民國八十四年閏八月，中共將以武力收回台灣，完成中國統一的使命。立法院拼命質詢國防部「大野狼會不會來？」國防部一再解釋國軍部隊如何強大！空軍戰機如何了得！兩岸軍力比又如何！行政院官員也解釋，但顯然人民不信任政府！社會各角落有一股動蕩不安！移民潮在暗中流動著……

九月台大開學了，軍訓教官要面對學生的疑問，要如何說法才能安定學生、安定校園，尤其台大學生不好應付。教官各說各話，似乎未能使學生心服。

記得九月底或十月初，總教官韓懷豫將軍叫我去見，一見面他說：「一九九五閏八

月使社會不安，也使校園不安，問題很大，教官上課要給學生一個合理、有學術基礎的交待。我看你的資料，三軍大學陸院畢業，又有政治學碩士學位，對這問題定有深入的看法。你趕快準備，在軍官團做一個專題簡報，使全校教官上課有統一並使學生心服口服的說法。」老總大意這麼說。

我靜靜聽著，不急不慌亦不懼，心中忖思著：「長官總算找對人了，這問題不是單純的軍事或政治，而是有二者加上歷史文化的背景，我確實有深入的理解。」

年底那次台大教官軍官團活動，規定所有人參加，我把主題訂成「後鄧時代中共武力犯台研究」，盡可能的周全安排，以下列子題表達：

△中國人民解放軍犯台危險性之評估。

△中共戰爭潛力。

△中共武器研發概況。

△海峽兩岸戰力比較。

△中共最近部隊演訓之意涵。

△政經因素對武力犯台決策之影響。

△中共武力犯台時機的選擇。
△中共武力犯台能力之評估。
△中共武力犯台的可能行動方式。
△中共犯台登陸作戰之完成。

結論當然是一九九五年閏八月，不會發生武力犯台的，並全面推翻《一九九五閏八月》一書的所有說法。整個專題簡報時間，控制在一個小時完成。

前面坐著五十幾位教官（含軍護），六位上校主任教官，總教官韓懷豫將軍坐最前面。我講完站立一旁，等待老總「修理」，只看他手拿筆記本，沒有說話，靜靜的，慢慢的起立，緩步走上講台，眼神掃視全場，全場靜肅，他似在思索甚麼！然後說：「這是我聽過所有簡報專題中，講的最好的，給陳教官鼓掌鼓勵！」

全場爆出熱烈的掌聲，我向大家敬禮：「謝謝總教官、謝謝各位長官、學長。」回座。

當下總教官指示，按陳教官演講內容，給全校學生說明「閏八月問題」，務必使大家知道戰爭不會發生，除非——台灣搞台獨。

三、兩本書改變困局、改變人生的顏色

台灣社會真的被《一九九五閏八月》一書嚇壞了，到次年（民84）春，閏八月越來越近，人心更趨不安，早在這年初我心中有一個使命感，人民對政府不信任，不論官方如何安排都沒有用。勢必由民間社會發出一種聲音，我又任教於台大，我的聲音可以代表民間，告訴人民「閏八月大野狼不會來。」！

我擴充軍官團那篇專題演講，《決戰閏八月：後鄧時代中共武力犯台研究》一書，於八十四年七月十日由金台灣出版公司出版。

我打鐵乘熱，十一月一日由同公司出版《防衛大台灣：台海安全與三軍戰略大佈局》，以上二書，一攻來一防衛，是不同的思維。

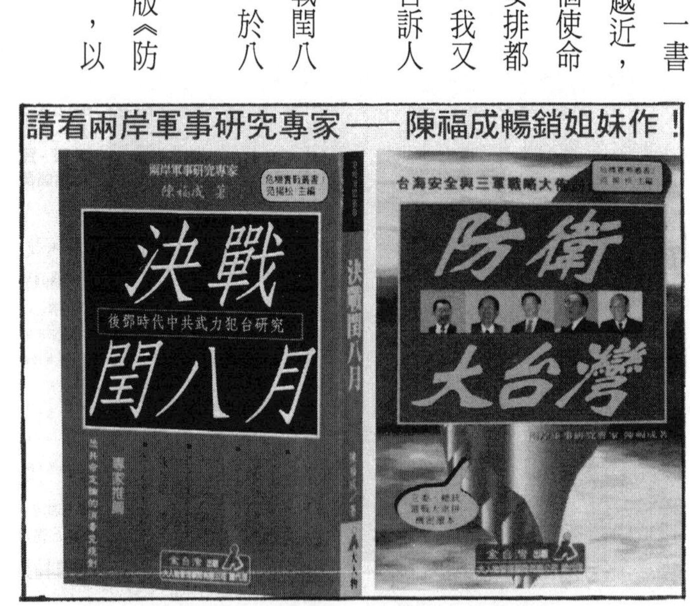

二書出版時出版社的廣告單（部份）。

二書先後出版，引起台灣媒體重視，中國時報、聯合報、中華日報、台灣時報、中華日報、經濟日報、民眾日報、吾愛吾家、尖端科技、出版情報等紛紛報導；全國電台、全民電台請我上節目，華視新聞雜誌爲我做兩輯專題報導，我成了教官界「紅人」，我的書成了教官必讀必用！

在兩書出版期間，有四位長官給我很大鼓勵，使我在人生道上慘敗之際，他們的喚醒讓我重拾信心，並在台大升了上校，我找到「作家」這條路，台大是我「明心見性」的道場。我這四位人生道上的「明燈」是：台大校長陳維昭教授、教育部軍訓處長宋文將軍、台大總教官韓懷豫將軍（我到任不到一年就離職）和李長嘯將軍。

沒有他們四位的「加持」支持，我恐怕也是扛著二十年老中校退伍。官階不過一種「名相」，並非重點，退休金少拿一點日子照過，重要的人生的意義找到了！目標又有了。當民國八十六年元月一日，肩膀上的梅花左右加起來有六顆，校長陳維昭教授在慶祝酒會上，對百餘位台大教授、教官說：「在台灣大學，能一年內出版兩本書，引起各界重視的，只有陳福成主任教官……」

這一刻，你還是一隻鬥敗的公雞嗎？還是一隻被遺棄的野（野戰部隊）狗嗎？仍是一隻戰敗的獸嗎？你的信心是不是完全回來了？這一刻，突然就打通人生道上的「任督二關」，精神來了，看到的是一個完全不同於野戰部隊的世界。

當我年過五十，回顧審視這兩種不同世界（地獄、天堂），又頓悟那其實是同一個世界，不過心境轉變了！

四、《決戰閏八月》和《防衛大台灣》出版後，大陸反應

當《決戰閏八月》和《防衛大台灣》先後出版，我成了教官界「紅人」，加上媒體報導、華視新聞雜誌（國內權威媒體）製作了專題，我又突然成了兩岸軍事專家。可見媒體是一種「恐怖的力量」，要成就一個人，要毀滅一個人，都只要媒體「搞」一下，而不論這個人是聖人或土匪，都不重要，這是我對台灣媒

體的直觀感受。

《決戰閏八月》和《防衛大台灣》二書的出版，書中所有的論述，對兩岸軍事、國防戰力概況，台灣三軍防衛戰略之檢討等，我認爲對一個職業軍人到了上校階層，應該是他的基本素養，是軍人的「專業」，我不過是俱備了應有該有的專業。但媒體讓我超越了專業，成爲軍事專家，乃至戰略家，我只能說那是媒體「製造」出來的，那確實很「爽」，爽得不得了！

北京《軍事文摘專刊》總第五十九期，拿我上校受階照片做封面，標題寫著「台灣『軍魂』陳福成之謎」，我竟變成「台灣軍魂」了！如此稱謂，不知要氣死多少台灣高階軍人！尤期我（44）期同學多得是將官，現任的副參謀總長也是，若他們知道大陸稱我「台灣軍魂」，定是哭笑不得。專刊內文以「台島軍魂」陳福成報導，簡介說：

> 號稱「台島軍魂」的台灣大學中校教官陳福成，雖是一介教官，但是其撰寫的《決戰閏八月》和《防衛大台灣》兩書奠定了其在台灣軍界戰略家的地位。
>
> 所以，了解了陳福成的戰略思想即基本掌握了台灣軍隊的作戰策略。
>
> 陳福成雖一直在台灣陸軍就職，但是，他針對台灣的特殊地理位置提出的「海、陸、空」一體化的防衛體系，深深地影響了台灣軍隊的頭頭腦腦們。

“台岛军魂”陈福成

随着李登辉又一次抛出所谓大陆与台湾之间特殊的“两国论”，台湾问题又一次引起国人的关注。

随着香港的胜利回归，澳门也将在几个月后回到祖国的怀抱，台湾的问题决不能无限期地拖下去。

但是，如何统一台湾却一直是个敏感话题。和平统一当然是炎黄子孙的共同的心愿，可是如果台湾当局刻意要制造“两个中国”或“一中一台”的局面的话，我国将完全有能力和决心维护祖国的统一。正因此，祖国大陆一直不言对台放弃武力。

而且随着台岛内“台独”的声音尘嚣甚上，全国人民盼望早日统一台湾的呼声也此起彼伏。

在和平统一台湾的愿望下，我们也要做到对台湾军队“知己知彼，百战百胜”。为此我们，更要了解台湾军队将领们的军事指导原则、作战方针、战略思想。

而号称“台岛军魂”的台湾大学中校教官陈福成，虽是一介校官，但是其撰写的《决战闰八月》和《防卫大台湾》两书奠定了其在台湾军界的战略家的地位。

所以，了解了陈福成的战略思想即基本掌握了台湾军队的作战策略。

陈福成虽一直在台湾陆军就职，但是，他针对台湾的特殊地理位置提出的“海、陆、空”一体化的防御体系，深深地影响了台湾军队的头头脑脑们。

由于台湾的地理生存环境和政治生存环境都很狭小，所以陈福成认为，台湾军队和大陆军队对抗中，将主要以防御作战为主，但是台湾除了有一般防御作战的性质上，更有其独特的特质，这些特质在古今战争史上尚无同型，陈福成认为台湾的防御作战更应是一种“特种作战”。

他认为台湾的防御作战的特点是：预警短、纵深浅、决战快、外援难、示势作战、以小搏大。由于这些特点，陈福成认为，如果一旦大陆对台动武，第一轮攻击波可能在离台湾一岛 10－20 海里的海面区，形成战争初期的水面激战，而真正的决战将在 3000－5000 米的海滩上进行。

正是在这种作战指导思想的影响下，台湾军队在台湾岛的东、北、西之面形成了远、中、近三层立体防御工事。■

陈福成简历

陈福成出生：1952 年 6 月 15 日。

现职：台湾大学中校教官，主讲课目：《战争概论》及《波斯湾战史》。

学历：1975 年毕业陆军官校 44 期；1988 年毕业于复兴岗政治研究所硕士班；1993 年毕业于三军大学陆军指参学院

经历：台湾部队连长、营长、监察官、教官、副指挥官、副处长、于 1994 年 4 月转任军训教官，任职台湾大学至今。

兴趣：写作、研究、读书、教学、演讲、旅游

作品：有学术研究、游记、翻译小说、现代诗，曾著有《管理与管教》一书约十二万字，《高登之歌》获现代诗银诗奖

從大陸軍事雜誌對我這些報導，我知道我的作品，大陸方面有了反應。我後來所出版的數十冊作品，亦有大陸圖書館（或某單位）收藏，身爲一個作家，這是最大的安慰。這也是我到台灣大學最大的收穫，我找到了「新天地」，正確的重新詮釋自己的人生意義。所以我常對人說，「台大是我明心見性的道場」，未到台大，人生是黑白的，來到台大，人生才有了彩色，我的人生意義從台大開始。

五、《防衛大台灣》與《決戰閏八月》書評

高雄柏

（按：這篇高雄柏的軍事評論，刊在《尖端科技》雜誌，一九九六年二月，第一三八期，是當時評論余所著最有代表性的一篇，引錄於此，以供參考。）

陳福成先生新作「防衛大台灣」與稍早作品「決戰閏八月」二書，可說是近二年瀰漫的軍事民間熱中，軍事專業含量較高的著作。這二本書沒有偏執政治立場人物的作品中，那種爲了達到特定政治結論而勉強推理的僞科學劣風。這是全國泛政治化氣息蓄地而來時，一股非常令人喜悅的新鮮空氣。

最令人感到饒富興味的是，這二本書在某些相同話題上所作的陳述，除了基本數據

事實外，牽涉到判斷的部份，略有「樂觀」與「不那麼樂觀」的差異。明顯的例子是中共對我方進行佈雷，還有兩棲登陸進攻台灣本島的問題。一個可能的原因是，中共在這一年之間的軍力變化、國際局勢改變等客觀條件，使陳先生必須修正其判斷。另一個可能是陳先生基於傳統中國知識分子憂國憂民的初衷，使他在閏八月恐慌極爲撼動人心與國人迅速痲痺玩忽的時候，難免受到心境上的影響。這是無可厚非的，因爲引用的基本事實，雖有各家不同說法的出入，但並不會造成輕放狂妄的誤導效果。從實用的角度來看，對我國安全的正面意義是相同的。

其理性務實的態度，可以從「防衛大台灣」一書中對水雷作戰的敘述看出來。陳先生面對國際公認的事實：我國水雷反制戰力不足，然後思索各種增加與補救的辦法。至於坊間另一本親民進黨立場的書，則是以強辯中共無力佈雷，避而不提我國戰力的弱點，似乎忘了民進黨過去對我國水雷反制艦艇的強烈批評。兩相對照，我們清楚看得出來，什麼叫做理性，及什麼叫做激情謬論。兵法「恃吾有以待之」的智慧之言，是不能輕易放在一邊的。宣稱中共不具有能力，不如審慎評估之後，來增強自己的反制之道。

「防衛大台灣」與「決戰閏八月」二書正確指出空降作戰成敗的關鍵，那就是奇襲因素，切中時弊的強調反空降的反應時間。不像坊間有「專家」說，空降作戰必須在白畫、天氣好時才會成功。假如是這樣，在夜間有風又下雨的諾曼第空降就不會成功，而在白天且天氣較好的安値空降就不該失敗。以上是一個具體的實例，說明讀者能夠從這二本書吸收一些正確觀念，而這些觀念是其它書籍弄錯的。

或許是背景不同，陳先生對於殲八戰機，及對 **F-16** 的弛解穩定性（**Relaxed Stability**）設計，略有誤解。不過，並不影響相關結論。所以不在此深論。

戰略是必須考慮長期問題的，陳先生以其專業素養清楚指出，我國的長期問題是「建立海權以及息息相關的國防工業自主」。從軍事戰略角度來看，他的考慮是完全正確的；不過，此處也顯示出我國所遭遇的根本困難。事實

奇襲才是空降作戰的成敗關鍵，天候只是考慮因素之一。

上，我國不見得具備建立自主海權的條件。

從地理位置來看，我國只具備重要前進海權基地的條件，本身極難成為海權的根源。以英國這個海島式海權來做例子是不完全恰當的，在空權逐漸興起之後，英國的海權就逐漸沒落。英國與我國同樣處於全境都在對方陸基空權的打擊範圍內，這樣的條件，是不可能成為穩固的權力基礎。英國汲汲於建立前進的圍堵與強大的航艦兵力，拒敵於萬里之外的做法，正是此一現實條件的反映。

至於工業能力與國民習性兩項條件，我國的得分也不太好，而兩者有因果關係。我國國民固然重商，不過絕大多數是「買賣人」心態式的重利，極為欠缺「企業家」與「工業家」的重商。想賺轉手錢的人太多，想短期迅速回

中共的渡海戰力與日俱增，絕對不可小覷。

收投資的人也太多，長期投入辛苦工作，建立深刻技術基礎的人太少。這樣的國民習性使我國的產業昇級在政府大力推動下，依然難以起飛。以造船與造艦為例，推進系統能否自主?電子裝備?武器系統呢?如果這些方面要全部或大部份自主，必然面臨市場規模太小，無法經濟營運的困境。最後反而拖累經濟，成為整體國力的負面因素。

既使在沒有空權的時代，英國維持海權地位的主要策略，是保持歐洲大陸上不出現統一的強國。法國強盛，英國就與普魯士、西班牙結盟對抗拿破崙。德國強了，英國兩次大戰都站在法國這一邊。我國小於英國，工業基礎也不如英國，然而中國大陸卻相當於整個西歐並且是統一的國家，這更增加我國的困難。

不過，陳先生的觀點仍然有重大價值，這二本書指出了我國長期生存的必要條件。假如我們冷靜的分析本身究竟能夠把這些條件做到什麼程度、即可明白事實能力上的限制，而這些限制就為政治路線的可行性界定了大格局。然後就是運用智慧在大格局內，爭取最好的生存空間了。

六、撰寫國防通識「國家安全」課程、結束軍旅生涯

我在野戰部隊像是一雙破鞋、一條死狗，來到台灣大學卻「快速竄紅」，這種感覺

不僅很爽，很奇妙！也很奇怪！至今六十幾歲的老榮民了！仍不斷回憶起這段「慘勝」的旅程。

人紅了，長官就看到你了，重責大任當然叫我承擔。民國八十五、六年間，教育部軍訓處長宋文將軍，推動一系列軍訓教育改革，重新編寫各級學校（大學、高中職）軍訓課程，成爲「國防通識」，六大領域之一的《國家安全》由我負責，我大約花了一年多時間完成任務，由幼獅出版社發行《國家安全概論》，成爲國內各大學（專）國防通識教材；另改寫成較簡易本，供高中（職）學校使用。當時，軍訓課程尚未開放其他出版社發行，由幼獅一家「通吃」，等於是國內數百萬學子都要讀我的作品，雖然很多在「鬼混」，我還是覺得很安慰。

是後，有人問我，幼獅出版我的作品，印了幾十萬，可能上看百萬本，版稅是否也拿了幾百萬元。

我答說，「身爲一個軍人，只有接受命令，完成任務，其他不應多想，那也不是我的事。」

我疑惑自己爲何能說出如此「偉大」的話！而才不過幾年前，在野戰部隊那些日子，我爲甚麼說不出這種「大話」？？

八十六年元月一日升了上校，任台灣大學夜間部主任教官（文學院主任教官兼），又服役兩年報答長官知遇之恩。八十八年二月我申請退伍，結束長達三十一年的軍人角色，也結束我的「迷航」之旅。後來我的名片總印著三首詩：

憶

半生浮沉幻茫然，幻夢花開一江山；

黌宇泮花覺有情，春秋大業淚潸潸。

悟

一到台大定江山，著書立說始悟禪；

前塵舊事一掃空，開始佈局在胸中。

皈

回首前塵花飛蓬，四十年來雖用功；

蓬生麻中不扶直，神州未統先皈佛。

國立臺灣大學軍訓室八十六年晉陞暨聯誼餐會

第一桌：

陳校長維昭教授．夫人
陳副校長正宏教授．夫人
林院長耀福教授．夫人
張院長鴻章教授．夫人
陳總務長益明教授．夫人
何學務長寄澎教授．夫人
張主任委員麟徵教授
杜主任榮瑞教授
李總教官長嘯將軍．夫人
林怡忠主任教官
陳福成主任教官
吳元俊主任教官

第二桌：

林主任秘書政弘
林主任火旺教授
王主任亞男教授
高主任天恩教授
陳秘書保基教授
溫主任鎮源教授
陳主任東昇教授
陸　雲教授
施嘉昌教授
林耀松教授
黃俊傑教授
孫彭聲主任教官

第三桌：

黃主任宏斌教授
周主任家蓓老師
師主任秀惠老師
竇主任松林先生
夏主任良玉先生
何主任興亞先生
黃主任滬生先生
成秘書鳳樑先生
陳主任紹宣先生
李主任燦榮先生
許主任峰治先生
林秘書坤明先生

第四桌：

吳館長明德先生
周秘書漢東先生
李毓堪小姐
徐獻武先生
李彥慧小姐
王博古先生
劉副主任美紅小姐
蔡秘書素女小姐
車台莉小姐
高麗華小姐
周淑貞小姐
秦組長亞平先生

第五桌：

洪股長宏亮先生
茅股長增榮先生
黃股長家健先生
高組長闖生先生
吳光華先生
林繼銘先生
蕭詠琴小姐
張淑玲小姐
萬延豔小姐
葉文輝先生
洪明陽先生
韋樹仁先生

第六桌：

羅股長吉雲先生
吳國強先生
馬千乘先生
呂傑華先生
鄭文雄先生
沈玉珍小姐
王沛菁小姐
李佩燁小姐
莊敏玲小姐
廖數有小姐
李秉漢先生
林福佐教官

第七桌：
陳秘書明芬小姐
黃慧鳳小姐
胡燕瀅小姐
徐慧蘭小姐
林月銀小姐
張香婉小姐
伍智發先生
葉彥邦先生
周錫郎教官
楊松麟教官
高小仙教官
賴明俊教官

第八桌：
楊長基主任教官
邱瑞和教官
張義方教官
馬大川教官
陳國慶教官
趙之屏教官
齊公正教官
曹祥炎教官
郭玉華教官
荊璐婉教官
王寶貴教官
王磐航教官

第九桌：
許火利主任教官
張德斑教官
侯源興教官
陳錫寬教官
劉岳凡教官
王力生教官
張茂榮教官
駱華嘉教官
廖文煜先生
呂秀梓小姐
張麗雪小姐
孔合生先生

第十桌：
林柏宏主任教官
韓大勇教官
林一燾教官
黃筱荃教官
孫啓興教官
吳曉慧教官
李建璽教官
雷慶餘教官
熊文娟教官
莊炫淦教官
王潤生教官
孫興民教官

第十一桌：
蔣先鳳教官
張靜芝小姐
鄭大平先生
陳國瑞先生
羅新竹先生
黃千訓先生
蘇鮮華先生
陳梅燕教官
王福燕教官
吳慧華教官

我的悟、我的皈依佛教，都在台大，這裡是我「明心見性」的道場。退休這麼多年了，我仍在台大，當志工、散步、讀書或寫作，和幾位台大知友一起「玩」退休生活，做自己想做的事。

七、天上又掉下「夢土」：意外接任台大退聯會理事長

自從十八年前，帶著傷心、絕望又頹廢的心情，在迷霧中，泊靠這塊台灣最高學府——台灣大學。當時忖度著，這裡該是職業軍人的「終結者」，也好，從踏出校門，就想要快快結束，歷經多少波折，在這裡劃下軍人之路的句點，也算遲到的願望。

沒想到在台灣大學碰到一連串意外，一連串的「鹹魚翻身」、一連串「紅的發紫」，都在前面講過，不再贅言。我檢討、反思，台灣大學是我「明心見性」的道場，我的啓蒙、我的頓悟、人生大方向的定調、宗教信仰的皈依、生命意義的再詮釋、人生的重新出發、貴人，這一切都意外的在台大發生了，人生出現根本性的轉變和質變，啊！意外！

不能想像，若我不到台大，人生將如何？不能想像！我滿意的在台大退伍了。此後，寫作、台大志工、登山，參與「台大退休人員聯誼會」（簡稱台大退聯會）」、「逸仙學會」等台大活動；或在校園散步、運動、老友同學會餐，悠遊於退休人的生活：

江湖已忘學老農

依山望雲偶呆茫

美好的日子一天天過，我喜歡自在、隨性的生活，那種須要「經營」、須要週旋的人際關係，被我丟的遠遠的。怎的，人生充滿著意外，退伍了又有意外，竟從天上掉下來一塊「夢土」，叫我不得不又要去「經營」！

二〇一三年元月十五日，「台大退聯會」在第二會議室開理監事會，我是理事自然要到，每次會議我大概只是來吃個便當，聽聽各組長報告，這次還要選出第九屆理事長、副理事長。

早在一個多月前，已有同仁要推我出來競選理事長，我清楚明白的說了「不妥、不利」兩大道理，要同仁「別鬧笑話了」！此事暫且沉靜。

理監事會依程序進行，我心想沒我的事，我和吳元俊師兄私下研究要把這一票投給誰！開票結果，何主秘（何憲武教授，曾任台大醫院副院長、校長主任秘書、已退）當選本會第九屆理事長。但竟有三張選票投給我，這三人未受我「不妥、不利」之言，仍要我當理事長，不知是那三位?不記名投票當然不好多問。

開票結果何主秘當選，但他起來發言堅辭理事長職，並要求重選。他有充份理由，謂近年身體狀況不好，體內已有多隻「鋼條」等等，經一陣妥協，會議同意他辭，但要求何主秘擔任副理事長，他同意，決議重新投票選出新理事長。

針對我有三張選票，因此我舉手發言，重伸「不妥、不利」之意。不妥者，堂堂「台灣大學退休人員聯誼會」，選一位上校主任教官退伍的當理事長，恐有不妥，雖前有總教官宣家驊將軍當理事長，「威望」夠，上校則威望有所不足；再者，台大應以教授為主，較合乎形像。

我所謂「不利」，對本會和台大都有不利。試想，理事長對外代表本會參與外界學術活動，對內要向本校退休教授招手，叫大家來參與本會，成為會員。當他們知道理事長怎是個「退伍軍人」？（上校在大學只比照副教授）教授們如何心服？所以我當理事長不妥、不利，請大家把票投給適宜的教授，以退休教授任理事長才有利於吸引新會員入會，也較合於台大這塊招牌的「規格」。

我如此陳述我的看法，心想大家大概聽進去了。接著主席丁一倪教授宣佈重新投票，作業人員發選票……我並未圈選自己，我覺得陶錫珍教授適合接任……

開票……「國立台灣大學退休人員聯誼會第九屆理事長」陳福成理事……意外，我聽有掌聲響起，但因實在意外，一顆心說不上是喜是憂，看來想要「江湖已忘學老農、依山望雲偶呆茫」，可能不成了！當理事長總不能「呆茫」，總得粧一副讓人看得下去的「教授相」，經營經營，經營一些關係，但我平生最討厭進行「有目的」的關係經營，我向來喜歡隨性的關係。

當何教授亮出他的「寶貝」，說他心臟裡有幾根鋼條時，我其實也想要亮出我的「寶貝」，心臟科醫師開的一瓶「救星」，叫我隨身帶著。但我終是不忍，因爲已是第二輪投票，只好當成一種「天命」承擔吧！

「新任理事長致詞」——我緩步上台，感謝大家抬愛……只講了大約五分鐘，我不知道自己講些啥，只是進行未完的議程。

會後，準備交接事宜逐日開工，照前任理事長丁一倪教授交接，安排交接日。二〇一三年元月二十二日上午十點，相約在退聯會辦公室辦理正式交接，一些公文、資料、檔案，還有近百萬基金，像玩真的，也確實是真的，真的是意外。

對我而言，除了是意外外，根本是「一不四沒有」：

不想幹、沒有使命感、沒有意願、沒有熱誠、沒有時間，但人家把票投給我，只能說感恩、謝謝，那「一不四沒有」不好對會員說，只有在自己的作品中說說。

第二篇 迷航記（二）

——黃埔情暨陸官44期一些閒話

當我不迷航了
卻發現更大的迷航船團
一大票、一大票的迷航
再迷航下去
這船團就成「地方割據政權」
中央順天命民意來征討
……

第十二章 黃埔人，讓我們把中國找回來！

也許自己資質、悟力不夠，先天不足，後天又不良，才使自己一輩子處於「迷航狀態」。直到青春已逝，霜鬢如冬雪，才驚悟終止迷航，找到一個可靠的港灣，可以揮灑剩餘的霞蔚。

自己不迷航了，卻發現自己早已身處在幾個「超大迷航體」之中，那是「中華民國」、「中華人民共和國」、「中國」，乃至「台灣」、「香港」……簡說他們迷航的現狀，比我嚴重得太多了！

先說「中華民國」：孫中山先生和一批革命志士把他生出來後，他真是多災多難，外面的倭寇、土匪，一批批來搶劫，外來的敵人還好，至少大家清楚看見、不迷惑。中國人到生死關頭一定會團結，把外面的敵人打跑。所以，中華民國在抗戰之前那三十多年「童年時代」，基本上清楚自己的定位，中華民國就是中國。

大約在民國初年，西方有一種由馬克斯和恩格斯（習稱馬恩）發明的共產主義，慢慢傳入中國，最後形成一股「共產主義潮流」，信仰者建黨、建軍，在中華民國「體內」造反（即搞分裂國家、民族惡行，故在台灣有人形成民進黨是一小股共產黨，而共產黨是大規模民進黨，他們都搞過「去中國化」，此說不無道理。）。惟共產主義之能在中國大陸流行，有更大的原因是國際共黨有計畫的轉移和播種，最後導致全中國無數青年學子「瘋馬」——瘋狂的迷戀馬克斯主義或共產主義。

許多史料（及老一輩人的口說），記述抗戰勝利後年青人如何迷戀共產主義！凡嘴巴說不出幾句共產主義「術語」，你便是落伍、封建。情況如現代年青人迷「網咖」、「網路」，其他都不要了，長輩指責必以「落伍、封建」回嗆，當時社會如此，中華民國那有不垮！

共產黨終於建國了，中華人民共和國要把中國帶向何方？竟然是西方的「馬列中國」，而不是中國的「文化中國」，這是多麼嚴重的「迷航」。文化大革命的「去中國化」，等判了中國死刑，因爲失去中華文化，那種政體是「非中國」的，這時候中國是「不存在」的。

但「中國」明明就在神州大地上，自三皇五帝、自秦皇漢武以來，中國始終在那兒，怎麼說中國「不存在」了。話頭又回到中華文化，孔子定位「中國」與「非中國」的標準，在文化和仁政這兩個基本元素，而仁政包涵在文化之中，故也只有一個基本之素，即「中華文化」，後春秋三傳以「反專制、反貪腐、行仁政、大一統」詮釋之，名曰「春秋大義」或「春秋正義」。

以上只是略說「中華民國」、「中華人民共和國」和「中國」的迷航現狀。此三者，以中華民國迷航的最嚴重，台灣社會若持續「去中國化」，當「中華民國等同台灣」；而大陸持續復興中華文化，當「中華人民共和國等同中國」，台灣（或中華民國）就成爲被征討的「地方割據政權」。

這一天不會很快來，中華民國總可以再拖幾年。因爲此事（指中華民國還能拖多久），和中華人民共和國的「中國化」進程（被人民認同是文化中國的程度）及民主改革程度有直接關係。而大陸的「中國化」進程和民主改革程度，能否成功？成爲現代化世界強國的「文化中國，涉及到一個關鍵性的「人、事」問題，此

事即澈底清除共產主義思想，此人即澈底清算毛澤東的「文革、馬列」罪行，走出一條「中國式社會主義」，建立「中國式民主政治」制度，而不是像台灣這種「西方資本主義式民主政治」。資本主義搞垮西方、流毒東方，最後吃垮世界（地球環境浩劫），已被現代科學家們證實。

近年來根據我對大陸問題的研究理解，中國要邁向現代化並成為統一的「文化中國」，遲早要清算毛澤東罪行（他為代表），但時機未到，政治生態也尚不許可。

我的一個好友，在山西芮城辦「鳳梅人」報的劉焦智先生（資料附印），他以發揚中華文化為己任，報紙只送不賣，率先冒險搞起「批毛」先鋒，在近期（總第84期、二〇一〇年十月）刊載下面這篇文章，效果尚待觀察：

一批歷史老人致中共十八大的公開信

必須徹底清算『文革』元凶毛澤東的滔天罪行

在中華人民共和國六十餘年的歷史中，毛澤東以中共的名義執政二十七年，發動了一個又一個的「政治運動」，從一九五五年的「胡風反革命集團」冤案、一九五七年的

「反右派」冤案、一九五九年的「彭德懷反黨集團」冤案和「反右傾運動」冤案，一直到一九六六—一九七六年的「文化大革命」十年浩劫。受難者從胡風冤案的成千人、反右冤案的幾十萬人、反友傾的幾百萬人一直到文革十年浩劫的上千萬人。據不完全統計，他一共製造了八千三百萬冤魂、三千萬件冤案、三億多人受批鬥，超過了中國歷史上所有暴君惡行的總和。國際社會普遍將希特勒、史達林當作二十世紀暴君的代表，希特勒造成了六百萬猶太人的死亡，史達林則造成了二千萬蘇聯人的死亡，他們所犯的反人類罪和毛澤東相比，不過是小巫見大巫。

鐵的事實表明：毛澤東在他離世的一九七六年，中國已到了不改弦更張便難以為繼的崩潰邊緣。葉劍英元帥一九七八年十二月十三日在中共中央工作會議閉幕式上說：文化大革命發生的十年期間，整了一億人，死了兩千萬人，浪費了八千億人民幣。如果再加上李先念（一九七七年十二月二十日在全國計劃會議上）說的國民收入損失五千億，浪費和減收共計一萬三千億人民幣。

從新中國成立到一九七六年毛澤東去世，沒有內戰，沒有重大自然災害（關於是否真正存在「三年自然災害」，大多數人特質疑態度，後經查證一九五九—一九六二年的氣象資料證明，屬正常年景，是毛政府故意推卸責任的托詞），非正常死亡在五千七百五十五萬人以上（其中三年困難時期的死亡人數目前尚存在較大爭議，爭議的範圍從一千萬至五千萬萬不等），經濟損失一萬四千二百億元。近三十年國家基本建設投資總額為六千五百億元，三年困難時期和文化大革命造成的總的損失，是中國前三十年基建投資總額的兩倍多。

毛澤東為了把「黨天下」變成「家天下」統治，假「無產階級文化大革命」的名義，以「群眾運動」的方式，先後害死了國家主席劉少奇、國防部長彭德懷、元帥賀龍，以及陶鑄、萬曉塘（一九六六年九月十九日，中共天津市委第一書記）、周小舟（一九六六年十二月二十五日，中共湖南省委書記）、閻紅彥（一九六七年一月八日，中共雲南省委書記）、衛恆（一九六七年一月二十九日，中共山西省委第一書記）、李立三（一九六七年六月二十二日，中國工人運動重要領導人之一，中國共產黨早期重要領導人）等一大批革命元老。

誰是元凶？毛澤東！

誰是主犯？毛澤東！

不言而喻，毛澤東應該對這些冤案承擔全部罪責。毛澤東承擔罪責了嗎？一九八一年中共十一屆六中全會通過了一個《歷史決議》：毛澤東「犯了錯誤」（指發動文化大革命），是「被林彪、江青兩個反革命集團利用了」。這一段滅絕人性、慘無人寰的歷史，就這樣不顧歷史事實、被輕描淡寫地編寫得面目全非。好在這個《歷史決議》還承認，「文革」推行了「封建法西斯專制」，祇不過把這筆賬記在林彪、江青頭上，跟毛澤東沒有關係。

毛澤東執政二十七年製造的諸多冤案中，「文革」冤案之外的冤案也可以推到林彪、江青的頭上嗎？

在審訊江青的法庭上，江青供認她是「毛澤東的一條狗，毛叫咬誰就咬誰」。難道「文革」推行的封建法西斯專制為首者是「四人幫」嗎？毛澤東是推行封建法西斯專制的「始作俑者」！是元凶！是罪魁禍首！

首惡不辦辦脅從，這是對執政黨自身所定法制「首惡必辦」的悖離，也是對善惡、是非人類共識的褻瀆與顛倒，普天之下且有此理！

《歷史決議》的所謂毛澤東「犯了錯誤」的論點，應該休矣。「罪行」與「錯誤」絕不能混淆！當年成千萬的受害者，有權要求追究毛澤東的罪行，為此要求討還「血債」也是天經地義的。

「錯誤論」是建立在政治需要的基礎上的，不是反映客觀事物的本來面目，當年執政的鄧小平在一九九一年、一九九二年的兩次談話中給執政黨的後繼者留下了「錯誤論」祇是權宜之計的「遺言」：「……對毛澤東一生的政治評價是唯心的……中央對文化大革命予以全盤否定，並定為『浩劫』，是符合事實的、是嚴肅的、是尊重科學的馬克思主義作風……再過十五年，要不二十年，對毛再作評價是必要的，時間成熟了。」他還說：「重新評價毛澤東，現在祇能唯心、違心。在這個問題上，談我們是馬克思主義的黨，我們還不夠格！」他還說：「十一屆六中全會對毛澤東在中國革命中的歷史地位及功過的評價……放到下世紀初，讓下一代作全面評價嘛……」。

一九八一年中共中央的《歷史決議》，如果說是出於當時的「穩定大局，利於集中發展經濟」的政治需要；那麼，在改革開放三十年後，是還歷史本來面目的時候了。毛澤東死後，留給執政黨的遺產是一個百孔千瘡、百廢待興的集權專制國家，執政黨順應民意及時實行了「改革開放」，挽救了執政危機。執政黨為甚麼要改革開放呢？因為毛澤東苦心經營的「馬克思加秦始皇」的、「和尚打傘——無法（發）無天」的政治、經濟體制嚴重束縛了「生產力」的發展；社會長期物資匱乏、憑票定量供應，民眾的基本生存需求都得不到滿足，長此下去必然引起社會動蕩。基於此，執政黨不得不實行政治、經濟體制改革。奇怪的是，執政黨祇啟動經濟體制改革，政治體制改革卻原地踏步。經濟是基礎，政治是上層建築，它們兩者是須臾不可分離的東西，不改革政治體制，就不能保障經濟體制改革的成果，不能使經濟體制改革繼續前進，就會更嚴重地阻礙「生產力」的發展。一句話，難道毛澤東留給執政黨的遺產，祇有經濟體制束縛了「生產力」的發展，需要改革；而為這個經濟體制束縛了「生產力」的發展，需要改革；而為這個經濟體制服務的政治體制卻不束縛「生產力」的發展，不需要改革嗎？目前中國由於政治體制改革滯後帶來的一系列社會問題，還不令執政黨驚醒嗎？

執政黨要把中國建設成為一個民主的、自由的、平等的、

一批親歷毛澤東歷次政治運動的歷史老人

岳定國	電話：18908210316	張平中	電話：18040300235
郭 炎	電話：13700506851	趙 群	電話：028-87635639
熊習禮	電話：13320600017	鐵 流	電話：13901038114
胡崇真	電話：13076090020	羅開文	電話：15228833296
楊銘傳	電話：13688170032	林夕映	電話：13880858344
廖赤明	電話：028-87608961	蔡長宜	電話：13880091783
野 僬	電話：13551833893	王重綱	電話：18980789208
劉文介	電話：13550002217	劉光策	電話：18030526695
李多文	電話：15718015745	何丕棟	電話：028-81702985
屈楚平	電話：13558729980	彭慕陶	電話：028-87438708
房讓喜	電話：028-84517533		

（執筆：廖赤明、鐵流）

公正的、和諧的法治社會，祇有徹底清算毛澤東搞集權專制統治的罪行，來一個徹底的政治體制改革，別無他途；否則，完全是自欺欺人的夢囈！

因為執政黨承襲了毛澤東的政治遺產，毛澤東的政治遺產是按毛澤東的集權專制思想鑄就起來的東西，執政黨要把中國建設成為一個民主、繁榮、富強、公平的現代國家，必然要清算毛澤東的集權專制政治遺產，首先要清算文革「製造者、發動者、毛澤東的滔天罪行！」還歷史一個真相，社會一個公平，同時這是政治體制改革的核心，也是真、假政治體制改革的試金石，否則建設一個民主、繁榮、富強、公平的現代國家祇是說說而已！

（本資料由臺灣嘉義大學教授趙少平提供）

以上這麼多背景論述，我只是要總結上世本世紀（20、21）以來，現在兩岸關係（中國前途）已走到一個「關鍵性」時刻，「黃埔人」要看的很清楚：

第一、中華民國迷航日愈嚴重，若在短期內造成「中華民國等同台灣」，不論台獨或獨台，將成爲被征討的對像。因爲一個「地方割據政權」，又是「非中國」，不可能長期存在。

第二、中華人民共和國積極進行「中國化」工程，即復興中華文化，取得「正統中國」身份證（人民認同），到時征討中華民國這個地方割據，將成爲「合法」行爲。

第三、中國的和平統一在未來的十年（二〇一三到二〇二三年）是關鍵時刻。兩岸黃埔人要把握這個機會，發揮影響力。

第四、國際勢力（美國爲主），已沒有能力干預中國要以任何方式「吃」下台灣（完成統一）。雖說美日未來仍不擇手段要「永久分裂中國」，已力不從心，說美國會出兵幫台灣打中國，那真是「騙死人不償命」。

第五、日本急於在未來的二十年到三十年間，再發動侵略中國之戰；吾人以爲，用核武一舉殲滅日本，永絕後患。

每一個黃埔人一生所追求的，從黃埔建軍開始，在老校長蔣公領導下，幾代人犧牲無數生命所追求的，不就是中國的復興、繁榮、統一和強大，成爲世界上第一等大國。這個前景已現眼前不遠處，未來十年是關鍵時刻。

兩岸黃埔人要加速緊密交流，無懼政治惡勢力，要給馬政府壓力，尤其馬英九，你老爸的遺言「化獨促統」你做了多少？

本文後面的剪報，報導兩岸黃埔人對國家統一的努力，如林上元（18期）、張修齊（15期）、胡念恭（17期）、龐雄（17期）、陳廷寵（24期）、李貴發（51期）等。以及更早前往大陸的高級將領，如郝柏村、蔣仲苓、唐飛、伍世文等「高階黃埔人」，更深值鼓舞。啊！黃埔人，幹下去！搞下去！完成中國統一是我們的天命、天職，我們理當再努力！讓我們把中國找回來。

黃埔論壇 紀念抗戰勝利65周年

海內外校友齊聚南京 與會退役將領籲日本公開道歉

■特派員朱俊哲／南京報導

旺報，2010.8.25. A14 版.

為紀念抗戰勝利65周年，黃埔軍校140餘位校友昨天齊聚南京舉行「黃埔論壇」，共同發揚抗戰精神及黃埔軍魂，美東陸軍官校同學會前理事長張學海呼籲大陸當局應要求日本為當年的侵華和南京大屠殺，正式向中國道歉。

昨天出席的黃埔老校友雖多已白髮蒼蒼，但許多與會的退役將領及校友個個精神抖擻，充滿熱情。大陸黃埔同學會會長林上元是黃埔軍校18期，年齡最長的江蘇省黃埔同學會副會長張修齊（15期）已有90高齡，江蘇省黃埔同學會會長胡念恭（17期）也已88歲。來自台灣的黃埔校友會最資深的是17期的龐雄，現任台北中央軍事院校校友會榮譽理事長，原陸軍總司令、二級上將陳廷寵則是24期，最年輕的黃埔同學是51期空軍備役中將李貴發。

此外，主辦單位還邀請來自全大陸各地的黃埔同學會校友家屬及美國、澳大利亞、港澳地區的黃埔校友參加。

黃埔精神代代傳承

大陸中華文化促進會副會長辛旗致詞時指出，抗戰期間，國共兩黨分別在正面戰場和敵後戰場中抗擊敵人，黃埔師生更不分黨派都在這場聖戰中浴血奮戰，黃埔人締造的黃埔精神代代相傳，也將永垂不朽。

前國防部長陳履安回憶指出，在對日抗戰的23場重要戰役中，他父親陳誠將軍至少參加過16、7次，小時候在重慶躲避日軍空襲的經驗，令他至今印象深刻，魂牽夢縈。

他說，抗戰中黃埔軍校許多將領身先士卒，寫下無數可歌可泣的抗戰篇章，也是黃埔精神的真實寫照。他指出，抗戰初起，國府原決定棄守無險可守的南京，以轉進更有利戰場，但有位「唐姓將軍」（指唐生智）向當局自告奮勇請將死守南京，然而戰火乍起，唐生智卻臨陣脫逃，南京數十萬軍民在毫無準備下慘遭戰火荼毒的命運，像「唐姓」這樣的「逃亡將軍」，相較於抗戰中許多因寡不敵眾、堅持戰到最後一兵一卒而壯烈犧牲的將領，其歷史地位有如天壤之別。

更開闊對待一中

1935年出生南京的備役中將、黃埔28期生羅文山說，蔣中正先生在兩岸兵戎相見時期，仍一直堅持中華民族的統一，並要求黃埔子弟以捍衛民族統一為終身職志，他對兩岸黃埔校友能夠經常共聚一堂感到無比欣慰，並期望在兩岸和平統一前提下，共創繁榮。

▲兩岸黃埔校友齊聚南京共同紀念抗戰勝利65周年，美東陸官校友會前理事長張學海呼籲大陸應要求日本，為侵華和南京大屠殺正式向中國道歉。（記者朱俊哲攝）

美東陸軍官校同學會前任理事長張學海表示，當年200萬軍民渡海遷台有其歷史因素，兩岸從緊張對峙發展到今天的大交流、大和解，應有更開闊的方式彼此對待，他建議大陸方面應重新審視定位中華民國，也不必再三強調台灣是中國的一部分，而是要以更開放的胸襟，面對全世界鄭重宣示：無論中國大陸或台灣，都是中國的一部分，其主權和領土都不容許任何人侵犯或分割。

張學海還表示，值此兩岸迎來大團結之際，日本既已針對當年占領朝鮮半島向南韓道歉，他也呼籲大陸當局應向日本提出要求，要日本為當年的侵華和南京大屠殺，正式向中國公開道歉。

「黃埔論壇：紀念抗戰勝利65周年」活動由黃埔軍校同學會、江蘇省黃埔同學會和大陸中國廣播電視協會共同主辦，大陸中央人民廣播電台承辦，活動安排除昨天下午參觀「侵華日軍南京大屠殺遇難同胞紀念館」外，今天起將赴徐州、山東台兒莊和揚州等地參訪。

呂昭隆／台北報導

據透露，軍方退役將領組成的數個校友會組織，前往大陸參訪交流，都曾希望能爭取獲得馬政府授權，「那怕是象徵性的補助一塊錢，或一千元也好」，這樣便能取得代表性，但馬政府與國安團隊認為兩岸交往，還不到談政治與軍事互信的時機，因此堅持「不授權」，也不補助任何經費。

中國时報 99.8.30.

據了解，軍方退役將領目前主要有三個組織，分別是中央軍事院校校友會、黃埔校友會與四海同心會等。其中，黃埔校友會成員以陸軍退役將領為主，會長是寧攸武，正是前國防部長湯曜明的顧問，所以黃埔校友會實際以湯曜明馬首是瞻。本省籍的湯曜明退役至今，還未曾赴大陸參訪或旅遊。

退役將領最大的組織其實是中央軍事院校校友會，成員則包括陸海空三軍，會長由前陸軍總司令陳鎮湘擔任。由於「黃埔」幾成陸軍專有名詞，故海空軍退役將領幾乎都參加中央校友會。據了解，陳鎮湘所帶領的中央校友會，爭取馬政府授權，或做為退役將領訪問大陸的「窗口」態度最積極，但馬政府與國安團隊相當堅持兩岸還不到政治與軍事接觸的時機，始終不曾首肯。

此外，退役將領的組織，還包括由前陸軍副司令羅文山擔任會長的四海同鄉會等。至於經常組團前往大陸的前總政戰部主任許歷農，算是「散客團」，並不屬於正式的退役將領組織。據了解，許歷農月前受邀組團赴陸參訪，並與大陸談及軍事互信機制，本來還計畫去參訪大陸國防工業，正是此次引起美方高度關切的導火線。

據了解，確聞有極少數退役將領去大陸，略失身分，會說「馬總統我很熟，或國防部長高華柱我很熟之類」不得體的話，也有一位老將帶團到大陸參訪交流後，還當場宣布「會中所談與資料，不得外流」等言行，惟絕大多數退役將領去大陸，都能僅守分際，並能做出得宜的進退應對。

一位退役將領指出，事實上，在扁政府時代，中央軍事院校校友會在前會長李楨林的帶隊下，就曾前往大陸參訪，至於探親旅遊，早在李前總統時代即開始。這位將領認為，退休就單純過退休生活，除非政府特別出面，否則，「大可不必走在政府前面」。

◀前陸軍總司令黃幸強（中）在南京參加第二屆兩岸退役將軍高爾夫球邀請賽，代表台灣退役將領開球。（摘自黃埔軍校同學會網站）

交流 參訪 兩岸要的不同

亓樂義／專題報導

多年前，幾名退役將領到大陸交流，團員中有民進黨人士，也有某部會人員，算是兩岸早期具有規模的一次軍事交流。對岸非常重視，幕後主導是總政治部，出面接待軍階最高的是副總參謀長熊光楷，也是解放軍最高的情報首長。

研討會當天上午，我方團員在飯店靜候。來了二部車，一部把我方退役將領直接帶往國防大學；另一部則把非軍職人員帶到他處，和海協會人員交流。這種「軍對軍」、「文對文」的區別對待，迄今並未改變，只有少數被視為「有分量的學者」，才能登堂入室。

有時研討會也是聯誼性質，真正的交流往往在餐桌或參訪活動結束後進行。熊光楷就是在宴客時出現，杯觥交錯之間，雙方說出各自的想法。沒有人會笨到試探對方的軍情，高來高去之際，明白人就知道是怎麼回事。

有一回，對方在酒酣耳熱時突然冒出一句，「台灣新晉升的將官，他們怎麼看台獨？」這算不算情資，很難界定。只要涉及敏感，我方團員基本都會轉移話題。交流結束，對方會有總結，評估效果並擬定下次會面的交流重點。

有這樣的規格和對話，才算軍事交流。其他如球敘、參加黃帝祭祖大典或在座談會上喊喊反對台獨等等，只能算聯誼，增進情感。

據側面了解，對岸對現階段兩岸軍事互信的具體內容並不在意，而是對「正式結束敵對狀態」、「建立軍事安全互信機制」和「簽署和平協議」等概念的內涵與表述，如何界定並釐清之間的辯證關係。這和我方關注細節內容很不一樣。

全是星字輩

◀第二屆兩岸退役將軍高爾夫球邀請賽，雙方數十位將軍5月24日共同拜謁中山陵。海協會副會長王在希（前排著黃衣）與前陸軍總司令黃幸強（2排右2）均出席該場活動。（擷自黃埔同學會網站）

質疑統戰不如整合經驗

中國时报．99.8.30.

亓樂義／特稿

國軍退役將領到大陸交流，談兩岸軍事互信，引起不少質疑。其實，不必用統戰的角度看他們。中共對台政策當然有統戰考量，但中間也有務實互利的部分，否則ECFA就不用簽了。既然軍事互信是個議題，與其質疑退役將領到大陸交流，不如整合他們的經驗來得更為重要。

本來退役將領到對岸交流，統戰和聯誼性質居多，雙方共同的語言是「反獨」、共同的歷史記憶是「抗日」。直到二〇〇八年十二月中共總書記胡錦濤正式提出兩岸探討建立軍事互信後，這個議題才開始浮出台面。大陸各單位動員起來，找學者專家談，不免隔靴搔癢，又接觸不到台灣現役軍人，退役將領就顯得格外重要，為時勢所造成。

面對對岸的盛情，退役將領彷彿走上事業的第二春，從個人到團體，以各種民間協會名義登陸，一方面方便對岸接待，同時以壯聲勢，避免授人以柄。目前以老牌的「中華戰略學會」、人數眾多的「中央軍校校友會」，以及新成立的「中華孫子兵法研究學會」和「中華經略國防協會」最為積極。有時各協會人員互通，另以名義到大陸參訪，階級愈高，接待規格也愈高，以對等方式進行。當然也有少數特例，能單獨進入八一大樓會見解放軍軍委副主席，一談一個多鐘頭，欲罷不能。

接待單位基本以大陸各級黃埔同學會、軍事科學院和國防大學為主，總政治部系統則是選擇性接觸。據側面了解，這些退役將領在大陸除了台獨議題和民族大義，在其他方面謹言慎行，談不上洩密（管制期已過），但總會擔心被人抓到把柄，危及退休俸誰也不願意。

當然交流也有尷尬的時刻。退役將領堅持「中華民國主權」，對岸只能微笑以對；為什麼不撤除對台飛彈部署，對方說這是可以談的。由於雙方的民族立場一致，到最後都能棄嫌收場。

不過，這類的交流，對岸是有計畫、有系統的展開，退役將領則分散無援，各憑本事。我方國安系統不做整合，使資源白白流失，豈不可惜。

中共只跟情治將官喝咖啡

中國时报 99.8.30.

呂昭隆／台北報導

據了解，由於退役將領去大陸者太多，有人還不知去了多少回，已是「見怪不見」，因此，大陸現在只對具情治背景的將領有興趣，會找去喝咖啡，一般陸海空出身者則是「落地招待」，即機票自付，住宿交通則由大陸負責。

據了解，一位退休的國安局副局長在「機密解禁」後，前些日子，第一次到大陸探親，結果被大陸有單位「友善地」請去談話，但也有位國安局中將退役者，月前參加大陸旅行團，卻被大陸打了回票。據情治圈揣測，大陸方面可能認為他是扁系人馬，所以拒發台胞証。

由於大陸對情治將領的「特殊禮遇」已在情治圈傳開，包括薛石民、丁渝洲等歷任國安局長，退休後均不曾去大陸。丁渝洲一直想回山東老家看看，但因考慮以往職務性質，只得作罷。

至於陸海空三軍背景，退役後前往大陸者，則是多不勝數，沒去的已是寥寥可數。以歷任國防部長言，包括郝柏村、蔣仲苓、唐飛、伍世文等，都先後去過大陸。沒去過的國防部長僅有湯曜明與李傑等人，湯曜明是本省人，在大陸並無親戚。據了解，伍世文最近還應前副參謀總長夏瀛洲之邀，前往大陸沿岸旅遊參訪，如果唐飛不是在東北得了退伍軍人症，緊急返台就醫，也會參加這個團。

上將階層中，沒去過大陸的主要集中在參謀總長階層，因為四星上將是終身役，所以無法去大陸，包括劉和謙、陳燊齡與霍守業等歷任總長，均不曾去過大陸。惟一的例外則是羅本立，扁政府時代羅本立因想去大陸老家看看，但礙於肩上的四星，最後是向陳前總統堅辭，摘掉肩上的四顆星始去大陸。至於三星上將或曾任軍種總司令者，退役後前往大陸的相當多，有個別旅遊探親，也有參加組團，也有組團去打高爾球等，諸多性質不一。據了解，就在上周，前國防部長陳履安等人也受邀前往大陸參訪，前陸軍總司令陳廷寵等人亦是受邀成員。

據了解，無論是前國安會秘書長蘇起，或是現任的胡為真，都對退役將領前往大陸的情況多所關注；蘇起為此還曾K過前國防部長陳肇敏一頓，軍方的做法，則是希望老長官不要為難國防部，若是受大陸邀請，希望出發前能知會一聲，不要讓國防部或國安單位處於「狀況外」，而這些老將多半也樂於配合，事前會打聲招呼。

郝柏村：退將登陸 不具意義

「沒有政治互信，哪來軍事互信」 兩岸終究要和解 打仗對台灣一點好處也沒有

中國時報 100.6.17.

鄭閔聲、呂昭隆、曾毅娟、華夢之／專訪

近期退役將領前往中國大陸訪問引發爭議，高齡九十二歲的前行政院長郝柏村直言，他並不贊成高階將領在未獲授權的情況下登陸，因為這對兩岸和平發展不具意義。至於兩岸建立軍事互信，一生從戎的郝柏村說，這根本是外行人的無稽之談，「沒有政治互信，哪裡來軍事互信？」

由於親身經歷過八年抗戰及國共內戰，郝柏村感慨地說，「兩岸終究是要和解、不能打的，打對台灣一點好處都沒有。」但對於退役將領赴爭相陸訪問，他卻有些不以為然，認為這些將領在未獲官方授權的情況下，與中共軍方接觸，對於兩岸情勢，一點幫助也沒有，「兩岸和解不是一步到天，這樣的訪問沒有意義。」

對於退役將領赴陸發表的爭議言論，郝柏村不願評論，但卻強調，兩岸現在互不否認治權，只是個戰略模糊的說法，談不上有任何互信基礎，想要建立軍事互信，應該先共同召開抗戰歷史真相座談會，從還原抗戰歷史做起。

郝柏村表示，國民黨在對日抗戰中的貢獻，並未獲得中共官方的公正評價，以他參觀過松滬會戰紀念館，以及盧溝橋事變紀念地的經驗看來，中共對於抗戰歷史的詮釋，「百分之九十五都是假的！」

郝柏村說，先總統蔣介石領導中國人民對日抗戰，「是全世界都知道的事」，但這些事實卻遭中共刻意忽略，令他十分遺憾；即使中共國家主席胡錦濤曾公開肯定國民黨對日抗戰的貢獻，但郝柏村認為，這樣的表態仍不夠誠意，「抗戰時的官兵，不只是為了國民黨而犧牲！」

郝柏村認為，還原抗戰歷史不僅需要兩岸軍方合作，更應邀請日本人一同參與，才能真正釐清真相。他過去曾多次要求中共召開還原抗戰歷史座談會，卻始終未獲善意回應，「我只希望有生之年能參與這樣的會議，但看起來沒什麼希望了。」

郝柏村說，兩岸固然應珍惜目前和平發展的狀態，但不能視為理所當然，因此他不贊成退役將領大舉登陸；除非對岸邀請他還原抗戰史實，否則不會隨便前往中國訪問，「如果要我還原歷史，我不用接受招待，一定自己出錢去！」

郝手勢

▲前行政院長郝柏村接受本報專訪時強調，兩岸如果沒有政治互信，哪來的軍事互信。（姚志平攝）

第十三章　「國軍共軍都是中國軍」，那裡有錯？

在理解這個問題之前，首先要明白這個世間一切的問題（命題），都有「應然」與「實然」的落差，有「共相」與「殊相」的現象發生。在真實世界中，並不存在有所有人都認同的「統一的真理」（學術上叫統一理論或統一定律），就算牛頓三大定律，雖叫「定律」，仍然是有「例外」，非放於四海「宇內」皆準。

舉一實例，「人」應該最「普世」吧！不論那裡人，白人、黑人……任何種族的人，都是「人」，不論你如何討厭他，他終是人類的一員。但這種認知，並非有史以來皆如是，有些地方的人，最初不被認爲是「人」。

當歐洲白人尚未入侵美洲大陸前，美洲印第安人（American Indians，或稱紅種人、紅印度人），過著自由自在的日子。到十六世紀時，白人大舉入侵美洲，教皇亞歷山大六世（Alexandre VI）頒下聖旨，全面掠奪美洲資源財富，印第安人幾乎被全面消滅掉，因爲白人認爲他們並非人類，而是一種低等物種。這個問題爭議很久，爲了確認他們是不是「人」，進行激烈辯論。

一五一九年，殖民者拉斯卡沙斯（B. de Las Casas）與哥倫比亞主教柯維多（Quevedo），在皇帝查理坎（Charles Quint 1500-1558，荷蘭、西班牙和德意志的統治者）主持下，進行御前辯論。柯維多堅持認定美洲紅人是「低等動物」，是不同屬於人類的物性，更不能與白人平起平坐。

但拉斯卡沙斯持完全相反看法，認爲他們也是一種人類，應享有人的自由。教皇雖干預，卻無力決定，美洲紅種人是不是「人」？仍無定論，而殺戮持續者，眼看著就要「亡種亡族」了！

一五三七年，教皇保祿三世（Paul III）終於頒下聖旨，承認印第安人是「人」，這一年開始印第安人才是人，以前都不是人。

爲甚麼要提這段歷史爲例證，試想「人」（當成一個人類學名詞或概念），是世間最有共識的，歷史上仍存在如此可怕的爭論，其他的歧異觀點就更多，若再加上一些腐敗、貪婪的政治因素，後果更不堪設想。在現實社會中，我們常聽到罵人「你簡直不是人」，爲甚麼空有人形而不是人，那是甚麼？是禽獸。但又有罵「禽獸不如」者，豈不更慘，連禽獸都不如了。吾國先聖先賢說「人之異於禽獸者幾稀」，詮釋其意，人和禽獸唯一不同的，只是那一點忠孝節義的倫理道德而已，不是只看外形。

按吾國先賢標準，則歐洲白人才是禽獸，乃至禽獸不如，而印第安人才是人，是真正的人。按此標準檢視台灣社會，李登輝、陳水扁等人，也真是禽獸不如！

人的歧義到了廿一世紀，並未因「現代」已多麼現代，人會變得多客觀或多科學！一點也不！那是因爲凡事涉及到政治，人和四百年前或四千年前，所差無幾，試舉中國人」爲例。（類似這樣的例子全世界到處都有，目前僅月球和火星上沒有，未來若有人類居住也會發生這種事，所以不必見怪，今日因發生在台灣你我身上，便是怪。）

第一、按人類學定義來確認，有怎樣的血液、膚色、頭骨特徵，乃至基因等生物條件，就叫「中國人」，這是賴不掉的。如游錫堃、陳水扁、李登輝這些民族敗類，炎黃的不孝子孫，不論他如何說「我不是中國人」，說破了上下兩張嘴，還是不能改變事實，終究是炎黃子孫一員，不過已經成爲「異形」漢奸。

第二、按國籍法（各國規定不同），例如住在美國並已入美國籍，不論那族人種都叫「美國人」，故有非裔美人、有華裔美國人。同理住在中國大地之上，擁有中國國籍，都是「中國人」，不論他是那一族群。

第三、按政治現實，目前兩岸及國際上，都只承認「一中」，這一中雖有「中華民國」和「中華人民共和國」的政治口水戰，但眾人（含國際組織）都知道，這一中指的就是中國。既然兩岸同屬一中——中國，那麼住在這裡的人所組成的軍隊，不都是「中國軍」嗎？

第四、按歷史、文化、血緣關係，尤其文化爲主，凡認同中華文化、認同中國歷史之千秋傳承者，他必自稱「我是中國人」，血緣使「中國人」關係更堅定。

第五、合乎以上一、二、三、四項，也可以全部推翻、否認。例如一個小偷正在偷竊，被警察捉個正著，警察說：「你偷竊，跟我到警察局。」小偷說：「我沒有偷東西，只是未經人家同意拿走東西而已。」台灣社會因台獨份子的操弄，已成爲一個「篡竊盛行的社會」，十足的移民社會再異化、再惡化的社會。任何人只要爲一己之利，都能睜眼說瞎話，清華大學的學生公然辱罵教育部長，學生竟都叫好！像李登輝、陳水扁全家人、游錫堃等這些敗類，竟還有很多人把他當神崇拜，台灣不爛、不腐敗，中華民國不垮台，真是難！難！難！也好！垮了，才有新生機會。

第六、「華人」並非「中國人」。我們常聽到「新加坡華人」、「馬來西亞華人」或「美國華人」，事實上他們早已入了該國籍，所以他們是「新加坡人」、「馬來西亞人」、「美國人」，而不是中國人。他們稱「華人」，只是父祖有中國人血統，早年移民到該地生活，子孫稱「華人」，但可能中國話全不會，生活也全西化了。所以，我們在稱「華人」和「中國人」這兩個概念，要清楚明白，二者內涵、範圍都不同。目前住在台灣及世界各地稱「華人」者，他的本意就在告訴你，「對不起！我不是中國人，你不要自作多情啦！」如李登輝、陳水扁、游錫堃、蔡英文及更多「綠毒」，也多承認他只是「華人」，不是「中國人」。而像李登輝這種中華民族的敗類，更是演化產生質變的「異形」，他說他是「日本人」，也是啦！他是日本警察和台灣下女（日據時女佣爲下女）的不倫姦情，所出產的孽子，如何期待他是一個正常的中國人？

以上多所舉例論述，闡揚一些基本概念，似乎尙未進入主題「國軍共軍都是中國軍」。但其實已針對主題的外圍生態環境、爭論議題緣由，完成了解說，以下再深入核心探討，到底「國軍共軍都是中國軍」，那裡有錯？以正台灣社會之視聽，播亂反正。

問題引爆自二〇一一年六月間，國軍高級將領（如後簡報），到北京參加「黃埔軍校同學會」。會中，國防大學前校長、空軍退役上將夏瀛洲說了這句話，台獨份子拿去作文章，軟弱的馬英九說要徹查，夏又說沒講。反正吵翻天，不久又不了了之。（均見簡報）

第一、從現狀「兩眼所見」爲證，不久前（兩蔣）我們每年都有節慶的閱兵大典，有時在總統府前，大多在各軍事院校。參演的三軍武器裝備，經常有四個大字，「中國陸軍」、「中國海軍」，就是到三軍軍營看，也常這樣標示。中國陸軍、中國海軍……這不是「中國軍」嗎？將領們說的沒錯。

另一個解放軍的三軍部隊，在國際媒體露臉機會很多，注意的人就看到他們三軍武器裝備，也常有「中國」、「中國陸軍」等字樣，不也說明解放軍也是「中國軍」？

第二、從兩岸「一中」架構（國際認同）看，既然兩岸政壇都講「一中」，這一中交集就是中國，大家都是中國人，認同中國文化。那麼同是中國人組的軍隊，不都是「中國軍」嗎？難道是「日本軍」、「美國軍」？

同在中國境內，民國初年軍閥內戰那段時間，除國軍（國民革命軍）、共軍，還有各地稱王稱霸，獨立一方的軍閥部隊，大家都叫「中國軍」。其中，吳佩孚的部隊有比較強烈的民族意識，也是一支可敬的軍隊，當時倭軍和國軍都不敢小看。

第三、從兩岸軍隊的「屬性」探解。屬性講的是本質、內涵上的問題，內涵是會改變的。例如，在毛澤東時代，高舉「馬列、共產主義」，人民也跟著瘋狂，這時的解放軍就是「馬列」的、「共產主義」的，本質上已「非中國」，因爲失去中華文化的內涵，情形和今天的台獨份子「一模一樣」，都屬「去中國化」、「非中國」的。所以，「共產主義是大規模的台獨思想」，台獨只爲害小小一個台灣島，共產主義爲害全中國，爲害之深至少貫穿一百二十年（到二〇四〇年），中國社會才可能成爲正常的社會——涵富中華文化的社會。

從鄧小平改革開放、走「中國式社會主義」，胡錦濤又訂「中國式民主政治」，到習近平主政，中國社會、軍隊的「屬性」，已經產生本質性的改變，距「理想」還有三十年，但至少解放軍屬性已是「中國軍」，無形中「拉近」和我們國軍的距離，兩軍目標相同了（後述）。

第四、從國軍和解放軍軍歌再探兩軍屬性。軍隊的存在必在彰顯國家目標，保衛人民，捍衛整個民族的利益，抵抗外來侵略，各國軍隊才有存在價值。觀察解放軍和國軍，歷年來在軍隊中所流行的軍歌，以倡導「中國」、「中國人」、「中華民族」、「打倒日寇」等內涵最多，以下試舉若干，僅提其歌名：

△解放軍常唱歌曲（部份民間也流行）

「中華民族好兒女」（詞：許晴；曲：孟波）。

「把鬼子趕出鴨綠江邊」（詞：夏川；曲：久鳴）。

「保衛黃河」（詞：光未然；曲：冼星海）。
「黃河頌」（詞：光未然；曲：冼星海）。
「保衛祖國」（詞：金帆；曲：煥之）。
「歌八百壯士」（詞：桂濤聲；曲：夏之秋）。
「保衛蘆溝橋」（詞：塞克；曲：冼星海）。
「我是中國人」（詞：羅靖華；曲：黎錦暉）。
「救中國」（詞：劉良模；曲：佚名）。
「中華民族不會亡」（詞：野青；曲：呂驥）。
「中華兒女」（詞、曲：黎錦暉）。
其他如「松花江上」（詞曲：張寒暉）、「繡荷包」（山西民歌）、「長城謠」（詞：潘子農；曲：劉雪庵）、「熱血歌」（詞：吳宗海；曲：黃自）、「天倫歌」（詞：鍾石根；曲：黃自）等，都曾在軍界、民間流行。

△國軍常唱歌曲（部份民間也流行）

「我是中國人」（詞、曲：劉家昌）。

「四海都是中國人」（詞：孫儀；曲：湯尼）。
「勇敢的中國人」（詞：黃霑；曲：顧嘉華）。
「中國一定強」（兩岸歌名和詞不同、餘同）。
「黃埔男兒最豪壯」（詞：孫儀；曲：劉家昌）。
「中華兒女」（詞：楊更；曲：盧穎州）。
「我愛中華」（詞：林君長；曲：戍介中）。
「祖國頌」（詞、曲：談修）。
「碧血黃花」（詞：沈倫；曲：姚敏）。
其他如「台灣好」（羅家倫詞）、「滿江紅」（古曲、岳飛詞）、「熱血」（兩岸同）、「梅花進行曲」（蔣緯國改編）都曾在各界流行。

以上是兩岸軍隊曾在某一時期流行過，有的至今仍在流行。當然有的「過時」了，如國軍一些「殺朱拔毛」歌，共軍一些「蔣幫腐敗」歌，如今早已不唱，改唱「兩岸一家親」，畢竟和平統一是廿一世紀兩岸中國人的天職，考驗著中國人的智慧。兩岸軍人都唱著「我是中國人」，那兩支軍隊不是「中國軍」嗎？

第五、如今，解放軍和國軍目標相同了。對外當然是保衛全中國領土完整，那小日本鬼子膽敢來犯，想染指釣魚台，我主張以迅雷不及掩耳之勢，用五顆核彈消滅五分之四人口，然後收倭國（日本）改我國「扶桑省」，終極解決「日本問題」，也給亞洲帶來永久和平。此舉要犧牲倭國約一億五千萬以上人口，但相較倭國四百年來三次大型侵華之戰，死傷二億人以上。（註：第一次明萬曆朝鮮七年之戰、第二次甲午之戰、第三次八年抗戰）若加上二戰時全亞洲死亡，則四百年來日本人造成鄰國死亡總數，可能上看三億人，拿現在二億日人賠命，很便宜。

武士民族有天生的侵略性，不應存活在正常的人類社會中，應早早處理掉，改成中國「扶桑省」後，開放亞洲各國移民，剩餘日人則強制移民到中國各省。從此以後，地球上不會有「大和民族」，全亞洲從此和平、安全，再也不擔心鬼子打來了。解決「日本問題」，是廿一世紀全體中國人的天命、天職！

國軍和解放軍對內的共同目標，是防止任何分裂國家的企圖和行爲。例如，反台獨就是兩軍的共同目標，更積極則是促成兩岸的和平統一，使今後再也沒有「中國軍」的爭議。

「大屋頂中國」理論，兩岸學者專家已談了很多，我勿須太多贅言。只有在大屋頂中國架構下，台灣才有生存空間，又能跳脫「一個中國是中華人民共和國」的「死穴」，台獨是沒有機會的，脫離了「中國」，大家都不要呼吸了！

本文從各個角度、背景，論述「國軍共軍都是中國軍」，沒有錯，一點也沒錯，不知馬英九要辦誰？

再者，國軍將領到大陸參加黃埔同學會，深值鼓舞，我也以「黃埔人」身份發言，我們要擴大交流、幹下去，拿出黃埔精神，完成我們未竟使命，促成「和平、繁榮、強盛」的廿一世紀新中國。

敵對未除　軍事互信難上難

王銘義／特稿

兩岸關係呈現和平發展新局以來，兩岸雖採「求同存異，擱置爭議」共創雙贏的合作精神，積極推進兩岸三通、經貿交流，然而，在國家主權與軍事對峙等領域，始終難以搭建溝通橋梁，尤其，法律仍定位為「敵對狀態」的兩岸軍事議題更是「難題中的難題」。

兩岸退役將領交流因缺乏有序規範傳出「國軍、共軍，都是中國軍隊」的認知爭議，使得建立軍事互信議題，廣受各界議論。其實，從法律實務層面來看，國軍共軍目前仍處敵對狀態，開展軍事交流對話，絕非易事。誠如郝柏村所言：「沒有政治互信，哪來軍事互信」。

面對外界質疑，軍方是否混淆國軍的價值體系，國防部長高華柱在陸官校慶演說時強調：「國軍是國軍、共軍是共軍」。但問題關鍵在於，馬政府成立以來，只有大聲「求同」，卻小聲「存異」，讓反對黨找到攻擊的軟肋，也使退役老將模糊了基本的警覺與認知。

儘管近年來諸多國軍退役老將基於民族情感、黃埔精神的認知與對岸軍界聯誼交流；解放軍退役中將、少將也曾獲准來台參與「一甲子學術會議」，但這類聯誼性質的互動交流，並沒有改變兩岸軍檢機關卅年來對各自叛逃至對岸的國軍、共軍展開法律的追訴行動。

前陸軍金門上尉連長林毅夫、前空軍少校考核官黃植誠、前空軍中校林賢順叛逃投共，持續面臨台灣軍檢的追緝；當年投奔國軍的「反共義士」吳榮根、范園焱、孫天勤、王學成、蕭天潤等人也同樣遭到解放軍的通緝，這是兩岸軍方必然要面對與處理的「歷史共業」。

尤其，台灣軍檢通緝的林毅夫、黃植誠、林賢順目前都是大陸現任全國人大代表、政協委員，這在當前世界應屬絕無僅有的特例，但也反映兩岸關係的特殊性。因此，協商結束敵對狀態，將是一項長期而艱難的談判工程，它需要創造有利條件，還需積累更多的共識基礎。

中國时报 2011.6.20.

联合報
100.6.8.

退役上將登陸：國軍共軍都是中國軍

解放軍少將羅援引述 夏瀛洲語出驚人 許歷農：統一是我們的歷史任務，讓我們加油！

北京黃埔軍校同學會主辦人透露，說這句話的是國防大學前校長、退役空軍上將夏瀛洲。

羅援表示，台灣將領的說法，是兩岸將領共同心願和共同心聲，如同前黃埔軍校同學會會長徐向前說的，「天下黃埔本一家」。

由北京黃埔軍校同學會和中國戰略文化促進會共同主辦的「中山・黃埔・兩岸情」座談會，六日下午在北京中共全國政協常委會議廳舉行，包括中共全國人大常委會副委員長周鐵農、海協會會長陳雲林、中共僑聯主席林軍等三百餘人出席。

羅援以中國戰略文化促進會常務副會長的身分發言稱，他要對兩岸軍人講三句話，包括台海太小，難展中國軍人文韜武略之大智大勇等。羅援昨晚進一步解釋這三句話稱，兩岸的中國軍人應有更寬闊的眼界、宏觀的抱負，不要只盯著台海，要有更大的事業，兩岸共同面對東海問題、南海問題和釣魚台島等，軍人要共同攜手，捍衛共同祖權（老祖宗留下的共同財產）。

羅援說，現在兩岸要找一個共同的朋友，或許有一些困難，但找共同的敵人不難，只要犯我中華者，就是兩岸共同的敵人；兩岸應有更大的智慧，用更大的謀略去對待台灣問題。

羅援說，這一代中國人不要把台灣問題久拖不決，兩岸中國軍人都要有歷史擔當，有歷史責任感，對中國歷史做出貢獻，給世界樹立榜樣。世界還有許多國家處於分裂、內戰狀態，兩岸軍人要有魄力和智慧，解決國家統一問題，這也是中華民族對世界文明的重大貢獻。

據悉，夏瀛洲等退役將領長期在大陸參與兩岸退役將領交流活動，包括兩岸中山論壇等，這次與會的還有東森前「氣象將軍」俞川心、已故歌手鄧麗君的兄長鄧長富等。

新同盟會會長許歷農在座談會中說，「在統一問題上，不應瞻前顧後、猶豫不決，要引導全國同胞，消失分裂意識，統一是我們的歷史任務和使命，讓我們加油！」

府高層震怒徹查

聯合報 100.6.8.

【記者程嘉文、王光慈、羅印冲/台北報導】對解放軍少將羅援宣稱我高階退役將領說「兩岸不分國、共軍，都是中國軍隊」，國防部發言人羅紹和表示，羅援說法是否屬實尚需查證，但若眞有此事，「這位將領不但沒資格作中華民國的軍人，更對不起六十二年來為台海安全犧牲奉獻的國軍袍澤」。

據了解，總統府高層昨天得知此事「頗為震怒」，已指示相關單位透過各種管道查證是否屬實，不排除進一步強烈聲明和動作。

據指出，國安會對退役將領赴陸之事一直持續掌握，並由軍方派人「挨家挨戶」進行道德勸說；若當事人仍堅持赴陸，礙於法規雖無法攔阻，但仍會派專人「行前教育」，希望登陸後要注意言行舉止，「尤其說話要有分寸」。

對於這次部分退將言論，國安會第一時間已指示查證，據透露，根據過往經驗，國安會認為大陸部分媒體報導偶有「節錄」狀況，有時會「片面擷取對中國大陸有利的說詞」，因此在不清楚現場狀況前，國安會暫不會有動作。

據了解，國安會對退將頻繁登陸，曾試圖擬出具體因應辦法，甚至連停發終身俸也曾想過，但考量比例原則與現行法規，當事人可能主張此為言論自由。知情人士說，「眞的很難下手，現在只能先道德勸說」。

為讓退將不要登陸，軍方用盡方法，「道德勸說、感情勸說，還有帶著水果親自登門拜託」，讓許多退將打消念頭；但「能拉下來的都拉下來了」，還是堅持要去，心裡就是各有想法，「有些人是打球，有些人是基於自身利益」。

民進黨立委蔡煌瑯認為，這些退役將領言行「形同叛國」，不僅打擊國軍士氣，更是出賣台灣主權，一面領月退俸，一面向中共輸誠，敵我不分，連國家忠誠也一起退休了。他打算提案，將目前「退將五年不能登陸」的限制延長為廿年，否則台灣安全不保。

國民黨立委林郁方則認為，羅援放話是為了統戰，是否屬實有待查證。他坦承，雖然這些退將講的話雖不能代表國軍或政府，但因其身分特殊，還是會帶給政府困擾。

參加「中山・黃埔・兩岸情」的退役將領

姓名	重要經歷
許歷農	總政治作戰部上將主任
王文燮	聯勤總部上將總司令
李楨林	陸軍上將總司令
夏瀛洲	空軍上將副參謀總長
曹文生	總政治作戰部上將主任
沈方枰	海軍中將副總司令
徐忠國	海軍中將艦隊司令
王宗炎	海軍陸戰隊司令部中將副司令
陳興國	總政戰部中將副主任
張海平	海軍總部政戰部中將主任
王詣典	憲兵司令部中將司令
李貴發	空軍司令部中將副司令
于茂生	政戰學校中將校長
劉錦龍	總政治作戰部少將處長
俞川心	空軍氣象聯隊少將聯隊長（東森前氣象主播）
關先輝	海軍總部政戰部少將副主任
章植南	軍管區司令部政戰部少將副主任
謝台喜	作戰次長室少將處長
于璇	金門防衛司令部政戰部少將副主任
張彝霖	陸軍官校政戰部少將主任
樊楚樵	陸軍總部政戰部少將副主任
蕭如波	陸軍總部政戰部少將副主任
姚強	國防管理學院少將院長
鄧長富	國防管理學院政戰部少將主任（鄧麗君的哥哥）
王鎮民	新同盟會會長秘書

聯合報 100.6.8.

圖／本報資料照片　製表／賴錦宏　聯合報

統戰？實話？

共軍少將羅援昨天引述台灣退役高級將領的話說：「今後不要再分什麼國軍、共軍，我們都是中國軍隊。」引發台灣朝野強烈反彈。（中新社資料照片）

联合報 100、6、8

本報記者王光慈

中華民國的退役上將，在大陸竟宣稱兩岸軍隊都是中國軍隊，再經解放軍將領包裝轉述，讓堅持了一百年的中華民國情何以堪？如果羅援所言為真，中華民國退役將領卻「忘了我是誰」，搶著與對岸軍人「琴瑟和鳴」，只能說令人作嘔！

退將們的言論不僅嚴重傷害國家自尊，也對不起過去六十餘年為國捐軀的壯士英靈。黃埔軍魂為何？就是「忠」字，既曾高居將位，享有終身俸，無時不刻都應恪守本分，否則就不配稱為中華民國軍人。

雖然各方指證歷歷，但未經當事人證實，真相還未大白，或許退將是被冤枉。但退將們見多識廣，不可能對中共的統戰手法一無所知，渲染誇大或無中生有，都是行前早該知道的風險；就算被斷章取義，傷害已成，不但賠上個人清譽，更戕害國家尊嚴。

中華民國遭此羞辱，馬政府該負絕大責任。姑息足以養奸，退將跑大陸與解放軍交流非第一次，但每次只有國防部草草回應，總統府與國安會在哪裡？國防部一句「因無法可管，只能道德勸說」，讓更多退將前仆後繼，也讓民進黨批馬政府的論述更具說服力。

退將的發言不但嚴重損害國格，也直接造成國安危機。美國智庫學者就曾指出，這些頻繁登陸的退將，對美台軍購造成不利影響。馬政府曖昧不明的態度，難免讓美國懷疑兩岸在軍事方面暗通款曲，這已衝擊台灣國防建軍的進程，馬政府還不處理嗎？

現在不是推諉塞責的時候，修改法令是當務之急，國安會應盡速研擬方案，在人權與國家安全之間取得平衡，避免傷害國格的類案再次發生。這不只是為了總統選舉，也是為了中華民國，馬政府應有點氣魄，宣示主權不容動搖的決心。

退將登陸 馬令訂行為準則

將領們戎馬一生 卻引發言論風波 讓他十分錯愕、痛心 防類似事件重演的最好方法是私下勸說

吳明杰、李明賢、藍孝威／台北報導

針對退將登陸引發失言風波，馬英九總統昨天召集國安會、國防部和退輔會首長開會研議，並指示國防部研擬退休將領集體赴大陸的行為準則，且現階段絕對不會授權任何人討論兩岸軍事互信機制。但會中國防部與退輔會也坦言，目前無法令約束退將登陸甚至發言，只能「動情說理」，要求這些退役將領未來登陸前後應召開記者會公開透明交代整個訪問過程，以免除國人疑慮。

在傳出退役將領在大陸說出「兩岸軍隊同屬中國軍」、連日來引發政治風暴，馬昨一早邀集國防部長高華柱、退輔會主委曾金陵等人會商，黨政高層私下坦言「這件事情實在太傷了！」

府方會後轉述，馬英九已要求國防部、退輔會與陸委會研擬相關行為規範，務必以「立足台灣、關懷兩岸、中華民國利益優先」，並以「行程透明、言行謹慎」，作為日後退休將領集體赴大陸的行為準則。

馬英九表示，未來如何防止類似事件再度重演，靠修法緩不濟急，最好辦法是情理並用，透過人際關係私下勸說，相關單位也要向退役將領們重申政府立場。

馬英九還說，雖然相關人士否認有不當言論，但外界已留下負面觀感，特別是退役將領們戎馬一生，忠烈祠內更有許多為保衛中華民國而犧牲的國軍袍澤，近日卻引發退役將領言論風波，讓他感到十分錯愕、痛心。

據透露，這場會議也論及是否將目前《兩岸人民關係條例》第九條規定的退役三年限制大幅提高年限，但經與會首長討論，不少出面組團赴陸訪問的退將大老，其實都已從軍中離退很久，以前總政戰部主任許歷農為例，就算將限制增加到二十年，也管制不到。至於在野黨要求以取消終身俸的方式箝制退將登陸，昨天在會中則未討論，因此並未列入府軍高層可能採取的管制選項中。

據指出，昨天上午這場進行約一個小時的高層會議，分別就法、理、情三個層次討論約束退將登陸的可行性方案，其中在法律面，甚至探討到嚴格限制退將登陸或發言，可能產生違憲的問題，不過若是參與中共官方並予以招待的行程，則應訂定法規限制。

針對研擬行為規範一事，陸委會副主委劉德勳表示，現行兩岸條例訂有赴大陸審查許可機制，已具備運作基礎，將來若內政部、國防部有所討論，陸委會也會提供意見。

人間福報 100.6.10.

急滅火

▲前國防大學校長夏瀛洲（右）被《聯合報》指稱在大陸發表「國軍共軍都是中國軍」言論引發爭議，馬英九總統（中）昨指示國防部長高華柱（左）等人研商，要求訂定退休將領登陸行為準則。（本報資料照片／黃子明、陳怡誠攝）

夏瀛洲自認委屈：馬糟蹋軍人

呂昭隆／台北報導

退役空軍上將夏瀛洲昨天表示，他根本沒有說過「不要分國軍、共軍，都是中國軍」的話，如今被人誣衊，人在大陸受了委屈，馬英九總統卻在沒搞清事實前，就未審先判，還說很傷心，「我不會屈服的」，「馬英九這樣糟蹋軍人，我才寒心」。

夏瀛洲昨天聽到馬英九相關談話，相當憤怒，他說，二○○八年老將含笑幫他拉票；二○○九年，老將覺得馬做的並不好，但保持沈默；二○一○年，老將們說是含淚投票，現在則是帶著笑去遊行，根本不投票了；「我在外面受委屈，你（馬）說傷心，我當然寒心，再這樣下去，馬英九真的可能會選不上了」。

夏瀛洲說，昨天他在河北石家莊參訪，訪問團也不會取消參訪行程，會照著原先規畫結束。夏瀛洲還說，他本來預定行程結束後返台，但因山東省青島有孫輩親戚結婚，現在更改機票，準備先去青島，參加完親戚婚禮再返台。

至於馬英九找國安會、國防部開會，研擬老將赴陸行為規範一事，夏瀛洲說，如果有規定不能參加座談會，或不能與大陸官方接觸，他以後一定會遵守，但現在並沒有任何規定，為什麼不能去？夏瀛洲說，國安會上個月是有勸他不要去，但都要出發了才講，而且他已答應許歷農與王文燮，不能失信，因此還是來了。

此外，《聯合報》報導「不要分國軍共軍，都是中國軍」這句話是私下聊天場合說出，夏瀛洲說，他不會這麼笨，若有人這樣講，請舉出人證、時間，不能憑空就用他的名字、就說是他講的，亂扣帽子，他絕不接受。

綠追討終身俸　藍：不合理

管婺媛、陳文信／台北報導

退役將領訪陸失言風波，府院黨緊急嚴斥盼能滅火。民進黨立委要求，應該追回失言將領們的終身俸與各項優惠福利，但國民黨立委則強調，在事件未經查證屬實前，就要追回退將終生俸，既無法源基礎，也不合情理。

退將訪陸失言事件持續延燒，針對國防部指退將言論若無涉及洩漏國家機密者，皆「無法可管」一事，民進黨立委陳亭妃批評，其實只要政府願意，不用修法就可立即取消退役將領的福利，包括退休俸、十八%優存利率、購屋及水電半價、健保免費、出外配車、補助全家國內旅遊等。民進黨立委翁金珠則要求，國防部應立即啟動調查，公正查明後即從嚴處分。

對此，國民黨立委帥化民則說，在事情尚未查證清楚前，就談討回終生俸太倉卒，且若要討回也無法源依據，「他們犯了什麼法？什麼罪名？」他強調，在退將未涉及國家機密情況下，所有發言都該享有言論自由，頂多只能說是發言不恰當。

國民黨立委謝國樑也表示，追討退休俸需要有證明違法失職，或是違反法律規定，這些退休將領為國奮鬥了一輩子，不能因為有人可能講了一句話，連是不是事實都還要查證時，就要追回這些退休將領的終身俸，這不合理。

人間福報100.6.10.

責任副總編輯／張瑞昌　編輯／廖述銘

登陸言行規範 軍方早就給老將

吳明杰／台北報導

退役將領登陸引發失言風波，據透露，其實這些老將領手中都有一本國防部和退輔會私下提供印有廿六條《退休將級人員赴大陸參訪注意事項》的手冊，早就對退役將領登陸言行早畫有紅線規範，猶如他們登陸的「反統戰作戰手冊」，提醒要謹言慎行、避免發言遭斷章取義。

最近在五月十八日才出新版的手冊中，內容明指近期中共為辛亥百年辦理慶祝活動，是有計畫、有系統的邀請國軍退將參與，直言這類活動必然具有統戰意味，應考量維護國家及歷史尊嚴，因此對於大陸人士利用情誼的邀訪，要求退役將領應提高警覺，甚至應該迴避參與。

《注意事項》第五條提醒，退將登陸發言一定要堅守中華民國、維護憲法的基本立場，同時要避免訪問團名遭更改矮化。

第六條則具體訂出「退休將級人員赴大陸期間言行準則」，內容呼籲退役將領與對岸官員互動時，應多提「兩岸戰爭沒有贏家，只會造成遺憾」；「兩岸同屬炎黃子孫，同是中華民族」；「兩岸一家親，應和平互睦、互利共榮」等。

同時也要求將領們，多以「台灣地區、大陸地區」稱呼，少用「台灣、中國」簡稱，另不宜批評政府時政、國家元首、代表政府做出任何承諾，或提及分裂國土及易使政府難堪的話語。

在避免洩密方面，手冊內容也要求退將，對於大陸人士利用情誼的不當要求，應提高警覺，如果雙方討論議題牽涉到國家安全或機密事項時，更應迴避。

目前只要有國軍將領退伍，退輔會就會派人到國防部宣導，若是上將，則派副秘書長層級官員到退將家中訪談。

不是每個人都說場面話…

沈方枰訪陸 扮黑臉駁統戰

人間福報 100.6.10

呂昭隆／台北報導

國軍將領退役後登陸者，多不勝數，沒去的已是寥寥可數。以歷任國防部長言，包括郝柏村、蔣仲苓、唐飛、伍世文等，都先後去過大陸；沒去過的國防部長僅有湯曜明與李傑等人。但包括郝柏村等在內所有去過大陸的國防部長，沒有人會用帶團的方式去參加座談會。

上將階層中，沒去過大陸的主要集中在參謀總長階層，因為四星上將是終身役，所以無法去大陸，包括劉和謙、陳燊齡、霍守業等歷任總長，均不曾去過大陸。唯一的例外則是羅本立，扁政府時代羅本立因想去大陸老家看看，但礙於肩上的四星，最後是向陳水扁堅辭，摘掉肩上的四顆星始去大陸。

至於三星上將或曾任軍種總司令者，退役後前往大陸的相當多，有個別旅遊探親，也有參加組團，也有組團去打高爾球等，性質不一。

事實上，退役將領參訪大陸，並不是人人都說些場面話。其中，最出名的「黑臉」就是這次也有參加兩岸黃埔會的海軍退役中將沈方枰（見圖，本報資料照片／黃子明攝）。大陸官方的統戰言論或是解放軍觀點，沈方枰常聽不去，第一次去就大聲反駁，由於沈思路清楚、辯才無礙，許歷農就很喜歡找他加入，久而久之，退將團也都會邀沈，「總要有人唱黑臉」。

至於退休國安局長且不曾去過大陸的，有薛石民等人，丁渝洲去年則與前考試院長許水德去上海看世博，也是他唯一一次大陸行。

據了解，這次登陸的退役老將，本來成員還更多，因為國安系統事前曾透過管道勸阻，包括陸軍的郝柏村系統、蔣仲苓系統、湯曜明系統、黃復興黨部最後全喊卡。此外，軍方退將最大的兩個組織，中央軍事院校校友會及黃埔校友會，也未參加，因此算起來此行的代表性並不夠「全面」。

目前中央校友會會長是前陸軍司令陳鎮湘、黃埔校友會會長是甯攸武。黃埔校友會以陸軍退役人員為主，海空軍退役將領認為「黃埔」幾成陸軍專有名詞，故幾乎都選擇參加中央校友會，但陳、甯兩人並未參加兩岸黃埔會。其中，甯攸武是前國防部長湯曜明的顧問，所以黃埔校友會實際以湯曜明馬首是瞻。本省籍的湯曜明退役至今，還未曾赴大陸參訪或旅遊，這次在湯系一聲令下，湯系人馬全未登陸。

羅援：夏瀛洲沒說過「都是中國軍」

劉正慶／瀋陽—北京報導

大陸軍事科學院少將研究員羅援（見右圖，摘自網路）接受本報專訪表示，國軍、共軍都是中國軍隊的說法是其一貫觀點，前國防大學校長夏瀛洲根本就沒有說過，也沒有聽夏提起「不分國軍、解放軍，都是我軍」的說法，台灣內部為此鬧得沸沸揚揚，「其實沒有什麼可以吵的，這難道不是事實嗎？」。

羅援還原整起事件的真相時指出，聯合報向其求證時，只問及台灣高級退役將領是否有說過國軍、共軍都是中國軍隊？並沒有提及夏的名字，而他在解讀日前發表的「三太、三難」看法時，既沒向對方提及那句話，更沒提及夏的名字，有相互來往的電子郵件為證，做為當事人之一，他認為自己有必要還夏一個清白。

「三太、三難」是羅援在「中山・黃埔・兩岸情」座談會致詞時，個人對兩岸軍人的一種寄語，指的是「台海太小，難展中國軍人文韜武略之大智大勇，讓我們擺脫狹隘的地域觀念，還我以叱吒風雲的中華大舞台；軍事視野太窄，難容中國軍人博大胸懷，讓我們擺脫單純的軍事定式，再現我上兵伐謀之兵法精髓；一萬年太久，難了幾代人之統一夙願，讓我們擺脫消極等待的心態，給全世界一個驚喜，給全世界一個榜樣」。

羅援強調，國軍、共軍都是中國軍人是他個人一貫的表述，因為兩岸軍人的血液中都流淌著中華民族的DNA，應有共同的歷史擔當攜手捍衛「祖」權，他衷心希望兩岸軍人不要再彼此矛頭相向。

在馬英九總統要求檢討退役將領登陸的相關規定後，不願對此評論的羅援說，退役將領為建立兩岸軍事互信而交流，這有利於積累共識、消除隔閡，有利於兩岸的和平與穩定。畢竟，建立軍事互信應由易而難、循序漸進，先從不太敏感的軍事學術、軍旅文化交流開始，這樣才能水到渠成。

對媒體報導「『今後』不要再分什麼國軍、共軍，我們都是中國軍隊」中的今後，羅援也澄清說，在他看來，兩岸軍人歷盡風雨坎坷，同源於黃埔、北伐，分道於「四一二事變（國民黨清黨）」，攜手於抗戰禦侮，現在又面臨一個新的歷史起點，應該用更大的政治智慧來捍衛先賢留下來的「祖」權。主張兩岸和平發展的羅援還納悶地表示，兩岸軍人良性互動有利於中華民族的和平發展，何樂而不為呢？

呂昭隆／台北報導

大陸解放軍少將羅援昨天出面澄清，我退役空軍上將夏瀛洲並沒有類似「中國軍」的談話，夏瀛洲在聞訊後表示，「這下可以洗清我的冤屈了」。

夏瀛洲表示，他也是這次參加兩岸黃埔會時，第一次見到羅援，以前彼此並不認識，風波發生後，他有打電話給羅援，羅援跟他保證根本沒說過這些話。夏瀛洲說，這回莫名惹上無妄之災，回台後，他要沉潛一段時間。

2011.6.11. 中國時報

小啟：本報昨日四版，報導退役海軍中將沈方枰、照片誤植另一退役海軍中將沈方祥，特此向當事人與讀者致歉。

社論

兩岸應有明確立場

人間福報 一〇〇.六.十一.

爲了「不分國軍共軍，都是中國軍」一句話，馬總統表示錯愕、痛心，名嘴在電視上痛批老將被大陸統戰；於此同時，兩岸退休外交官在座談會上卻高呼「兩岸一家人」。

政府基本政策的依據當然是憲法，根據憲法，我們是中華民國，領土、主權及於全中國，分自由地區和大陸地區。目前與大陸往來的基本原則是「九二共識」，也就是「一中各表」，在一個中國原則下各自表述，我方所稱的中國是中華民國，對岸所稱的中國是中華人民共和國。這是最基本的立場。

儘管自稱擁有大陸主權，但基於中共統治大陸的現實，在心情上我們又不願意接受「台灣是中國的一省」這樣的說法。在外交場域上就很清楚，我們不願意「中國台灣」的名稱；因爲被矮化爲中國的一省，寧可採取奧會「中華台北」的模式。這也是現實與理想的矛盾。

在這個立場之下，馬總統又另外立了一個兩岸基本政策：「不獨、不統、不武」，這是基於現實的需求，因爲兩岸之間目前沒有統一、也沒有獨立的條件，這也符合大多數台灣民衆「維持現狀」的態度。然而這個「不統」似乎又與憲法的原則相悖，才會衍生出退役將領的「中國軍」風波。

姑不論老將是否說過「國軍共軍都是中國軍」這句話，國軍和共軍在抗戰期間本來都是中國軍；兩岸分治以後，如果從憲法的觀點，雙方都可以稱爲中國軍，兩蔣時代我們的軍事裝備上都漆有「中國陸軍」、「中國空軍」的字樣；從「一中各表」的觀點也都是中國軍，只是內涵不同。我們的是中華民國國軍，大陸的是中華人民共和國解放軍。因此，這句話不應該掀起這麼大的風波。

這句話被批評爲「背叛台灣人民」，對這些老將而言實在是「太沉重」，他們畢生服膺「三民主義統一中國」的信念，兩岸間的交流往來行之多年，他們退休之後，奔走多年都沒事，而且也自認爲在替兩岸的和平盡一份心力。如今被批爲「替馬政府添亂」，當然令他們錯愕。

這次風波還有一個原因就是選舉到了，這批老將的言行如果讓民進黨拿來作文章，對於國民黨非常不利，也因此府院黨高層在第一時間立即反應，原因無他，選舉不能輸。面對明年的總統大選和立法委員選舉，每一步都必須小心謹慎。如果辛亥百年紀念日當天，所有老將都受邀到大陸去，國民黨的紀念活動還有誰參加？所以，這次的風波多少也有警告的意味。

政府兩岸的立場到底在哪裡？退役將領到大陸活動、說話的底限又在哪裡？自認「中華民國是中國」算不算違背政府基本立場，還是一定要強調「中華民國就是台灣」才符合政府立場。

問題出在政府的立場模糊，若「不統、不獨、不武」是政府的基本立場，就應該修憲，不要再主張自己是中國、主權及於全大陸地區；對於民衆赴大陸的言行也必須做一些限制，這樣大家就有一個法規可以依循。否則，老將們還是禁不住要問「國軍共軍都是中國軍」這句話哪裡錯了？其實應該說清楚、講明白的是政府，而不是老將。

請問馬英九，「國軍共軍都是中國軍」那裡錯？

叛逃卅年 軍方：繼續犯 黃植誠：讓時間解決

王銘義、呂昭隆／台北─北京報導

儘管兩岸關係呈現和平新局，經貿交流與人員往來日益密切，但兩岸在軍事領域「敵對狀態」的法律定位並沒有鬆動的跡象！軍檢機關對歷年國軍投敵的法律追訴行動，目前都仍在依法通緝中，包括叛逃超過卅二年，現任世界銀行副行長兼首席經濟學家林毅夫，以及叛逃即將屆滿卅年的前空軍少校考核官黃植誠。

針對黃植誠案將於八月屆滿卅年，有關追訴權時效處理問題，國防部發言人羅紹和在受訪時表示，黃植誠涉及《陸海空軍刑法》投敵罪嫌，經國防部高等軍事法院檢察署發布通緝在案，因其犯罪類型係「繼續犯」，犯罪行為尚未終了，依《刑法》第八十條第二項規定，追訴權時效並未開始起算，現仍依法通緝中。

現年五十九歲的黃植誠，一九七三年畢業於空軍官校專修班，曾任分隊長、第五聯隊督察室少校飛行考核官。一九八一年八月八日，在執行任務時飛往福州機場。軍檢單位將比照「林毅夫模式」處理，即使叛逃即將屆滿卅年，因屬「行為繼續犯」，軍方仍將繼續依法通緝。

卅年前是國軍空軍少校，卅年後是中共解放軍北京軍區空軍少將副參謀長的黃植誠，昨天在接受記者電話訪問時，並不願對國防部發言人與軍檢單位的說法發表評論，黃植誠僅低調地表示：「卅年來的兩岸關係時空已有很大的變化，就讓時間來解決一切問題吧。」

▲前空軍少校飛行考核官、現任解放軍北京軍區空軍副參謀長黃植誠少將。（王銘義攝）

2011.6.20 中國時報

！」

「黃植誠案件」是繼兩年前「林毅夫案件」之後，近年來第二樁涉及叛逃屆滿卅年的投敵案件，由於黃植誠、林毅夫，以及另一位駕機叛逃的前空軍中校林賢順，目前都是大陸現任全國人大代表與全國政協委員，因此，軍檢單位對他們進行的通緝行動，格外受到關注。

依據《刑法》追訴權規定，犯最重本刑為死刑、無期徒刑或十年以上之罪者，卅年內未起訴，其追訴權將消滅。但同法規定，追訴時效的計算，應自「犯罪成立之日」起算，但犯罪行為有「繼續之狀態」者，自「行為終了之日」起算。軍檢因認定投敵行為屬「行為繼續犯」，並未完全終止，因此，追訴時效並未起算。

對軍檢處理林毅夫案的立場，法學教授陳長文曾投書媒體，批判軍法單位並未妥適處理。他認為，法律會有追訴時效的規定，一部分是安定性的考量，另一部分，特別是牽涉到意識形態問題時，就是法律對時代的謙卑反射。法律寧可留去給歷史評價，而不是扮演上帝。

目前仍具有大陸全國政協委員身分的黃植誠，今年三月間，出席全國政協會議期間在接受記者訪問時曾說，兩岸軍事問題，是一九四九年以來最難處理的議題，兩岸領導人如能推動建立軍事互信機制，甚至簽署《兩岸和平協議》，兩岸領導人將有機會贏得「諾貝爾和平獎」。

黃植誠說，要建立軍事互信機制，兩岸「要有想法，決定步驟，拿出方案」。他並強調，兩岸就是缺乏解決敵對狀態的互信，福建沿海的發展相對比珠三角、長三角滯後，而金門、馬祖、澎湖的離島發展，也受到潛在不安心理的影響，讓兩岸企業家的長期投資為之怯步。

第十四章　峨眉山下夜讀大公報文章

——陳雲英：「我和毅夫一生無愧」

按：本文寫於二〇〇九年底，我到重慶西南大學參加「第三屆華文詩學名家論壇」，順到成都一遊之際。先收錄於《洄游的鮭魚》（文史哲出版）一書，今為求完整，再收置本書。

參訪完報國寺的這天晚上，我們住在風景秀麗的峨眉山麓「峨眉山大酒店」。外面小雨紛紛，又有霧，似無處可以閒逛。晚上七點多吧！吳元俊兄進我房間說：「看看你們老同學的消息。」他遞過來一張報紙。

我忖度著甚麼事！接過報紙，他用手指著斗大的標題，陳雲英：「我和毅夫一生無愧」。

我立刻反應過來，這是甚麼事！我再看基本資料，原來是二〇〇九年十一月六日的大公報。那篇文章在 A18 版，我的回憶立刻浮現，當去年（二〇〇八）初媒體報導林毅夫同學要出任世界銀行副行長，我即有感賦詩：

當年一幕驚心迫，將軍大內錯錯錯；
四十四期永不用，心中有愁向誰就？
風風雨雨三十年，傳奇故事總新鮮；
如今回顧這懸案，你走的路前前前。

後收在拙著，幻夢花開一江山（台北：文史哲出版，二〇〇八年三月，頁一三三）

這天晚上，我真的那裡都沒去逛。一個人在酒店內，讓房間電視開著，新聞正在播報將在新加坡舉行的亞太經合會，胡錦濤主席和連戰榮譽主席將有一場「胡連會」。但我正專心看大公報這篇文章，一遍遍看，停一會兒，飲杯茶又看。文章開頭幾段說：

「毅夫是漳州人，我是泉州人，我們回到自己祖先的土地上去，有什麼不對？」陳雲英在此間接受中新社記者專訪時快人快語地說：「我和林毅夫一生問心無愧！」

林毅夫與陳雲英，一對博士夫妻，兩位名人，一個是世界銀行副行長兼首席經濟學家，一個是「中國特殊教育第一人」。自從三十年前林毅夫從金門游到大陸之後，夫妻倆在各個版本的故事中都頗富有傳奇色彩。

其實，在陳雲英看來，所有的名利都不如家庭重要，她自稱是一個傳統的女人，更願意做一個幸福的太太、驕傲的母親、慈愛的奶奶。四日，她又一次從華盛頓飛回北京，用她的話說，此行的一個重要任務就是給自己四歲的寶貝孫子過生日。

我在乎的不是他倆現在有甚麼地位！或做過甚麼豐功偉業！我感動於「毅夫是漳州人，我是泉州人，我們回到自己祖先的土地上去，有甚麼不對？……我和毅夫一生問心無愧！」

在那個年代，也許有很多人想回到自己祖先的土地，但有誰敢起而行動？絕大多數的人都被一個牢不可破的大鐵框框住了，只能在框內努力、競爭。只有林毅夫（原名林正義）解除了身上的框框架架，飛向（游才對）祖先的土地，這是比同輩人先進半個世紀的壯舉。同時代的人怎能理解，就像最先提出「地圓說」的科學家，立即被打成「異端」，被政客炒作一樣。

事件剛發生那幾年，我也無法理解林同學做那樣壯舉的動機。多年後才理解，才有「你走的路前前前」這樣的詩句。但就在二年前吧！林毅夫要回台看望老父，又引起藍緣兩陣營吵翻天，不知還吵多久?那文章接著說：

> 對於林毅夫而言，何嘗不是如此。然而，自從他離開台灣之後，就再也不能回去，甚至連父親去世也只能由陳雲英懷揣他的親筆悼父文代奔喪。那篇《祭父文》今天讀來依然悽婉感傷：阿母病危，未能侍奉左右；阿爸抱病臥床，仍無返鄉之途。黃泉路口，不得執手扶送，長留阿爸、阿母無盡之憾。終天惟有思親淚，寸草恨無報春暉。
>
> 陳雲英三日在中國駐美使館作了一次心理健康的專題講座，並接受了中新社記者獨家專訪。談及此事她依然心疼林毅夫。陳雲英說，「現在台灣仍在追究林毅夫，所以他依舊回不去，其實撇開政黨糾紛，我們只不過是回到了家鄉，我們錯在哪?」

對啦！那回國內吵翻天，就是爲要不要讓林毅夫回宜蘭送老父最後一程，但政客們只謀眼前利，不思「大義」和「公義」的問題，林同學仍是回不來。只好由妻子陳雲英代在老父靈前讀那篇「祭公文」：阿爸抱病臥床，仍無返鄉之途。黃泉路口，不得執手扶送，長留阿爸、阿母無盡之憾。終天惟有思親淚……

身爲人子，不能爲父母養老送終，當然是一生的痛，但林同學亦無虧於孝道，故陳雲英女士說：「我和毅夫一生無愧」。甚至，以他們倆人所努力的事業，對全體中國人、中華民族乃至全人類而言，已做到「顯父母」的程度，不僅合於「孝經」論述，更算是一種大孝，吾人看看歷史上的範例，孫中山和蔣介石一生革命，獻身黨國，在家住過幾天？盡過幾天孝道？但無損於孝行，因爲「移孝作忠」，盡了「大孝」。

再看古人，大禹三過家門而不入。六祖惠能大師捨下高齡老母出家去，成爲中國禪宗第六代祖師，把「印度佛教」轉型（即本土化），成爲「中國佛教」，沒有惠能出家，佛教終究是「印度的」，而不是「中國的」。佛教思想也沒機會成爲中華文化核心思想之一。據考證，惠能大師也沒有爲老母送終，亦無虧孝道。

另有一案例，中國佛教史上有一了不起的黃檗希運禪師，出家三十年仍不免掛念著年邁老母。五十歲時有一機緣返鄉探視母親。

惜因老母長年哀傷愛子出家，眼睛哭瞎了。但爲見兒子一面，老母竟在路旁設司茶亭，並親自爲過往的僧人洗腳。實因母親知道黃檗禪師左腳有顆大痣，想憑著幾無可能的機會認出兒子。

這一天，果然讓母親洗了腳，但黃檗禪師只伸出右腳，左腳藉故不洗，所以母親並未認出，只聽著黃檗講佛陀出家的故事。禪師忍痛不露臉，繼續雲遊行腳。但有鄰人認出是黃檗，告知老母親，老人瘋狂追到大河邊，黃檗已上船離岸，老母情急跳進河裡淹死了。

黃檗在遠處看見母親落水溺死，慟哭說：「一子出家，九族升天；若不升天，諸佛妄言。」即乘船返回，火葬了母親，並說一偈曰：「我母多年迷自心，如今華開菩提林；當來三會若相値，歸命大悲觀世音。」在黃檗說偈時，鄉人都看見他母親火焰中升空而去。

佛教把「孝順」分三層次，甘脂奉養謂「小孝」，事業有成光宗祖是「中孝」，出家修行度父母是「大孝」。

我和林毅夫雖同學卻無交情（本期畢業六百多人），也無意用佛法標準衡量世間一切。但看林毅夫倆口子這半世紀至今所爲，雖尚未達「爲國家盡大忠、爲民族盡大孝」境界。對父母至少已是盡了「中孝」，至是大孝，對國家民族亦無虧欠，是我真誠之言。

陳雲英說：「我已經跟毅夫建議，你不要著急回去，你一說要回去，島內一些勢力就更來勁了，這個事情不著急。」不過，她透露，她本人經常回台灣，今年已經回一次，最近父親身體不好，今年還要再回去一次，那裡有自己的父母，割捨不下。

「台灣脫離祖國，造就了多少家族的悲痛」，陳雲英多次說：這就是我為什麼多年來堅定站在支援統一陣營的原因。國家哪一天不統一，這些家族的悲痛就無法結束。

她的建議也是對的，放眼未來，台灣的統獨仍有許多拉鋸，這是台灣的「命」，從鄭成功把台灣收回，便有統獨之爭。時緩時急，時好時壞，古有名言「亂邦不入」。但亂有一個極限，過了極限，民心自然望治，和平統一自然到來。在統一尚未到來之前，兩岸人民尚須努力，馬英九的三通已經實現，等於爲統一開了路，這條「路」當然是漫長的，我預估十年吧！十年內中必會完成統一。

我感動於陳雲英這小女子說的，「國家哪一天不統一，這些家族的悲痛就無法結束。」事實上，也關係到全體住在台灣的各族人民。當有一天，我們拿著「中國」護照行遍天下，受到應有的尊重，你大聲說「我是中國人」，那才叫尊嚴，那才叫「爽」。

從小在台灣長大的陳雲英並不諱言對國家的熱愛。她曾回憶，當她一次到西部地區扶貧，站在西部戈壁看到被風化成一個小土包的古烽火台，陳雲英的震撼難以言表：「一下子幾千年的歷史從腦海裡閃過，我整個人都迷失掉。因為在我靈魂深處，這是我的土地，這是我的祖國，我願意為這塊土地獻身。」

如今，陳雲英的名字與一連串中國特殊教育的「第一」聯繫在一起：中國第一位特殊教育博士，第一套特殊教育叢書的編寫者，第一個特殊教育研究機構、第一本特殊教育雜誌、第一個特殊教育網站的創辦者。

回顧自己的過往，陳雲英再次引用了林毅夫經常說的四個字「問心無愧」，她說：我和毅夫每晚都是一秒鐘就睡著了，我們對得起自己、對得起父母、對得起社會、對得起國家，沒有什麼心理負擔。

談起林毅夫，陳雲英雙眸發光，滿臉驕傲，甚至有一些小女人。她脫口而出：「我們家最重要的人當然是林毅夫了！」她曾笑言為讓丈夫安心在世行應對經濟危機等諸多問題，自己一人身兼六職：「妻子、保姆、司機、聽眾、秘書、還有陪著林老師散步的『小狗』」。

我佩服陳雲英還有，很多人一定到過中國西北地區，去過戈壁，看過烽火台，但有幾人能有「大歷史」思維？有多少人身心會受到震撼？會有「這是我的土地、這是我的祖國、我願意爲這塊土地獻身。」的吶喊？陳雲英的那一刻，靈魂深處的震撼，小女子便與整個中國合而爲一，與五千年神州融爲一體，與古今多少億炎黃子民成爲一家人。壯哉！了不起，所以他們說「問心無愧」，每晚都一秒鐘就睡著了（未免太快，我至少十秒），我們對得起自己，對得起父母，對得起社會，對得起國家，沒有甚麼心理負擔。

確實，這晚很晚了，我又看一遍文章，雖感慨很多。最後放下報紙，倒頭大睡，至少幾十秒吧！也睡著了。

第十五章　當年那顆叫「林正義核彈」爆炸後

——拆解不掉的鄉愁

民國六十八年（一九七九）五月十六日晚上約十點，我期（陸官44）同學林正義時任金門馬山連連長，屬二八四師八五一旅步五營第二連，林同學竟在此時此刻，從馬山游到對岸的角嶼。（按當日潮汐表，當天下午四時滿潮，晚上十點退潮，馬山到角嶼約二千一百三十公尺，中間尚有淺地帶，腳可以踩著海底走，約兩小時可以游到對岸。

不論對全金門、台灣、中華民國，這顆名叫「林正義核彈」的，絕對是瞬間震驚中外。當年我正好也在馬祖高登幹連長，不論國防部如何保密，不久大家都知道了。但那時我正處於「不想幹」的低潮，每日所思都是如何可以下去，離開軍隊過點自由自在並做想做的事，壓根兒沒想過中華民國、中華人民共和國和中國，三者之間竟有這麼多糾纏。

卸任連長進了砲校正規班，我聽到更慘的消息，「謠傳」陸官四十四期畢業的，未來在部隊「永不任用」，我心中付度，正好我不想幹。其實當時自己太單純（笨），怎麼可能「永不任用」，不任用叫我們馬上辦退伍嗎？

「核彈」爆炸了！但這顆核彈也很詭異，並非一次爆完就過去了，而是不定時偶爾爆發一次，每次都把台灣社會各造，立法諸公、政院當家，尤其老長官國防部幾任部長，炸得失去理性，說些「政治語言」，這些話誰都看得出來，只是一些身不由己的「官話」，包含馬英九在內。是誰迫使他們說這些自己也覺可笑的話？當然就是那些「妖獸異形」台獨份子，所以炸彈沒有台獨操弄，也就不會爆炸。

我的意思是，並不是沒有台獨操弄，林同學就能任意來台灣，而是有一個理性機制，透過討論、協商（如政治妥協），讓一件三十多年的「懸案」，可以塵埃落定，結案了事，彰顯兩岸交流的善意。而不是像這樣任由台獨份子綁架，最後由國防部長丟出一句話：「來就依法辦理」。

依那個「法」辦？吾國有法律追訴達三十年的嗎？再說拿「叛國」大帽子給林同學戴，若能成立。目前國內有多少叛國份子？陳唐山、李登輝、陳水扁、游錫堃、蘇貞昌……及更多的台獨民意代表、支持者，早已公然在幹終結中華民國之惡行，這難道不是叛國？

爲甚麼不抓起來法辦？卻要辦林同學！《莊子・胠篋說》：「彼竊鉤者誅，竊國者爲諸侯；諸侯之門，而仁義存焉。」後世乃有「竊鉤者誅、竊國者侯」之成語，用來形容台灣社會真是洽洽好。

看來林同學的鄉愁解不開，只有交給時間慢慢去拆解，終有解開的一天。在此之前，核彈還會在台灣經常爆炸，有炸彈經常會被引爆的地方，不會有和平和安全。

林同學的鄉愁難解，偏偏我「迷航」半生的軍旅生涯，乃至到退伍後，同學會聊起林同學，我還是會鈎起許多愁。

第一個愁。我和林同學屬「不想幹」份子，他不想幹，是不想在小小的一個「中華民國在台灣」幹，他想爲全中國、全體中國人民幹事，這是積極性的，也可以說「偉大」啦！而我的不想幹，只是不想在部隊鬼混，那時的部隊怎一個「黑與亂」了得，林正義同學可能也看破了這點，所以一走了之。我卻只想離開部隊，過自己的生活，搞自己的事業，我是利己的，且格局太小了。林同學則是利他的，所以他的版圖日愈壯大，成爲國際知名經濟學家，我「愁」自己的利己思維，真是太遜了！

第二個愁。民國六十八年之際，我期同學約是二十七歲的年青人，我們心中想的仍然是「服從最高領袖、解救大陸同胞」的思維，仍然是「積極建軍備戰、死守金馬、準備反攻大陸」的邏輯，想在部隊發展的同學是如此（只有我等三個死黨例外）。有誰會想到我們這些想法只是虛幻的，反攻大陸是沒有機會，只有林同學不「迷航」，他清楚明白，他要一個人進行「登陸作戰」，他要一個人踏上祖國泥土，一個人「反攻大陸」實踐壯志！

第三個愁。多年來林同學始終想回宜蘭老家看看，包括這次「鄉愁像鄉音」的吶喊（見後簡報資料），事實上已過了三十多年，執政黨如果有魄力，有點理性，早已不是問題。國民黨名爲執政，卻凡事要看看那些「綠毒」臉色，世界各國的執政黨都做自己想做的事，只有台灣的國民黨在做反對黨想做的事，真是一群豬八戒，甚麼都不敢做。未來有一天，民進黨人會走在國民黨前面，到北京和中共談統一問題，而國民黨人屁都不敢放一個！我身爲國民黨四十五年老黨員，真是愁！愁！愁！壯哉！林同學你去大陸是對的，台灣只是一個人才的綠島！

第四個愁。爲甚麼林同學在三十多年前的二十歲青年，他就不迷航，他知道中國在那裡。爲甚麼我不迷航了。中華民國卻開始迷航，而且日愈嚴重，使台灣成爲一座「飄浮的島」，一下飄東，忽又飄西，真是愁啊！

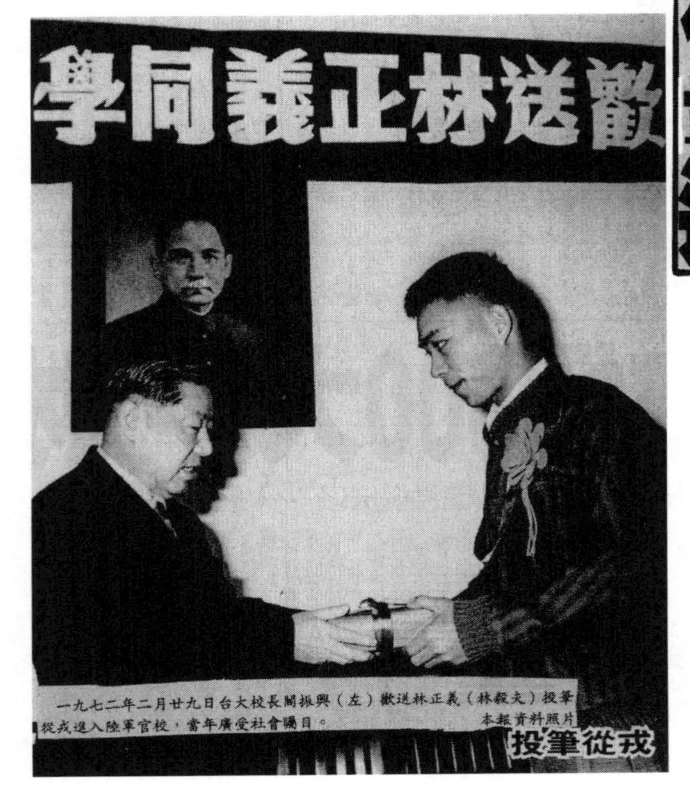

一九七二年二月廿九日台大校長閻振興（左）歡送林正義（林毅夫）投筆從戎進入陸軍官校，當年廣受社會矚目。
本報資料照片

聯合報 A3 焦點
中華民國一〇一年四月十八日 星期三

林毅夫說鄉愁
軍方：返台一定法辦

林毅夫話鄉愁
高華柱依法辦

林毅夫（右，賴昭穎攝）隔海向「老大哥」高華柱（左，本報資料照片）溫情喊話「鄉愁像鄉音」盼回台灣。日前賭上烏紗帽「依法處理」的國防部長高華柱，拒絕與當年「叛逃」的林毅夫的溫情喊話起舞。

新聞見A3

新聞眼

球丟高華柱 溫情難除返鄉路障

本報記者賴昭穎

世界銀行副總裁兼首席經濟學家林毅夫六月一日將卸下世銀職務，趕在卸任前，他隔海拋出不急著返鄉，免得爲難老長官的訊息，表面上很識大體的幫長官解套，實際上則是把球丟給國防部；高華柱立即回應「依法辦理」，維持一貫法治與軍紀的立場，顯見林毅夫仍難以溫情訴求化解返鄉的路障。

林毅夫十六日下午在華府舉行新書發表會，這並不是他第一本著作，但駐華府的台灣記者幾乎全員到齊，因爲他今天除了宣傳新書，還有另一件要事，就是要談談返台探親的話題。

新書發表會的前幾天，林毅夫透過公關通知台灣駐華府的記者「我有話要說」，希望記者踴躍出席；由於林毅夫很少針對返鄉一事主動談話，因此引發關注。近幾年每到清明節，林毅夫返鄉祭祖的話題就會浮上檯面，但今年連國台辦也公開幫林毅夫「說項」，希望政府能人道考量，讓他能回台祭祖。

談到昔日老長官、國防部長高華柱爲了不讓他返台賭上烏紗帽，林毅夫以「國防部高華柱先生」來稱呼這位他所尊重的長官、大哥，拋出「我可以再等」的緩兵之計，如今就看國防部要如何在法、理、情的優先順序中如何選擇。

不論林毅夫最後能否返鄉，當年爲了「追求理想」，他有勇氣以軍官的身分渡海到對岸，如今他在大陸功成名就，甚至在世界銀行位居要津，如同他所言，如果還待在台灣，恐怕無法有這樣的成就。

理想與現實總是難以兼顧，無論是大時代的悲劇、政治爭議，甚至是人民情感，導致如今面臨有家歸不得的處境，這也是林毅夫自己的抉擇，在法治的社會，他也必須有勇氣面對與接受。

1979年 沒帶籃球、穿救生衣叛逃大陸

馬山→角嶼 趁著大退潮 2小時游過2130公尺

【記者許紹軒／台北報導】林毅夫當年如何從金門游泳到對岸？是否真如外傳的籃球？根據軍方調查，一九七九年五月十六日晚間，林毅夫穿著由連長保管的救生衣，趁著大退潮游泳到金廈之間的角嶼投敵。

帶走連旗、連長戰備包

林毅夫昨天聲稱沒帶任何機密資料投敵，但軍方調查報告顯示，他失蹤時連旗與連長戰備包都不翼而飛，戰備包裝有連長保管的作戰計畫、「金門防衛司令官對防衛作戰指導講話全文」與馬山連兵要圖等機密文件。

軍方指出，林毅夫原名林正義，從軍後改名爲林正誼，叛逃後再改爲林毅夫。案發當時是金門二八四師八五一旅步五營二連的連長，此連當時駐防於馬山，馬山距離大陸最近，設有播音站，通常是準備重點培養的軍官才派爲馬山連長。

向文書兵查閱潮汐表

但林毅夫在金門服役狀況並不好，金防部調查報告顯示，林毅夫一開始很排斥被派爲馬山連長，覺得像是被利用。而且當年四月廿六日林毅夫從台灣休假返金，情緒明顯不穩定，曾表示希望能回陸軍官校兼課教書，也對沒有被排入培英案考試感到很失意。

調查報告指出，五月十四日林毅夫巡查海岸班哨時曾嚇唬班兵，遇到共軍水鬼，如果對方沒招惹，就不需要開槍，以免死後報復；他還在五月十六日上午向連上文書兵廖振柱索取潮汐表查閱，而根據潮汐表，當天下午四時滿潮，晚間十時退潮。

全島大搜索找到球鞋

軍方表示，當晚最後見到林毅夫的人是連上文書兵童進耀，他在晚間八時卅分於伙房向林毅夫報告將到營部接新兵，但當他在晚間九時卅分接到新兵想向連長報告時，林毅夫已不在寢室，研判林毅夫叛逃時間應該就在這一個小時之內。

馬山連內部搜索未果，十七日零時上報師部，師長周仲南指派副師長劉國樑前往仍然找不到人，後來在馬山連陣地前緣斜坡雷區內，一條通往海邊的小路找到一雙寫有「連長」的球鞋，這也是軍方研判林毅夫可能叛逃的證據之一；金防部稍晚接獲二八四師通報，旋即下令執行「雷霆演習」，進行全島大搜索。

馬山連距離角嶼最近

軍方透露，角嶼距離馬山連二千一百三十公尺，那天的退潮恰好是當年最大的一次退潮，兩端的海底幾近浮現，可以踩著海底走上一段，真正需要游泳的距離並不長，不到二小時就能到角嶼，水文因素讓林毅夫叛逃成功機率大增。

軍方事後在調查報告評論，林毅夫自視甚高，性格急功近利，才會有見異思遷之舉。

若返台讓高華柱尷尬「我可以再等」
追求理想叛逃大陸「遺憾但不後悔」
在大時代裡面「是非功過任人憑說」

【華盛頓記者賴昭穎、記者許紹軒／連線報導】世界銀行副總裁兼首席經濟學家林毅夫十六日在華府表示，如果回台灣會讓國防部長高華柱覺得尷尬，「我可以再等」。對於當年「叛逃」大陸「追求理想」的舉動，導致無法回台灣，林毅夫說，「會遺憾、不會後悔。」

軍事發言人羅紹和昨天在臨時記者會表示，林毅夫若返台，「不是尷尬的問題」，一定依法辦理，沒有模糊空間與例外。

羅紹和表示，林毅夫在二〇〇二年申請返台奔喪，內政部、國防部、陸委會即於同年五月卅一日發共同新聞稿，明確表明「人道考量同意入境、法律責任依法處理、叛逃行為嚴予譴責」等三點立場，這三點立場依舊沒有改變，「林毅夫案是法律問題」。

林毅夫昨天在華府舉行新書發表會，他在會後接受台灣駐華府記者訪問，談到他在卅三年前以中華民國軍官的身分渡海到對岸的心路歷程說，離開台灣不是不喜歡台灣，而是對台灣人、中國人而言，追求中國統一和富強，「是我們這一代知識分子追求的責任」。

被問及如今為何想回台灣，林毅夫說，「鄉愁像鄉音一樣，是我潛意識的一部分；我是台灣人，對生我長我養我以及父母懷念，我當然希望回去。」

林毅夫表示，台灣人就是中國人，台灣和大陸分離是歷史悲劇，追求中國統一和富強是責任是這一代知識分子追求的責任。然而，當年他追求理想，如今面臨「有家歸不得」的情況，林毅夫說，會覺得遺憾，但不會後悔。

國防部至今仍視林毅夫為叛逃軍官，林毅夫對此回應說，在大時代裡面，最重要的是當時追求的是什麼，「是非功過任人憑說」，不影響內心的抉擇。

林毅夫在一九七九年擔任金門馬山連長時渡海到廈門，之後在大陸學術界嶄露頭角，先是創辦北京大學中國經濟研究中心並擔任主任，二〇〇八年出任世界銀行首席經濟學家兼副總裁，任期至六月一日屆滿，將重返中國經濟研究中心。

同袍升遷受阻 長官軍途各異

【記者許紹軒／台北報導】軍方人士指出，林毅夫叛逃後，軍方明知實情卻仍以失蹤結案，並於一年後宣告死亡，還依法發放撫卹金給他的家屬，此案雖然無人受處分，但林的營長侯金生案發後三個月就退伍。

據指出，除了林毅夫，多年前以上校階級退伍、且一樣是台大學生轉考陸軍官校的陳憲良表面上雖然沒有受到影響，但他卻被軍方暗中列為「重點考管人員」，表面上升遷與一般軍官沒有不同，但只要有機會擔任機敏職務或是參加受訓，常有無形的阻礙。

軍方指出，林毅夫失蹤後，雖無實證，但幾乎可以確定叛逃，一九七九年五月廿八日二八四師政戰主任李醇典奉命率員到宜蘭林家說明，當時就告訴家屬應該是叛逃了，但這不是體面的事情，對外宣揚於公於私都沒有必要。

軍方雖以失蹤結案，但金防部已擬妥人員懲處方案上呈國防部，不過當時的參謀總長宋長志認為此案干係重大，以無法確定林毅夫是否成功抵達大陸為理由，暫緩相關人等的處分。但在一九九三年六月與一九九四年五月軍方分別接獲情資，指稱大陸社科院要員與國務院農林經濟部副部長林毅夫，幾乎確定就是叛逃的林正誼，總政戰部主任楊亭雲最後決定均不予反應。

儘管沒有處分，但林毅夫當年軍中長官的發展因人而異，他的營長侯金生於案發後三個月退伍，理由是生涯規畫；旅長蔣榮萍宦途在往後幾年離開陸軍，轉任警備總部體系發展，以中將階級退役；師長周仲南反倒是一路歷任總統府侍衛長、憲兵司令與警備總司令，以二級上將階級退役。

至於陳憲良，前幾年他接受媒體訪問時表示，當年誤傳是他叛逃，他還被軍方找去接受訪問以杜絕傳聞，但確因此案受到牽連不易升遷，後來國防部前部長蔣仲苓派他到中科院任職才有改善。

林激動：沒帶文件、沒害長官

【華盛頓記者賴昭穎／十六日電】林毅夫昨天回憶當年「叛逃」事件時說，他離開台灣，外界對他有兩大質疑，一個是傷害很多人，另外則是攜帶機密文件到對岸。

昨天他為這段「塵封」卅三年的往事，主動「澄清」，為己辯護。

林毅夫說，當時政府以人間蒸發的方式把影響降到最低，原先的營長高華柱仕途未受影響，離開時的營長侯金生也正常退伍，旅長、師長也從中將、上將退伍。

林毅夫感嘆說，選擇一九七九年五月十六日離開，是很困難的選擇，因為女兒尚未出世。他說，我在二月十六日離開高營長（高華柱），因為當時規定一個人離開三個月，過去的長官不負政治責任，到任不到三個月，當時的長官也不用負責；選擇當天離開，兩位長官因此沒事。

此外，他當時也沒帶四顆籃球和機密文件渡海。他說，當時到大陸只帶兩種東西，一個是能證明他是中華民國軍官的證件，另外則是水壺、救生衣等救生用品，「絕無任何機密文件」。

林毅夫略為激動的說，有沒有帶機密文件，兩邊國防部都可以查。此外，他服役的連上沒有四顆籃球，而且游泳怎麼馱著四個籃球，重點是連上並沒有那些機密文件。

位居要津

林帶領世銀、IMF倚重大陸人才

【記者林庭瑤／綜合報導】國際貨幣基金會（ＩＭＦ）與世界銀行這兩大國際金融機構中的高層，從林毅夫開始，出現了一股中國風潮。林毅夫在二〇〇八年五月接掌世界銀行首席經濟學家兼資深副行長，之後ＩＭＦ副總裁朱民、ＩＭＦ秘書長林建海，都成了國際機構倚重的大陸人才。

在出任世銀職務前，林毅夫便誓言要對其他開發中國家遭遇的問題有所貢獻；世界銀行是全球最大的發展機構，擁有一百八十四個成員國和近萬名從事發展工作專業人員。

作為首席經濟學家，林毅夫管理世界銀行龐大研究部門，制定發展戰略；身兼高級副行長，他還要參與國際經濟關係的協調工作。他上任後，世界銀行對中國經濟研究增加許多分量。

林毅夫很關切開發中國家的經濟發展，也推進相關的經濟模式研究。他在多次演講中指出，已開發國家金融體系並不適用於開發中國家現況，尤其是大陸仍有不少中小企業，需要建立地區性中小企業銀行，才能因應未來經濟巨輪的轉動，現有大陸金融體系都由國有大型銀行主導，已不符實際需求，需要大幅改革才行。

林毅夫在世銀工作期間，曾多次返回大陸與北京大學，他創辦的北大中國經濟研究中心現已改組為國家發展研究院，林毅夫也獲聘國家發展研究院名譽院長，更因此當選為英國科學院外籍院士。

林毅夫曾在台灣政治大學獲得企業管理碩士學位，一九七九年到大陸並進入北京大學就讀；他於一九八〇年代到美國深造，一九八六年獲得芝加哥大學經濟學博士，成為大陸開始進行經濟改革初期少數在國外獲得博士學位的留學生。

【記者王燕華／宜蘭縣報導】林毅夫吐露鄉愁想回台，故鄉的宜蘭地方人士站在鄉情及人道立場，都表達歡迎，綠營立委陳歐珀建議可循釋憲途徑解套，藍營縣議員陳金麟則認為可由總統給予特赦。

⬆從金門馬山觀測所望去，大陸角嶼就近在咫尺，相隔僅兩千多公尺，林毅夫當年就是從馬山游向角嶼。

記者林錫銘／攝影

連累同袍

⬅當年台大畢業投筆從戎的陸軍前上校陳憲良，受林毅夫叛逃波及，軍旅並不順遂。他曾在一場演講中批評林毅夫，「是在台灣這個母親的身上捅了很多刀」。

本報資料照片

總統府：不考慮特赦扁 軍法處理林毅夫

【本報台北訊】南華大學創辦人星雲法師昨天發表公開信，籲請馬總統慎重考量「寬待陳水扁、赦免林毅夫」。總統府發言人范姜泰基表示，府方已多次說明「目前沒有考慮特赦陳水扁」；林毅夫目前仍被軍檢通緝，若返台到案，將由軍法機關依法辦理。

范姜泰基表示，馬總統前天參加佛光山與國際佛光會舉辦的佛誕節與母親節大會，對於星雲法師慈悲為懷、致力社會安定和諧的人道精神，深感肯定與敬佩。

范姜泰基指出，陳水扁依法接受公平審判，目前還有多起司法案件仍在審理，府方已多次說明目前沒有考慮特赦陳水扁。法務部已同意讓陳水扁戒護就醫，近日會讓將其送往具醫學中心地位、與署立桃園醫院有合作關係的林口長庚醫院進行詳細檢查治療。

至於林毅夫的個案，范姜泰基強調，林毅夫目前仍由國防部高等軍事法院檢察署通緝中；中華民國是法治國家，林毅夫若返台到案，將由軍法機關依法辦理。

比照張學良 星雲大師籲寬待扁

在慈悲沒有敵人的前提下 用寬容心對待阿扁和林毅夫 營造社會仁道、祥和風氣

【本報綜合報導】緣於今年國定佛誕節在總統府前凱達格蘭大道舉辦慶祝大會，從總統至各界貴賓均蒞臨盛會，並同聲提到佛陀的慈悲與母親的仁愛，佛光山開山星雲大師有感於喧騰多時有關「特赦陳水扁事件」的議題，社會上正反兩面討論的沸沸揚揚之際，特別以「慈悲與仁愛的啓示─請寬待陳水扁、赦免林毅夫」為題，五月十四日晚間七時在佛光山傳燈樓一樓召開記者會，向社會大眾說明對此事件的看法，期望在五二〇總統就職前，以一份對國家、社會安定和諧的期許，表達深切的關懷與呼籲。

星雲大師提到不論陳水扁過去如何，在仁慈的前提下應該得到一些諒解，可以比照過去老蔣總統對待張學良的模式，以寬容的政策，給予陳前總統一間房子，但限制其從事政治活動，讓他可以與家人團聚。對另外一位本籍宜蘭、當年從金門叛逃到大陸，目前已是世界銀行經濟學者的林毅夫先生，星雲大師也同樣基於人道、仁慈與寬容的原則，希望他能獲得社會的原諒，讓其回歸家庭。畢竟台灣現在已是進步民主社會，和早期大環境的條件不可同日而語，人民應該以更寬大的胸襟來對待此事。

星雲大師自比是公民的一分子，在台灣生活弘法六十多年，對台灣有著深厚感情與期許，身為一位宗教人士，本不參與政治，但是在適當的時候，也必須鼓起勇氣為台灣、為公眾、為佛教徒、為國家，為有志一同之士「來表達我們想要說話」，尤其這是善事，有助台灣未來道德的提升，人心的善良、善美、淨化，對現在社會對立，會有所改善。

大師表示，對立只會讓國家發展與社會安定造成莫大的損傷，如果大家能往好處想，給人一點空間，原諒不能容忍的仇恨，便是最好的道德觀。

星雲大師有感於台灣雖小，仁義寬容的精神卻可以成世界表率，感於佛陀的慈悲與母親的仁愛而提出此一呼籲，在慈悲沒有敵人的前提下，以寬容之心待人，不僅對國家不會造成損失，但對社會仁道、祥和風氣，卻有至大影響，在馬總統即將就職之際，誠懇提出對國家社會的關心，期許大家一起來做功德。

第十六章　林同學你確實走在歷史前端

多年來我始終關心社會上各種議題的報導，畢竟這些報導（不論何事、不論真假是非），對長年居住在這南蠻小島的我，是「身邊」的事，而作家通常也只寫身邊的事。所以，身邊的事是重要的事，女人也只「愛她身邊的男人」！

多年來我注意到台灣所有媒體，每回林同學丟出一顆炸彈，政府部門吵翻天，媒體更是熱鬧，但多數在爭議（政客鬥爭的機會），更多是「負面報導」。從未有針對當前兩岸局勢，謀求進一步的認同和互信大格局看待，更沒有廿一世紀的視野，更別說「人權立國」這些大話，有的只是一些「屁話」！

很意外的，我看到多年來對林同學最正面的報導，是二〇一二年十月七日的「人間福報」，以大標題、全版大版面（杜晴惠編輯），斗大的主標題「林毅夫：走在歷史前端的經濟學家」，標題下三行簡述引介，在中國大陸，林毅夫是「高級智囊」、具有影響力的經濟學家之一。在台灣，因爲三十三年前的離開，被貼上「叛徒」、「逃兵」標記，隨著兩岸互動頻繁，如今有人稱他爲「台灣之光」。（均詳見報紙附印）

怪怪，這是對林同學很大的肯定，對台灣社會有「撥亂反正」的效用，是對林同學極高的尊重。試問，歷史上有幾人能「走在歷史前端」？

對林同學的「接納」並高度肯定，在台灣社會所有媒體中，有那家（誰）敢做、願意做？確實沒有（台灣人活在謊言中），只有一家例外，是「人間福報」，是我師父星雲大師辦的報紙，只有我師父敢說出真相，他確實了不起，一把年紀了，爲兩岸炎黃子民和平統一大業，他走遍神州大地千山萬水，說「破」了嘴，相信他老人家定能扭轉乾坤。

相信很多陸官四十四期同學和我一樣，心中始終有一個疑問「他爲甚麼去？」這是一個「動機」，一個「走在歷史前端的動機」。在「人間福報」報導的圖文，文章中有一段話，那是一九八〇年林同學寫給在日本東京的表哥李建興的家信，可以探知若干動機：

長城的雄壯，故宮的華麗，並沒有在我心裡留下多少深刻的印象。最令我感到震撼的是，戰國時代，秦李冰父子在成都所築的都江堰。由於都江堰，使四川成為天府之國，而始建迄今已近三千年，但是它還在惠及眾生。當我站在江邊，聽那滔滔的水聲，真讓我有大丈夫若不像李冰父子為後世子孫千萬年之幸福，貢獻一己之力量，實有愧此生之嘆！

林同學寫這封信是一九八〇年，到大陸的第二年，年紀才二十八歲（他一九五二年生，見報紙附印），與我同年。當時的我尚在「醉生夢死」，每日沉淪於無邊之苦海，只算計一些「利己、自利」的事，林同學卻已想到要爲全中國子民做一番大事業，且勇於力行實踐，說幹就幹。如今我年過六十幾，回頭思索這些事，林同學真是「走在歷史前端」。此事亦看出一點，他很早就能「明心見性」，二十七、八歲的人，絕大多數對人生路要如何走，尚有「摸索」階段，林同學卻已清楚明白自己要往那裡？要做甚麼？給他表哥的信又說：

台灣的未來，現在正處於十字路口，長期維持那種妾身未明的身分，對台灣一千七百萬同胞來說，並非終久之計。因此何去何從，我輩應當發揮應盡的影響力。「做為一個台灣人，我深愛這塊生我、養我的地方，我願為它的繁榮、幸福奉獻一生的精力；但是做為一個中國人，我覺得台灣除了是台灣人的台灣之外，台灣還應該能對中國的歷史發揮更大的貢獻。」

「台灣……妾身未明的身分」，這句話說得很「厚道」，因爲實際上是「中華民國」妾身未明。（註：在民國六十九年，乃至再往後十年，中華民國除了不是聯合國會員國，至少兩蔣仍高舉『中國』大旗，此時妾身未明情況不明顯，到李登輝這個日本警察與台灣下女不倫姦情的孽種，大搞『去中國化』，中華民國才變得妾身未明，遲早會成爲被征討的地方割據政權。）

但林同學不說「中華民國」妾身未明，而說台灣妾身未明，因爲他不想傷害中華民國。「台灣」、「福建」……「中國」，這些概念，具有恆久性、永恆性，百年前台灣是台灣、福建是福建，千年前也是，跑不掉，不會消失，如何「中國」，黃帝以來就存在，何時「死」過？但「中華民國」或「中華人民共和國」不是恆久的，他只是一個「朝代」，就像秦漢三國兩晉……唐五代宋元明清，每個朝代「存活」最多數百年，少則數年的「短命政權」。

是故，兩岸應放棄現有國名，改用「中國」爲國名，可一勞永逸解決兩岸許多問題；而在聯合國也不須用「中國代表權」稱謂，中國便是中國，何須「代表」？林同學在三十多年前，心中所思是一些「永恆性的概念」，如「中國」、「中國人」、「台灣人」，而不是那些「暫時性」的稱謂，林同學在那封信最後說：

> 長期的分裂，對大陸不利，對台灣不利，對整個中國歷史更不利。因此，如何在不損害台灣人民利益的前提下，促使中國早日再度統一，是我輩有志青年無以旁貸的責任。

對這樣一個有大歷史眼光、胸懷的人，我只能說他走在歷史的前端，他的遠見是我所不及，他的層次是我難攀，他的智慧、格局都在我之上。

「林正義事件」不僅社會上有兩極看法，在黃埔同學中也有很負面（見第十五章剪報）的看法，例如對國軍部隊，尤其我們這些沒有落跑的人如何交待？此種「情緒傷害」是事實的存在，我不能睜眼瞎話說沒有，套句林同學自己說的「是遺憾但不後悔」。確實遺憾，就中華民國法律也是違法，只有「大屋頂中國」可以解套。

爲兩岸可以有更多認同、互信機制，應利用這個良機，從「大屋頂中國」使林案解套，若不解套，中華民國或台灣就快成爲被征討的「地方割據政權」。

林毅夫　走在歷史前端的經濟學家

在中國大陸，林毅夫是「高級智囊」、具影響力的經濟學家之一。
在台灣，因為33年前的離開，被貼上「叛徒」、「逃兵」標記，
隨著兩岸互動頻繁，如今有人稱他為「台灣之光」。

2012年10月7日 星期日　人間福報 Merit Times　newsmaster@merit-times.com.tw　兩岸 A6

由右至左圖：1972年2月29日歡送台大學生林正義（林毅夫）投筆從戎。右二，媒體稱他為「投筆從戎」典範。右三，入伍後當選模範軍官。左二，陸軍官校第44期畢業通訊下方，被同學註明（失蹤叛逃）字樣。左一，離開台灣多年之後，終於在大陸與家人團聚。

整理報導／編輯杜晴惠　圖／本報資料照片

1998年3月，擔任北大中國經濟研究中心主任林毅夫，在北大接受媒體記者專訪。

二〇一〇年時任世界銀行首席經濟學家與高級副行長林毅夫偕其夫人重返母校芝加哥大學，就「中國和世界經濟的未來」發表演說。

小檔案

林毅夫，1952年10月15日生，台灣省宜蘭人，原名林正義，後改林正誼，到中國大陸後再改名為林毅夫。宜蘭中學（今國立宜蘭高級中學）畢業後，考上台灣大學農業工程系，上成功嶺受訓後「投筆從戎」，轉念陸軍軍官學校，傳為佳話。1978年林毅夫以軍職身分自政治大學企業管理研究所畢業，1979年2月擔任金門防衛司令部284師馬山連連長，軍階上尉，他卻於同年5月游泳至金廈之間的角嶼投共。

至大陸後，他繼續求學，於1982年取得北京大學政治經濟學碩士，1986年獲芝加哥大學經濟學博士。1993年擔任北京大學教授，隔年北京大學中國經濟研究中心成立，由林毅夫擔任主任一職，之後擔任北京大學國家發展研究院名譽院長。2008年林毅夫被任命為世界銀行首席經濟學家兼負責發展經濟學的高級副行長，成為擔此要職的發展中國家第一人。

2012年世界銀行任期屆滿，繼續教學研究，現任北京大學教授、全國政協經濟委員會副主任、中華全國工商業聯合會副主席。

1975年林毅夫自陸軍官校畢業後與陳雲英結婚，離開台灣五年，陳雲英於1983年赴美攻讀學位，並與當時人在芝加哥大學攻讀經濟學博士學位的林毅夫團聚。1987年，陳雲英帶著兩名子女跟隨林毅夫定居北京。目前為止，總統府與國防部等仍認定他是通緝中的叛逃軍官，刑事責任並不因取得大陸地區人民身分而得免除。

隨著歷史的流轉，他有極端的兩面評價。

在中國大陸，林毅夫是「高級智囊」、具影響力的經濟學家之一。談到大陸未來經濟發展，大陸媒體一定要請教曾任世界銀行高級副行長的林毅夫的看法。日前他受邀出席紫金山峰會，預估「大陸經濟至少還能維持二十年百分之八以上的經濟增長」，在大陸今年將經濟增長率定爲百分之七點五，八年來首度不「保八」，今年第二季經濟增長更直接跌破百分之八到百分之七點六，樂觀的預測爲籠罩陰影的大陸經濟，增添信心。

林毅夫看好大陸經濟的理由在於，大陸還有很多有利因素，只是中等發展經濟體，產業升級的空間非常大，大城市的基礎設施有待改善，例如城市化、環境、社會保障功能，這些項目是投資回報非常高的項目，「大陸政府財政狀況從全世界來看是非常好的，宏觀調控政策提供了有利投資環境。」他說。

經濟專業受人景仰

關於大陸經濟發展的論點，他全寫進了《新結構經濟學》一書，書尚未出版，剛剛從世界銀行卸任的林毅夫就以一場「新結構經濟學」學術研討會回國公開亮相。從二〇〇八年被任命爲世界銀行首席經濟學家兼負責發展經濟學的高級副行長，到二〇一二年任期屆滿，四年期間恰逢國際金融危機爆發。林毅夫說，這場全球經濟危機提供了反思現有發展經濟學理論，開闢新研究領域的絕佳機會，這種努力有助於幫助開發中國家和已開發國家共同應付當前危機。

而根據開發中國家的現實和經驗，林毅夫在世行任職期間提出「新結構經濟學」的理論框架，爲發展經濟學的研究以及發展中國家和國際發展機構的政策制定指出一個新的領域和方向。

九月底，他將研究成果出版，二〇〇一年諾貝爾經濟學獎獲得者邁克爾・斯賓塞（Andrew Michael Spence）盛讚《新結構經濟學》是一部眞正重要且富有雄心的作品，「書中針對經濟增長、產業多元化和發展，成功地描述其複雜的微觀動態結構。」

兩岸分合改變評價

一位受大陸景仰的成功經濟學家，在台灣，卻因爲三十三年前的離開，被貼上「叛徒」、「逃兵」標記，隨著兩岸互動頻繁，如今有人因他在大陸的傑出表現，稱他爲「台灣之光」。

不僅如此，兩岸局勢從敵對到合作，許多當年視爲祕辛的資料也一一公開，許多人好奇一個出生宜蘭，長在宜蘭，個性質樸單純，師長眼中的熱血激昂青年，軍隊中的明星連長，爲何投共。事實上，從一九八〇年林毅夫寫給在日本東京的表哥李建興的家信，就能了解他心情的轉折，或許並不如外界想像複雜。

他在信中提到對大陸的初次印象，「在大陸這段時間，經組織的安排，我參觀了許多地方，雖然總的來說，大陸在經濟建設方面還相當落後，人民的生活水準也還很低，但基本上每個人是可以吃得飽、穿得暖的，這在中國五千年的歷史上，不能不說是一項突出的成就。在社會主義建設上，中國應該有更高的成就，但是十年『文化大革命』的混亂，使整個中國的經濟瀕臨崩潰的邊緣。現在中國從上到下正在實事求是地檢討建國三十年來的經驗，從中吸取教訓，以便爲現代化的中國之建設而努力。」喜歡歷史的他，特地參觀許多名勝古蹟，「但是長城的雄壯，故宮的華麗，並沒有在我心裡留下多少深刻的印象。最令我感到震撼的是，戰國時代，秦李冰父子在成都所築的都江堰。由於都江堰，使四川成爲天府之國，而始建迄今已近三千年，但是它還在惠及衆生。當我站在江邊，聽那滔滔的水聲，眞讓我有大丈夫若不像李冰父子爲後世子孫千萬年之幸福，貢獻一己之力量，實有愧此生之嘆！」

從書信中的文字可以清楚感受，他仍是懷抱救國救民熱情青年，只是每個人對國家的定義與表達愛國的方式互有差異。

他說，台灣的未來，現在正處於十字路口，長期維持那種妾身未明的身分，對台灣一千七百萬同胞來說，並非終久之計。因此何去何從，我輩應當發揮應盡的影響力。「做爲一個台灣人，我深愛這塊生我、養我的地方，我願爲它的繁榮、幸福奉獻一生的精力；但是做爲一個中國人，我覺得台灣除了是台灣人的台灣之外，台灣還應該能對中國的歷史發揮更大的貢獻。長期的分裂，對大陸不利，對台灣不利，對整個中國的歷史更不利。因此，如何在不損害台灣人民利益的前提下，促使中國早日再度統一，是我輩有志青年無以旁貸的責任。」

一九七九年 人生轉捩點

那時，林毅夫只帶著兩樣物品，從金門游到對岸，一樣是能證明他是中華民國軍官的證件，另外是水壺、救生衣等救生用品，並沒有傳聞中的「四顆籃球和機密文件渡海」。事隔多年，他說起往事還是有些激動，「有沒有帶機密文件，兩邊國防部都可以查。此外，他服役的連上沒有四顆籃球，而且游泳怎麼馱著四個籃球，重點是連上並沒有那些機密文件。」他說。

根據軍方調查，一九七九年五月十六日晚上，林毅夫穿著由連長保管的救生衣，趁著當年最大的一次退潮游泳到金廈之間的角嶼投敵。角嶼距離馬山連僅僅二千一百三十公尺，那天兩端的海底幾近浮現，可以踩著海底走上一段，真正需要游泳的距離並不長，不到二小時就能到角嶼。

真實的狀況等到二〇一〇年他接受《紐約客》雜誌採訪時，才真相大白。原來他是用自由式游了近三個小時，上了岸，因認為海灘必埋有地雷，不敢擅自走動，便用手電筒打信號，解放軍駐防部隊派出一名士兵逮捕他。林毅夫說，到金門當兵，讓他經歷一場劇變，只想著：我想讓中國富強，但是絕大部分中國人都住在中國大陸；所以，如果我到大陸，可以有更大的貢獻。

明星連長成叛將

以台灣的角度，「叛逃」是事實，他也心知肚明，心裡在意的除了家人，就是部隊裡究竟有沒有人因為他的離開而受到牽連？

原先外傳他的營長侯金生因受到責難而自殺。二〇〇二年林毅夫想回台奔喪，新聞沸沸揚揚，侯金生本人出面澄清說自己還活著，並沒有自殺。會有這樣的傳聞，是因為年僅三十四歲就擔任營長的侯金生，在林毅夫叛逃三個月後退役，讓大家以為是受林毅夫拖累。侯金生對外澄清，當年是自己申請退休，和林毅夫的案件沒有關連。林毅夫「失蹤」後，不但他本人沒有遭到責備，相關的軍士官也無人受罰，甚至連申誡都沒有，侯金生說，可以調閱當年的考勤資料就可證實。

受訪當時擔任中山高速公路岡山收費站長的侯金生說，他最想知道的是他叛逃的理由。從投筆從戎的優秀典範，到被派擔任金門馬山連長，外語能力強的林毅夫，經常被指派接待參訪外賓，林毅夫幾乎可說是無人不知的「明星連長」。

他說，林毅夫失蹤當晚，戰勤室曾經回報林毅夫在海邊「消失」，隨後即傳言叛逃，而依照當年兩岸情況，如有軍職人員叛逃到大陸，大陸就會發射宣傳彈大肆吹捧一番，但自林毅夫「消失」後，直到他八月三十一日獲准退役，都未見大陸發布訊息，他是在日後從新聞報導中才得知林毅夫叛逃。

「選擇一九七九年五月十六日離開，是很困難的選擇，因為女兒尚未出世。」林毅夫說，「我在二月十六日離開高營長（高華柱，現任國防部長），因為當時規定一個人離開三個月，過去的長官不負政治責任，到任不到三個月，當時的長官也不用負責；選擇當天離開，兩位長官因此沒事。」

第十七章 台大周邊地區陸官 44 期微型同學會

首先我先針對這個標題做概念界定，以免有掠台大之美嫌疑。「台大周邊地區陸官 44 期微型同學會」，我期同學部分住在台灣大學周邊地區，以公館捷運站為中心，乘捷運來聚會者，行車時間（單程）約二十分鐘左右，是謂台大周邊地區；其次以我在台大服務退休的地利之便，這十多年來，每年三次（最近是第三十二次，民國一〇一年十月二十二日），我們均在台大校內餐館（鹿鳴堂和水源會館）。第三「微型同學會」，本校同學六百多人，我們這個聚會始終十人上下（約加減三），近幾年又多幾位「新同學」，我們仍是「微型」的。

本會緣起

我從預備班開始，大約就屬「沈默、木訥」的人，我的社交圈不廣，只是幾個死黨形成的小圈圈。這和本期人面最廣、最有社交天份的人，如朱湯榮相較，落差如天地，朱同學隨便登高一呼，本期至少有二百五十人以上應他的約會，我打兩百通電話，大約可以找到三十人來吃飯，這當然每人各有才華、各有所愛使然。

預備班和我同班、同排同連的同學中，有不少住在台大周邊地區，都是幾十年的老同學，但似乎「老死不相往來」，此種情形，尚未退伍時身在部隊，大家碰面很困難，情有可原。但大家都退伍了，了無牽掛，好同學應多出來走走，聚會聊天，延續黃埔情誼。這是我在民國八十八年從台大退休時，心中想到的，高立興、陳境培、解定國、林鐵基、童榮南……這些人退伍了都在家幹啥？是不是每天坐在沙發上給電視機看？打呼聲還比電視聲音大……我想著，但沒有行動，因幾本著作要同時完成。

大概民國九十年下半年，我在兩個月間獲知有三位同學走了，去陪上帝喝茶了。我心中隱約有一個震撼，那時我期同學平均年齡約是五十歲，這個年齡就走也太早了，只是人生無常，誰也不知道明天自己能否看到太陽升起。

閃出這樣的念頭，我想到本期同學住在台大附近頗多，至少有幾十位都很熟、很要好，應該有一個定期聚會，同學們若再不聚聚，每回收到新編同學錄上，備考欄註「歿」的總會增加幾位，七年（或四年）同學很不捨。機會就快沒了！

民國九十一年二月，我終於拉到第一批「客戶」，含我在內有解定國、高立興、陳鏡培（陳家祥）、童榮南、袁國台、林鐵基，共七位同學，我們在台大校本部僑光堂（今改鹿鳴堂）聚餐，第一回我先說明用意即作東，未來每年三次，每次一人輪作東，眾皆歡喜。我們便如此這般定期聚會，至今十多年竟未曾中斷，神奇！連我自己都不太相信。

每次聚會我一定會周全通知、記錄時間、參加同學、時間、次數等。就這樣，一次一次聚會，一年又過一年，我們也從五十歲走到六十歲。

十年聚會情形記錄

這個本期的微型同學會，從民國九十一年二月上路，每年都是三次，只有九十四年是兩次（原因早已遺忘），中間有的只參加幾回，有二位（周禮鶴、鍾聖賜）已到西方極樂世界；周立勇是四十二期學長，有緣來相聚；金克強是四十六期老弟，我們

童榮南吃得痛快、舒服，發表高論。

同在小金門幹營長，算是「戰略夥伴」。

每年參加同學有多有少，但變動不大，我把這十年聚會記錄製成表（一）（二）（三）（四），可以清楚明白我們走過的足跡，凡走過必留下痕跡。表（五）是總統計表，到民國一〇一年十月二十二日是第三十二次聚會。我不算以外，參加次數最高依序是：

第一名，解定國：三十一次。
第二名，林鐵基：三十次。
第三名，高立興：二十五次。
第四名，盧志德：二十四次。
第五名，童榮南：二十一次。
第六名，袁國台：十七次。
第七名，周小強：十六次。
第八名，金克強：十五次。

前排左起：盧志德、陳福成、陳家祥、童榮南；
後排左起：袁國台、解定國、黃富陽、林鐵基、周小強。

（表一）

台大周边地区陸官44期微型同学会（民91~93）聚会統計

年	次	時間	陳福成	解定國	高立興	陳家祥	童榮南	袁國台	林鐵基	周念台	周禮鶴	周立勇	盧志德	劉昌明	鍾聖賜	周小強
民91年	1	2月	⊕	○	○	○	○	○	○							
	2	4.30	○	⊕	○		○	○	○	○						
	3	9.24	○	○	⊕		○		○	○	○	○				
民92年	4	元.8	○	○	○			○	○		⊕	○				
	5	4.21	○	○				⊕	○			○				
	6	12.1	○	○	○		○		⊕	○			○	○		
民93年	7	2.25	○	○	○		○		○	○		⊕	○	○	○	
	8	6月	⊕	○	○		○	○	○			○			○	
	9	10.19	○	○	○		⊕		○			○	○		○	○
總次數			9	9	8	1	7	5	9	4	2	6	3	2	3	1

⊕：莊主
○：參加
周立勇为四十三期學長。

（表二）

台大周边地区陸官44期微型同学会（民94~96）聚会統計

年	次	出席（時間）	陳福成	解定國	高立興	陳家祥	童榮南	袁國台	林鐵基	周念台	盧志德	劉昌明	鍾聖賜	金克强	周小强	周立勇
民94年	10	2、17	○	○	○	⊕		○	○	○	○	○	○	○	○	○
	11	6、16	○	○		○	○	○	○		⊕	○	○	○		
民95年	12	2、17	○		○	○			○		○	⊕		○		
	13	6月	○	○	○			○	○		○	○			⊕	
	14	10、26	○	○	○			○	○					⊕		○
民96年	15	元、31	⊕	○	○				○		○	○		○	○	
	16	6、6	○	⊕	○				○		○			○	○	
	17	10、16	○	○					○	○						⊕
總次數			8	7	6	3	1	4	8	2	6	5	2	6	4	3

△金克强，46期賀帶。

△12次：王次雄未作客。

△17次：張安麟未作客。

（表 三）

台大周边地区陸官44期微型同学会（民97～99）聚会統計

年	次	時間	陳福成	解定國	高立興	童榮南	袁國台	林鐵基	盧志德	周小強	金克強	張安麒	陳家祥	黃富陽	曹茂林	郭龍春
民97年	18	2.19	○	○	⊕			○	○	○	○	○				
	19	6.10	○	○	○	⊕	○		○		○	○				
	20	10.15	○	○		○	○	○	○	○			⊕	○		
民98年	21	2.10	○	○	○	○	⊕		○					○		
	22	6月	○	○	○	○	○	⊕	○		○					
	23	10.6	○	○				○	⊕	○	○					
民99年	24	3.1	○	○		○	○	○	○	⊕	○			○	○	
	25	6.8	○	○	○	○	○	○	○	○	⊕				○	○
	26	10.5	○	○		○		○	○	○					⊕	
總次數			9	9	5	7	6	7	9	6	6	2	1	3	3	1

（表四）

台大周边地区陸官44期微型同学会（民100～102）聚会統計

年	次	出席時間	陳福成	解定國	高立興	童榮南	袁國台	林鐵基	盧志德	周小強	金克強	黃富陽	曹茂林	郭龍春	桑鴻文	黃國彥	陳方烈	李台新	倪麟生	余嘉生
民一〇〇年	27	元、10	○	○	○	○		○	○	○		⊕	○	○						
	28	6、3	○	○	○	○		○	○	○		○	○	⊕	○					
	29	10、12	○	○	○	○	○	○	○	○	○	○	○	○	○	⊕				
民一〇一年	30	元、4	○	○	○	○	○	○	○		○		○	○	⊕		○			
	31	5、5	○	●	○	○		○	○	○	○		○		○		⊕	○	○	
	32	10、22	⊕	○	○	○		○	○	○			○	○	○			○	○	
民一〇二年																				
總次數			6	6	6	6	2	6	6	5	3	3	6	5	5	1	2	2	2	

另記：101年3月22日，倪麟生同學事業有成，宴請本會，到有筆者、解定國、高立興、盧志德、曹茂林、郭龍春、童榮南、桑鴻文、李台新，共10位同學。

△本表統計到101年止。

（表五）

近十年來（表一～四）同學聚會總統計表

結算到民國101年止

姓名	表一	表二	表三	表四	總次數	莊主記錄（年月）
陳福成	9	8	9	6	32	91.2 93.6 96.1 101.10
解定國	9	7	9	6	31	91.4 96.6
高立興	8	6	5	6	25	91.9 97.2
陳家祥	1	3	1		5	94.2 97.10
董榮南	7	1	7	6	21	93.10 97.6
袁國台	5	4	6	2	17	92.4 98.2.
林鉄基	9	8	7	6	30	92.12 98.6
周念台	4	2			6	
周禮鶴	2				2	92.1
周立勇	6	3			9	93.2 96.10
盧志德	3	6	9	6	24	94.6 98.10
刘昌明	2	5			7	95.2
鍾聖賜	3	2			5	
周小強	1	4	6	5	16	95.6 99.3
金克強		6	6	3	15	95.10 99.6
張安麒			2		2	
黃富陽			3	3	6	100.1
曹茂林			3	6	9	99.10
郭龍春			1	5	6	100.6
桑鴻文				5	5	101.1
黃國彥				1	1	100.10
陳方烈				2	2	101.5
李台新				2	2	
阮麟生				2	2	

同學們聚會的樂趣

這個台大周邊地區的微型同學會，我們竟也玩了超過十年，每次聚會都有話不完的當年，真是樂趣無窮，我辦起來也很有勁，因爲每次看到這些老同學，我們年青時代曾共同生活。人到一個年紀，最美麗的風景，並不在未來，而是過去的一些回憶。有些時候，回憶的某種經歷還有點「酸味」，鮮活如在眼前，例如：

△剛進預備班不久，某同學被某排長用蚊帳竿打屁股，紅一塊、青一塊，晚上躲在棉被裡哭叫媽媽……

△真他媽的X，一年級時某排長叫某跪下，才慢了一秒，沒馬上跪下，就被重重甩了一耳光，真他媽的，甚麼年代……

△某排長分配某等五位同學打掃，其中二位先打掃完在一旁休息。排長來了看見，問：「你們掃完沒？」

二位同學齊聲答：「報告排長，掃完了。」

排長說：「好，你們二個跪在這裡，等他們三個掃完一起帶隊回去。」

真是什麼跟什麼嘛！幹他媽的……

△最討厭林光頭，每次休假都被他搞掉半天……

△某同學在馬祖幹砲連長，裝備保養不小心把炮打出去了，差一點引起戰火……

△五連三排的李某對張某說：「我一次尿尿可以尿滿一大茶杯。」張某不信，因預備班發的茶缸很大。李某說：「我尿滿你喝下去。」張同意。李同學拼命忍半天不尿，最後再喝一大杯水，當眾尿滿一杯。張某礙於面子，竟當眾咕嚕咕嚕喝了……

△在預備師時，頭都睡扁了……每天不知道幹甚麼好……有時連長、副連長還要站衛兵……

△某同學打牌，一個晚上輸掉十萬元，手拿牌發抖，打完兩腿發軟，走不出門。

△林正義當年和我們一樣在部隊幹，沒過去，會怎麼樣？他有今天的成就嗎？

又或聊著同學在部隊當了多大的官，官愈大愈吸引話題。民國九十九年六月八日，是第二十五次聚會（在台大水源會館），有人問起本期同學有幾個中將，大家你一言我一言道來，郭龍春同學最清楚，都安靜聽他一一點名：空特部（改航特部）司令張怒潮、金防部司令張慶翔、已退的趙希平（欣欣瓦斯董事長）、八軍團司令嚴德發、國安局的雷光陸、何澎生和許立孟已退了。

金門萬聖祠 祭拜軍人亡靈

2010.7.16. 人間福報

【本報金門訊】金門古寧頭「萬聖祠」昨日落成，安奉了古寧村先民及在古寧頭戰役犧牲的軍人遺骸，祈祝亡魂安息，及庇佑地方與兩岸和平。

「萬聖祠」落成儀式於昨日上午六時多舉行，金門縣長李沃士、金防部指揮官張慶翔率軍民代表四十多人參加，依古禮為供奉的地藏王菩薩開光，並奉祀亡靈。

李沃士表示，「萬聖祠」的落成，不但讓古寧村先民獲得安息場所，更具意義的是，讓六十一年前古寧頭戰役時，國共兩軍的遺骸終於有了歸宿，也讓後代了解戰爭歷史，記取教訓，進而追求兩岸和平。

「萬聖祠」興建，緣起於二○○八年年底，金防部排雷大隊執行古寧頭至沙崗排雷，排出逾千座明、清兩代以來古寧村民祖墳，以及一九四九年古寧頭戰役陣亡的國共兩軍遺骸，引發地方民眾關切。

金門縣政府經會同金防部、金門國家公園管理處研商，並與古寧頭村民協調，於去年十月斥資約八百萬元，在古寧頭戰史館前步道左側，興建兩落一拜庭規模的「萬聖祠」，安置奉祀軍民亡靈。

金門古寧頭「萬聖祠」昨日落成，祈祝於古寧頭戰役戰亡的亡魂得以安息。 圖／中央社

本期同學張慶翔，任金防部指揮官时，率軍民依古禮舉行「萬聖祠」落成儀式，為地藏王菩薩開光，祈祝亡靈安息，兩岸和平統一。

人間福報 2010.7.16.

就是這樣，漫無邊際的聊著，不論被修理、被整得多慘，畢竟我們都走了過來，如今才成爲聊八卦的材料，也是一種「熱鬧」的回憶。若當年沒那麼慘！若當年我們像一般高中、大學生，舒舒服服度過了，今天或許就沒八卦可聊，也許也沒這個聚會。

前面提到「林光頭」是同學給當時校長林初耀取的外號，說真的，我也超討厭他，好好一個星期天，他要來檢查環境、內務、廁所，一個中將校長要一間間廁所看，一雙雙皮鞋看，星期天上午至少要雞飛狗跳五個小時，放假時都要中午了。另一個張立夫校長也是，光會看廁所。

說到軍人整人的辦法無奇不有，有個値星班長（只是個班長而已），發現有人上廁所沒沖，找不到「嫌疑犯」，他集合全連，所有人一一進廁所，用手指把大便清掉。

說到挨打、罰跪、在含羞草皮上爬……根本家常便飯，有一種不叫打的「打」也很受不了。有一回基本教練，那個人高馬大柔道兩段的排長走到我面前，「挺胸、收小腹、收……挺胸」他大聲喊，我已挺得不能再挺，只差沒比瑪麗蓮夢露挺的高，他就一拳重重捶在我胸上，我兩眼已冒金星，後退半步，他更火了大叫「陳福成你沒吃飯是不是？」話沒說完，一拳又下來……

或許我們那時代的人經得起折磨，但我後來成長，慢慢思考這些經驗，我以爲我們誤解了美國西點軍校所謂「野獸營教育」的內涵或精神。我們把人家的東西扭曲了，誤用了，只能教出一批批心理變態的軍官，如何指望部隊的領導幹部有正常的心態？啊！這些都是回憶了！只是說說八卦吧！談談黃埔的「閒話」！

這個微型同學會的未來

有同學碰面問：「你這個聚會搞這麼久了！真了不起！還持續嗎？」我總答：「好玩嘛！只要大家喜歡、快樂，就持續下去。」

除了少數尚在就業，大多已退休了，遲早所有同學會全部退休。目前我們平均年齡大約是六十一歲左右，現代人「黃昏時光」會很長，所以我們持續本會，使我們的黃昏歲月不會太寂寞，還有幾個老友可以「取暖」，我當然要持續辦下去，附近還有老同學（如張國英、就業中），也該拉進來。何況網路流傳「老來有三寶」要守住，即「老伴、老友、老本」，更要持續辦下去！

但人生無常，誰知道明天會發生甚麼事？一顆大隕石撞到地球、大地震來了、倭國（日本）又發動侵中之戰、陽明山的死火山又活了……這些還只是客觀世界的事，還有主觀世界的無常呢？無人能保證可以看見明天的太陽升起……也不能因此悲觀，活在當下是很重要的，因爲昨天過去了，明天不可知，只有今天最美好。

因此，每次通報同學會我都有一個想法，「辦了一次就賺到一次」，我又看到同學一次，大家又相見一次，又快樂了一次，這是一種「因緣」（我是佛教徒，我按因果律、緣起法解釋宇宙的萬事萬物）。

所以，這個陸官44期的微型同學會一定是持續辦下去，除非走不動路了，躺在醫院了，或有天大的事發生。

本會作東採「輪莊制」，長期經驗的累積，目前也已形成一些不成文的慣

我們照相不多，未來應改進，每次聚會留下一些記憶。這張是最近的（2014.1.4.台大水源會館）。前排左起：郭龍春、我（陳福成）、童榮南、桑鴻文、盧志德；後排左起：林鐵基、金克強（46 期）、高立興、解定國、陳方烈、曹茂林。

例，新加入同學在第一次參加聚會露個臉，便於下次（或再下次）優先任莊主，而後回到大輪值排序，現在確定參加是十八位同學（陳福成、解定國、高立興、童榮南、袁國台、林鐵基、盧志德、周小強、金克強、黃富陽、曹茂林、郭龍春、黃國彥、桑鴻文、陳方烈、倪麟生、李台新、余嘉生）。

十年來我們維持每年三聚，大約在春節前、六月、十月。平均六年會輪莊一次（除非人數變動）。

祝願！我們的聚會，直到海枯石爛、地老天荒，這輩子結好緣，下輩子關係會更密切。如鐘聖賜同學（他參加五次，見表一、二）臨終前，我和虞義輝、張哲豪去看他，他說：「我先到西方極樂世界，也去讀那邊的軍校，你們後到的當學弟，我不會亂整你們，會好好照顧你們！」

本文寫完後，同學們聚會時間也快到了，我當場問問，誰下輩子還去讀軍校，恐怕打死也不幹了！

第十八章 三軍大學那一票戰友們

想起三軍大學陸院這一票戰友們，就想起我半生迷航的愁（可再看迷航記（一））。因為國軍部隊的軍事幹部（陸軍尤其指出自陸官等軍事院校，不含政戰），都盡可能在適當時機讀完陸院，對升官才能切中最有利（太早太晚都不好），通常中校主官職歷練完進陸院為最佳時機。

這個道理每個職業軍人都懂，但我因出校門就始終帶著「不想幹」的心態，千方百計找退伍的門路，甚至不顧後果的搞出了「逃官事件」。再者，出校門的時候，三個死黨已有誓約，舉凡會造成延長役期的考試，我們一律不參加，陸院會延長兩年役期，自然是排除在外，果然到民國七十四年，六十四年班的44期已服役第十年，三個死黨完全不進三軍大學。

等到我們看見延長五年的人令，想要十年退伍已是「寡婦死了兒子」，三個死黨仍然不選擇陸院，顯然我們不想在部隊幹。選擇考研究所取得碩士學位，基本心態就是要遠離部隊，離得愈遠愈好！

人算不如天算，計畫趕不上變化。最後我還是考進了三軍大學陸軍學院，不得已且動機不很純正，但意外遇上這一票陸院戰友，退伍後還每年有聚會，閃耀著黃昏的美彩，每次聚會大家聊得口沫橫飛，不亦快哉！

爲甚麼說我進陸院動機不純正？六十四年班在服役十年後，國防部又延長五年，我讀研究所兩年要延役四年，總服役年資正好卡在第十九年，這是「危險的十九年」，任何長官可以叫你此時滾蛋，只拿幾百萬沒有終身俸，這輩子幹軍人等於「虧本」（有此前例）。我又有「不良記錄」，十九年走路可能性更大，所以下營長後我思索用三軍大學延兩年的規定，可以跨過二十年門檻，中校退伍拿到終身俸，這輩子軍人生涯至少「打平」，否則對自己不能交待，對妻兒不能交待（沒給她們保障），對列祖列宗更是如何交待？

我爲甚麼感慨特別多？同期同學同時走出黃埔校門，有的上校、少將、中將……

像乘電梯，我卻徘迴在一個接一個、又一個接一個……無數個十字路口，不知何從何去？當民國六十八年，林正義（林毅夫，看前三篇相關文章），以獨自一人進行「反攻大陸、解救同胞」之春秋大業時，他腦中思索著全中國的版圖，通達了五千年中國之歷史文化，設想為全體中國人貢獻一己智慧心力，同時間的我正在馬祖高登醉生夢死，這落差真是太大了！如參與商。當我不在迷航時，聽到一位佛教高僧講法，我聽出大重點：

△對於過去：不能執著不捨。

△對於現在：不能貪取留念。

△對於未來：不能心存幻想。

△對於人生：不能一事無成。

△對於國家民族：要有一點貢獻。

當我前半輩子一事無成，不再迷航時已然半百之齡，我找到目標，集中兵火力（把無謂的應酬加以「修枝剪葉」），以補前半生的荒廢，這本書的出版是我第七十幾本著作。這輩子有一百本著作放在各大圖書館典藏，也算「一事有成」，對中華民族有一點貢獻！

一個意外的緣分，有了三軍大學這票戰友，我們這班，我、紀進福、栗正傑、錢逸君、馬駿芳、歐萬強、田肇州、黃武皇、蕭天流、賴國柱、鍾湘台、杜建民、鞏奎力、王潤身、王道平、黃先勇、丁幀民、孫謹均、顧嘉裕、江聰明、方矩、趙文義、余水雄、陳建宏，外加一個韓國軍官金光鎮。

當我們畢業很久了，都退伍了！才想到老戰友們要碰碰面，二〇一〇年十二月十四日「挖」出幾個，我們在台大的餐廳聚會，首次商議每年兩次，建立簽到和輪值制度，軍人做事果然是「光屁股坐板凳」。最近已到第五次，二〇一二年十二月十二日也在台大水源會館，餐畢，下回主辦的余水雄說「要把那些鬼通通挖出來」！

三軍大學陸軍指揮參謀學院正八十二年班畢業留影
中華民國八十二年六月十九日於台北大直

這張照片因人太多不清楚，本班在後排右半部。

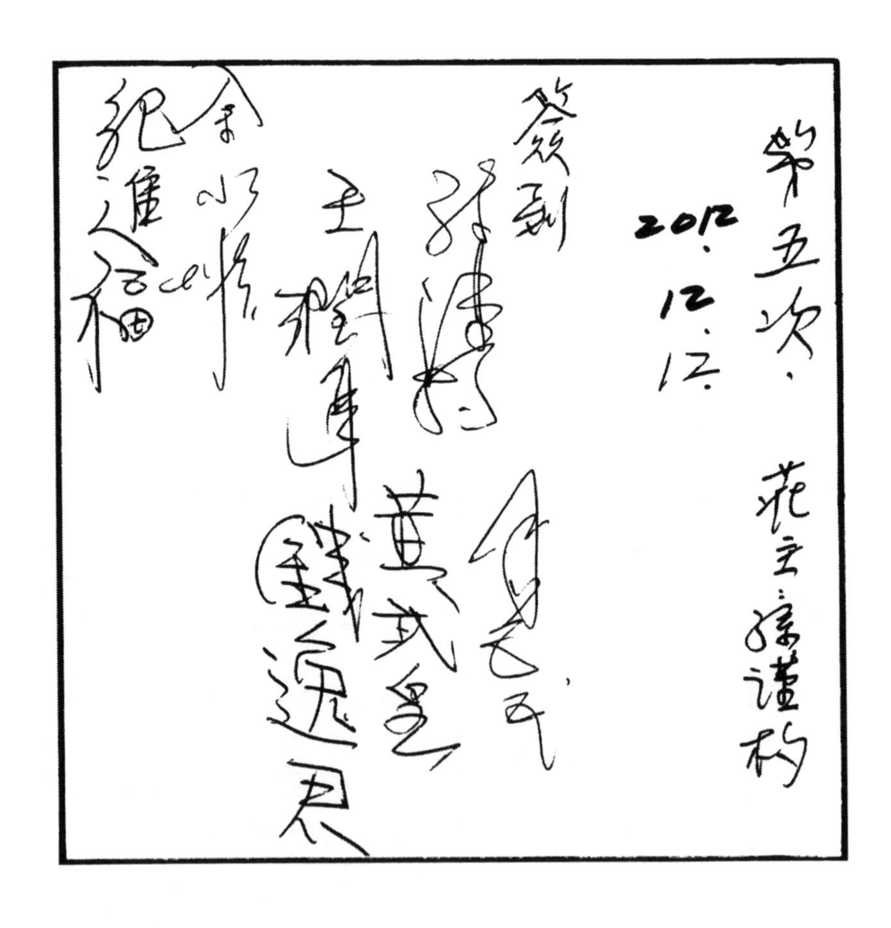
第五次、
2012.12.15
簽到
黃武皇

左起：田肇州、本書作者、孫謹杓、韓國同學金光鎮。 2008.7

前排左起：王潤身、本書作者、余水雄、方矩。
後排左起：紀進福、黃武皇、杜建民、王道平。

第十九章　懷念三位「先行者」及阿狗和阿貓

據非正式統計，職業軍人的「損耗率」（不論任何原因去陪上帝喝茶了），是百分之十，若是真實可靠的統計，還真是「嚇死人」。表示本期同學六百多人畢業至今，已走了五、六十人了。

由於我個人的不善社交，真正很熟的同學不多，而熟到能走出校門還能維持書信交流，數十年而未停，不過是兩個死黨。那是年少無知，就口出狂言要出去做大事業，否則也老早停擺了！

我的社交圈雖不廣，但本期三位「先行者」給我不少懷念，因爲他們的優秀和我的落泊，形成強烈反差，才使我更感慨。這三位是周禮鶴、翁思德和鍾聖賜。

周禮鶴在學生時代我並不熟，而是因緣際會我到台大服務（迷航記（一）），竟和他朝夕相處了五年，就算在預備班和正期班，也極少有機會一起相處五年。我在夜間部當教官，周禮鶴當夜間部教務組組長，辦公室就在隔壁，但因教務繁忙，我看他每天忙的氣都喘不過來，只偶爾偷個閒到我辦公室小坐飲茶，吐露一些心中的苦悶。

他有不少秘密（我從不過問別人私事，除非他主動說），他也不快樂，問題都出在「家家有本難念的經」，我知道他的感情生活陷入困境，我也和他研擬「脫困對策」，惟均未果。突然他走了，一位他的老部下懷念他：

一位叫堅哥的人在網路上懷念

堅哥

周連長——周禮鶴

人對事物的懷念，是為深刻的，往往是剛剛開始的印象了。

剛剛進入軍校，「連長」這個頭銜，就是我心目中的「天」了，至於營長以上的長官，就是「天外之天」了。軍校畢業後，分發到陸軍基層連隊，每天跟連長同桌吃飯，慢慢的才去除了這一份惴慄與不安，「連長」這個名詞，也變得比較親切。剛開始四個人都是中尉，還沾沾自喜了一陣子呢，沒多久連長升了上尉，尊卑感覺到又恢復了。

連長是個極優秀的年輕軍官，又充滿了幹勁兒，官校畢業，以優異的成績留校，一年後才分發部隊；雖然他很嚴肅，可是私底下還是有很多有趣的事。舉幾個例子吧：以前啤酒只有瓶裝的，六百 cc 容量，喝過酒的人都知道，啤酒開了就要喝完，不然也會壞掉而報銷；連長就有本事將一瓶啤酒分著喝，一天喝一點，還說沒關係。……我這個學弟部屬，還能說什麼？

連長很負責，上頭交代的事情，他會立即轉達、落實執行，晚上到營部開完會後，一定集合幹部，詳細研究、分配，營長交待一點，他能變為兩點、三點，等到轉達、分配完了，都快深夜十二點了，第二天清晨五點半還要起床，早點名以後跟部隊跑三千公尺。後來我就建議他：報告連長，以後你開完會回來，咱們先研究研究，再找幹部宣達……。連長總算從善如流，有些事也就隔天再說，並且比較精簡而且有效率。連長一直當我是最好的部屬。後來有別的人與他共事，常會因為他的認真與固執不太適應而起爭執，這個時候，他就會說「為什麼某某與我相處就沒問題……？」投緣吧。

剛下部隊時，總想認真的力求表現，有一天帶部隊上野外課，不小心先後滑了兩跤，連長非常困惑的問我：你怎麼老摔跤？天啊，不就是太緊張嗎，我也不想啊。

連長要我對著鄉間的大白鵝發個射擊口令，我哪會，連長說：軍校畢業，這都不會；自己就示範了一次，我一聽，噢，就是它呀，我會啊。（來不及了）

有一次連上放假，我也沒特別的事，吃完早飯後沒多久，我跟幾位弟兄正在玩單槓及爬竿，連長忽然出來了，就問我「今天放假為什麼不出去玩？」我說「沒事嘛，外面也沒什麼好玩的」連長說「出去看場電影也好啊，休假不去休假，是不好的……」後來慢慢的我在軍中學到了一句話「不休假不是好幹部，常休假也不是好幹部」，對照以前的情形，還真有些道理。

我後來因任務的關係，調到別的連服務，沒多久連長也被徵調回陸軍官校當隊職官，但是我們這份革命的情誼，延續了很久；我結婚，在台北宴請一些親朋好友時，連長開了一輛六百CC的小車來接我，在路上還熄了火，很溫馨、也有點好笑。連長在軍中讀過研究所、升到上校，在陸委會當過幕僚，後來又到台大夜間部，好像當教務處長，前幾年忽然聽說他過世了，原因不明（不是生病），非常讓我震撼，更感嘆人生的無常。

連長周禮鶴，陸軍官校四十四期步兵科的優秀的軍官，家住新竹，我當軍官的啟蒙連長，寫這篇文章，是抱著一份感激與懷念的心情……97.11.06.0940

（本文訊息提供：44 期同學桑鴻文，謝謝他。）

（鴻文：EMAIL：SHW86@YAHOO.COM.TW）

對於周禮鶴這樣一位同學，我並不在他走的留下「？」就數落他，也不會因他未能在情感上脫困，就減少了他在我心中懷念的濃度。我認爲，一切活著的人都不是完美的，有遺憾的，會犯錯的，在某一個「切面」也必然有「致命處」；只有死了的人，不再犯錯，不再有遺憾。用禮鶴是個活生生的人，他非聖賢，對於「身邊人」給他無窮困擾，尤其碰到感情問題，所學的戰術、戰略和碩士學問，竟全都使不上力，苦啊！人生！

就軍人這個角色言，他是一個負責盡職的軍官，尤其起步階段的基層連隊長，他幹的頗出色，所以才會有部屬還在讚美他，他若地下有知，也該含笑九泉；他也沒有像我一樣，在走出校門後迷航了幾十年，也是可惜沒有在部隊好好發展。可能也因讀了研究所拿了碩士，這是身爲陸官出身的軍事幹部「錯誤的第一步」！

大約在我退休前不久，有一天晚上下班了（台大夜間部下班時間是晚上九點半，組長經常忙到十點）。他到我辦公室，看臉色知他心情欠佳，我倒一杯熱茶，他點一根煙，也給我一支，夜深了！兩人聊著，人生的感情困境解不開了。他突然給我一個公文紙袋說：

「同學，這是我的自傳，放在你那裡。」

「自傳自己保管，幹嘛給我？」

「放在你這裡我放心，以後你會知道我是個好人。」

我答說：「自始至終你在我心中都是好人、好軍官，不必等以後，你在台大也得到各級長官的肯定，你今天是不是吃錯藥啦！」

這天晚上他說的比以往多，但我知道他保留的也很多。他給我那份自傳我始終留著，我不清楚他的用意。才五十幾就西去確實讓同學們大感意外，只能說人生無常，各有天命，各有各的「業」。當我寫本書，想追憶一些「黃埔人」，深感應該給周同學一個「舞台」。

周禮鶴自傳

民國八十七年八月五日

周　禮　鶴　謹撰

余於民國四十二年出生於臺灣省新竹市，現任國立臺灣大學夜間部教務組長；娶妻△△△，現於行政院農委會服務，育有一子，就讀於國中。余自幼家境清寒，家父以一老兵之薄俸，奉養高堂祖父母及育吾等子女五人，所幸吾等皆能秉持庭訓及師長教誨，在困苦中成長，一門皆大專以上畢業，任職於國內軍、公、教界或國外之大學。

余目前負責臺灣大學夜間部之全般教務工作（其中亦包括有商學系、企業管理學系在內），故對招生、註冊、學籍、成績管理及新設學系、所之規劃設立、課程設計、編排等工作均甚為熟稔，復因曾在各級文、武學校及行政院陸委會文教處等單位工作合計長達二十餘年，對學生事務、文書、事務、營繕、保管、購運等工作，均耳濡目染，知之甚詳。因此斗膽不揣淺陋，毛遂自薦，企盼能應徵此一職務，吾深信憑著勇於任事、不辭勞苦之工作精神、協調合作之處事態度，及以往之工作經驗及績效，應可勝任此職，絕不致令識我者失望。

余自初中（新竹一中）畢業，即進入陸軍預校、官校，在軍校七年表現堪稱優良，故畢業後即被拔擢留校服務，任學生管理之隊職，後復在土木學系任助教。民六十九年考入政校政治研究所碩士班，獲學位後調至情報學校及轉型後之警備學校擔任校長秘書及教務、學生輔導管理及教職工作十餘年，並升至研究發展室主任、總教官、教務處長等職，此期間曾因工作勤奮、擘劃學校轉型有功，被膺選為全國軍公教之保舉最優人員。另亦曾在醒吾商專、中華工專兼任共同科講師。

行政院大陸委員會成立後，因余前在政研所及情報學校所學涉及兩岸關係，故被延攬至該會文教處承辦兩岸科技交流業務，任職三年餘。八十四年底，經友人推薦應徵至台大協助夜間部轉型規劃工作，夙夜從公，所幸不辱使命，轉型順利，曾二度被推選為校內之優秀公務員。

至於電腦操作方面，多年來，余承辦公文皆使用電腦，故有關文書處理、上網查詢及資料庫之使用，皆尚能應付自如，若有需要亦可再繼續進修。

余目前家住臺北，但卻十分嚮往 貴校附近山明水秀之景緻，若能被錄用，將考量搬遷至埔里附近居住，如此當可全心投入於工作；雖然，余之聰明才智不是很卓越，但自信操守及勤奮之工作精神絕不落人於後，因此，才會在二十餘年間；數度當選或被推薦為優秀公務人員，且考績皆為甲等以上（從未得過乙等），祈盼識者能慨允成全。

寫本文特別要針對周同學講這麼多，並非要爲他「平反」甚麼！他亦無反可平；也不是要爲他解釋甚麼？走都走這麼久了，解釋何用？不過是因我和他長期相處幾年，寫一些雪泥鴻爪的感想。畢竟，與他同時代的一大票「黃埔人」大多仍在。尤其周同學也是「微型同學會」成員之一，仍有人在關心他。

任何人一輩子所有做的事，不可能全對，得到百分百人的支持，通常反對你的、傷害你的、讓你傷心絕望的、必然是「非常非常親近的人」，因為不親近的人，沒有甚麼機會可以傷害你。在和他相處的幾年中，看著他在這種情感困境中掙扎，卻無力助他脫困，也是一種遺憾！或許這就是人生吧！

多年來，我常碰到同學問：「你和周禮鶴在一起這麼久了，朝夕相處，他到底怎麼走的？」我說「我真的不知道，警方都不知道，我怎會知道？」

有一位老同學的太太碰到我，因和我也認識很久了，他說：「嫁給他幾十年了，不知道他心中想甚麼？」

我在台大第一會議室辦新書發表會，妻來獻花。左是台大主任教官吳元俊，右是周禮鶴。92 年元月。

言下之意，夫妻關係「雖不滿意只能接受」，因數十年交誼，我知道她的上一代父母關係也頗疏離，幾年前才分居（老來分居），我故意問「老爸老媽近況可好！」她無可奈何答：「分居啦！」

我又故意問：「一把年紀了幹嘛分居？」

「誰知道她們心中想甚麼？」她說。

我乘機進言，「妳看！你當了父母五十多年的女兒，妳也不知道父母心中想甚麼？」她笑笑。

「不要一直猜測任何人心中想甚麼？她可能說我壞話，她可能……他可能在外面……他爲甚麼晚一小時回家？……這是很痛苦的。」我這麼說後，她同意改善自己的心態。

我懷念的第二位先行者是翁思德同學，他是好學生、好軍官、好丈夫、好父親，在他身上找不到一點不好，若有不足，也只有在「建立官場關係」這一環不積極。

他天資聰明，各學科基礎又好，無論文科理科都強，尤其數理（微積分、熱力學、材料工程、彈道學等），上課普普，下課也少K書，考試隨便翻一下，就九十分以上好成績；而我三更半夜K的死去活來，背得兩眼昏花，都在及格邊緣，所以我常問道於他。

課外活動方面，翁同學也是拱豬、橋牌、百分、圍棋的高手，和他一起打橋牌、拱豬等，我幾乎沒有贏的機會，都只看他一人在表演。

翁同學也是一個「溫文儒雅」的人，我從未見他生氣、跳腳、罵人、驕傲等情事發生。我們同住台中，我也去過他老家，他婚後育有兩個可愛的女兒，從他的家庭氣氛看，就知道他是好丈夫、好爸爸。

這樣一個找不到「問題」的人，怎麼五十多歲就要去陪上帝喝咖啡，上帝的「錄取標準」何在？而像李登輝這老番癲，爲禍國家民族一輩子，爲害眾生數十年，爲何不「優先錄用」？啊！上帝，你讓人不解，我只好去問道於佛了！

翁同學走前的最後人間職務，是三軍大學的上校戰略教官。可惜他的告別式正好我人在南部參加同學會，事後我又多次到他府上，妻女都勇敢面對，雖讓人放心，卻也無限感嘆！

第三位先行者是鍾聖賜，他從預備班開始就是基督徒，我們曾一起參加教會活動，只是到部隊後全停擺了。幾十年後，我看清了主客觀情勢及一些「真理」、「真相」，我轉向佛教，但這和他無關。

鍾同學坦然面對死神召喚，我在前文已提過，此處不多贅文。我只覺得，到那一刻能坦然面對的人，都是可敬的，故他的典範給我留下深刻的印象。

鍾同學也是「微型同學會」成員之一（見十七章表（一）（二）），可惜他只能參加五次。我知道他參加聚會前，身子已經有很大問題了，但他都盡可能參加，如同我的心態一樣「參加一次賺到一次」。或許是我們身為「黃埔人」，學生時代吃足了苦頭，才有這份難得的情誼。

幹了一輩子不想幹的軍人，還有兩個人在我的生涯旅途中留下深刻的記憶，那是阿狗和阿貓，真的他們外號都叫阿狗、阿貓。但他們像兩顆流星，我們瞬間交會了！

話頭回到迷航記第一篇，話說我民國六十五年從金門移防回到桃園更寮腳（軍砲六〇〇群），正在策畫如何可以「下去」（只有幹點壞事法辦），可以脫離軍隊。正好碰到群裡兩個軍官（阿狗是中尉連附、阿貓是中尉副連長），這兩個也是不想幹的，都在千方百計設法下去，和我正一拍即合。

阿狗提議過把手榴彈弄去賣了，阿貓也提議過賣大米。但商議的結果，賣軍火判刑很重，大家不敢下手，還有就是三人合幹變成「結夥」，判刑也重，拖了好久，決定分散兵力——各幹各的。我先發生「逃官事件」，不久調職到一九三師。

男人之間流傳著一個說法，「沒有一起去過窰子館的不是兄弟」，若是，我和阿狗阿貓真兄弟也，有一回我們到桃園長美巷，一進到一家，迎面來了兩個小姐，二個對三個，我們三兄弟突然傻住了（沒經驗）。

其中一個小姐說：「雪花妳帶走一個，兩個給我！」結果如何？不能說，事關三個男生在江湖上的威望。

阿狗和阿貓家境都比我好些，所以他們各有一部很拉風的摩頭車，我們常在中壢桃園一帶的大馬路飆車，那年代也沒有安全帽的規定。爲展示特技，我們刻意找有兩部大卡車併行，我們以飛快速度從兩車之間飛出，爽啊！如今回憶，手腳發軟。

我調到一九三師後，隔數月又從雙連坡移防到馬祖高登，這一去又是兩年。幾年後我碰到六〇〇群軍官，打聽阿狗和阿貓下落，因爲我也關心這兩人是否幹下他們想幹的事，以及是否法辦下去了？均未果。後又聽說他們飆車出事了，結果如何？無人知其詳者！判斷這二人也走了，因爲無論我如何打聽，江湖上再也無人看到聽到這兩人的任何蹤影。

我大概在四十歲之前，很難原諒別人犯的錯。之後，慢慢接觸到宗教（佛教或基督教），開始被啓蒙出一些「人生、宇宙的真相」，尤其反省自己也犯了很多錯，便覺得應該原諒人家的錯。

記得聖經有一則故事，有個已婚女人和外面男生發生不倫戀，村莊的人拿石頭要打死她，大家議論紛紛。正好耶穌來了，問明原因，村人說明，耶穌就說：「你們要用石頭打死這女人，我沒意見，她確實犯錯。但各位也要想想自己，你是否一輩子至今從未犯過任何錯，若是，你有資格打死她。」

只見村人高舉的石頭，一個個放下，最後沒有人說要打死她，靜靜的，默默地，人群散去。

原來人都在犯錯中學習成長，犯多犯少而已，犯最少的錯的人最大成功，但誰能一生都不犯任何錯？一生的任何選擇都是正確的？有誰能？

補記：二〇一二年十二月二十三日，我和同是台大主任教官退休的吳元俊師兄參加台大活動，吳提起，他和周禮鶴是正規班同學，也是警總同事，他說周禮鶴的「負責盡職」是有名的，特此補記。

第二十章 微型會改「福心會」暨近年聚餐記錄（續第十七章）

「微型會」開始於民國九十一年二月，完全以住有台大週邊地區，捷運約二十分鐘左右可到達參加的同學爲主。第一次聚會在台大校本部僑光堂（今改鹿鳴堂），有七位同學參加：解定國、高立興、陳鏡培、童榮南、袁國台、林鐵基和我。

這個陸官44期的小圈圈，後來我在《迷航記》（文史哲出版，二〇一三年五月）書上，訂名「台大週邊地區陸官44期微型同學會」。乃因其後約十餘年間，每年三次聚會都在台大餐廳，以我工作在台大之便，小圈圈也夠微小了，故以正名之。

二〇一四年元月六日，是這個聚會邁向第十二年第三十六次，莊主是虞義輝同學，地點改在北京樓（羅斯福路三段），到會同學有：解定國、高立興、童榮南、林鐵基、盧志德、周小強、曹茂林、郭龍春、陳方烈、李台新、黃富陽、桑鴻文、余嘉生、莊主和我，共十五人。

餐會中，莊主虞義輝同學也是新任同學會長，提議爲同學會次級團體稱謂方便，改個簡單名稱。席間提出公館會、小思會、福心會、僑光會四個名稱，經表決以「福心會」高票通過。故本會今後改名「福心會」，同學們以我用心經營之雅意取名，希望這個溫馨的福心會，長長久久！地老天荒！

台大周边地区陸官44期福心会(原微型同学会)民102、103年聚会統計

姓名 \ 時間 出席	民一〇二年 33 元·十七	民一〇二年 34 五·十三	民一〇二年 35 十·七	民一〇三年 36 元·六
陳福成	○	○	○	○
解定國	○	○	○	○
高立興	○	○		○
虞義輝		○	○	⊕
童榮南	○	○	○	○
袁國台			○	
林鉄基	○	○		○
盧志德	○	○	○	○
周小强	○			○
金克强		○		
黃富陽				○
曹茂林	○	○		○
郭龍春	○	○	○	○
黃國彦				
桑鴻文	○	○	○	○
陳方烈	○	○	○	○
倪麟生	⊕	○		
李台新		⊕	○	○
余嘉生	○	○	⊕	○

⊕：莊主
○：參加

附件

一、陸軍軍官學校第四十四期同學會章程

二、學生時代最常唱軍歌（部份）

三、死黨，那些迷航的日子我們在想甚麼？（書簡）

附件一：

陸軍軍官學校第四十四期同學會章程

陸軍軍官學校第四十四期同學會章程

第一章 總則

第一條 本會名稱為陸軍軍官學校第四十四期同學會（以下簡稱本會）。

第二條 本會為依據動員戡亂時期人民團體法設立之社會團體，非以營利為目的。

第三條 本會以發揚親愛精誠校訓為宗旨。

第四條 本會以全國行政區域為組織區域。

第五條 本會會址設於台北市。

第六條 本會之任務如左：

一、會員之登記、連絡及資料更新等事項。

二、會員之聯誼、急難救助及職業介紹等事項。

三、代表本會參與母校發展及公益活動。

四、推展社會服務事業。

五、其他有關會員之福利事項。

第二章 會員

第七條 會員之入會：

一、陸軍官校預備班十三期之同學。

二、陸軍官校四十四期之同學。

三、上兩項人員之主眷（含遺眷）。

以上人員贊成本會宗旨，依其本人申請，經理事會審查通過者，並繳納入會費後（遺眷免繳），皆登記為會員。

第八條　會員有違反法令、章程或不遵守會員大會決議時，得經理事會決議，予以警告或停權處分，其危害團體情節重大者，得經會員大會決議予以除名。

二

三

第九條　會員有下列情事之一者，爲出會：
一、喪失會員資格者。
二、經會員大會決議除名者。

第十條　會員得以書面並敍明理由向本會聲明退會。但應於三個月前預告。

第十一條　會員經出會或退會，已繳納之各項費用不予退還。

第十二條　會員享有下列權利：
一、表決權、選舉權、被選舉權與罷免權。每一會員爲一權。
二、參與年會及其他臨時集會。
三、參與本會舉辦之各項聯誼活動。
四、其他會員應享之權利。

第十三條　會員具有下列義務：
一、按時繳納會費（遺眷免繳）。
二、遵守本會章程及決議事項。
三、出席本會舉辦之各項會議。
四、擔任本會所推派之工作。
五、會員有任何異動，應向本會聯絡。
六、其他有關會員應盡之義務。

第三章　組織及職權

第十四條　本會以會員大會爲最高權力機構，休會期間由理事會代行職權；監事會爲監察機構。

第十五條　會員大會之職權如下：
一、訂定與變更章程。
二、選舉或罷免理事、監事。
三、議決入會費、常年會費、事業費及會員捐款之數額及方式。
四、議決年度工作計畫、報告及預算、決算。

四

五

五、議決會員之除名處分。
六、議決財產之處分。
七、議決團體之解散。
八、與會員權利義務有關之其他重大事項之議決。

第十六條　本會置理事十五人、監事五人，由會員選舉之，分別成立理事、監事會。
理事、監事之當選名次，依得票多寡為序，票數相同時，以抽籤定之。

第十七條　理事會之職權如下：
一、議決會員大會之召開事項。
二、審定會員資格。
三、選舉或罷免常務理事及理事長。
四、議決理事、常務理事或理事長之辭職。
五、聘免工作人員。
六、擬定年度工作計畫、報告及預算、決算。
七、其他應執行事項。

第十八條　理事會置常務理事六人，由理事互選之，並由理事就常務理事中，選舉理事長。理事長對內綜理會務，對外代表本會，並擔任會員大會及理事會之主席。秘書長平日襄助理事長處理會務，理事長因事不能執行職務時，由秘書長代理之。

第十九條　監事會之職權如下：
一、監察理事會工作之執行。
二、審核年度決算。
三、選舉或罷免常務監事及監事會召集人。
四、議決監事或常務監事之辭職。
五、其他應監察事項。

六

七

第二十條　監事會置常務監事一人，由監事互選之，並為監事會召集人。

第廿一條　理事及監事均由會員大會以無記名、連記法選舉之，任期二年，連選得連任。理事長之連任，以一次為限。

第廿二條　理事、監事之任期自召開本屆第一次理事會之日起計算。

第廿三條　理事、監事均為無給職。

理事、監事有下列情事之一者，應即解任：
一、喪失會員資格者。
二、因故辭職經理事會或監事會決議通過者。
三、被罷免或撤免者。
四、受停權處分期間逾任期二分之一者。

第廿四條　本會置秘書長一人，承理事長之命處理本會事務，其他工作人員若干人，由理事長提名經理事會通過後聘免之。

第廿五條　本會理事、監事得兼任會務工作人員。

第四章　會　議

第廿六條　會員大會，分定期會議與臨時會議兩種，由理事長召集，召集時應於十五日前以書面通知之。
定期會議每年召開一次；臨時會議於理事會認為必要，或經會員五分之一以上之請求，或監事會函請時召開之。

第廿七條　會員不能親自出席會員大會時，得以書面委託其他會員代理，每一會員以代理一人為限。

第廿八條　會員大會之決議，以出席人數過半數或較多數之同意行之。
但下列事項之決議以出席人數三分之二以同意行之。
一、章程之訂定與變更。
二、會員之除名。
三、理事、監事之罷免。
四、財產之處分。
五、團體之解散。
六、其他與會員權利義務有關之重大事項。

第廿九條　理事會每三個月召開一次，監事會每四個月召開一次，必要時得召開聯席會議或臨時會議。
前項會議召集時除臨時會議外，應於七日前以書面通知，會議之決議，各以理事、監事過半數之出席，出席人數過半數或較多數之同意行之。

第三十條　理事、監事應出席理事、監事會議。理事會、監事會不得委託出席；理事、監事連續二次無故缺席理事會、監事會者，視同辭職。

第卅一條　本會應於召開會員大會十五日前，或召開理事會、監事會，七日前將會議種類、時間、地點連同議程函知所有會員。
會議紀錄應於閉會後十五日內完成。

第五章　經費及會計

第卅二條　本會經費來源如下：
一、入會費：會員入會時，應一次繳納新臺幣貳佰元。
二、常年會費：新臺幣伍佰元。
三、事業費。
四、會員捐款。
五、委托收益。
六、基金及其孳息。
七、其他收入。

第卅三條　本會會計年度自每年七月一日起至次年六月三十日止。

第卅四條　本會於解散後，剩餘財產捐贈予母校發展。

第六章　附　則

第卅五條　本章程未規定事項，悉依有關法令規定辦理。

第卅六條　本會辦事細則，由理事會訂定之。

第卅七條　本章程經會員大會通過，報經主管機關核備後施行，變更時亦同。

鐵的戰士和將領

（齊唱曲）

A調 2/4
♩ = 126

總統手令
李中和曲

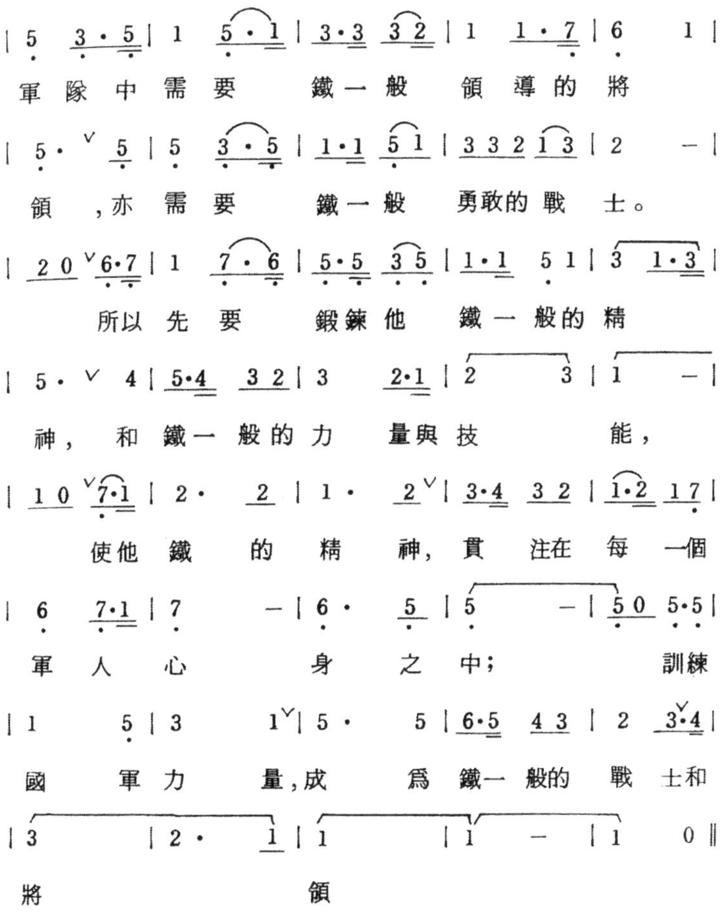

| 5 3·5 | 1 5·1 | 3·3 32 | 1 1·7 | 6 1 |

軍 隊 中 需 要 鐵 一 般 領 導 的 將

| 5· 5 | 5 3·5 | 1·1 51 | 3 3 2 1 3 | 2 — |

領 ，亦 需 要 鐵 一 般 勇敢的 戰 士。

| 2 0 6·7 | 1 7·6 | 5·5 3 5 | 1·1 5 1 | 3 1·3 |

所以 先 要 鍛鍊 他 鐵 一 般的 精

| 5· 4 | 5·4 3 2 | 3 2·1 | 2 3 | 1 — |

神， 和 鐵一 般 的 力 量與 技 能，

| 1 0 7·1 | 2· 2 | 1· 2 | 3·4 3 2 | 1·2 1 7 |

使他 鐵 的 精 神，貫 注在 每 一個

| 6 7·1 | 7 — | 6· 5 | 5 — | 5 0 5·5 |

軍 人 心 身 之 中； 訓練

| 1 5 | 3 1 | 5· 5 | 6·5 4 3 | 2 3·4 |

國 軍 力 量，成 為 鐵一 般的 戰 士和

| 3 | 2· 1 | 1 | 1 — | 1 0 ‖

將 領

附件二：學生時代最常唱軍歌（部份）

斬斷敵人的魔手

Bb2/4
Allegretto

王啓作 作詞
李中和 作曲

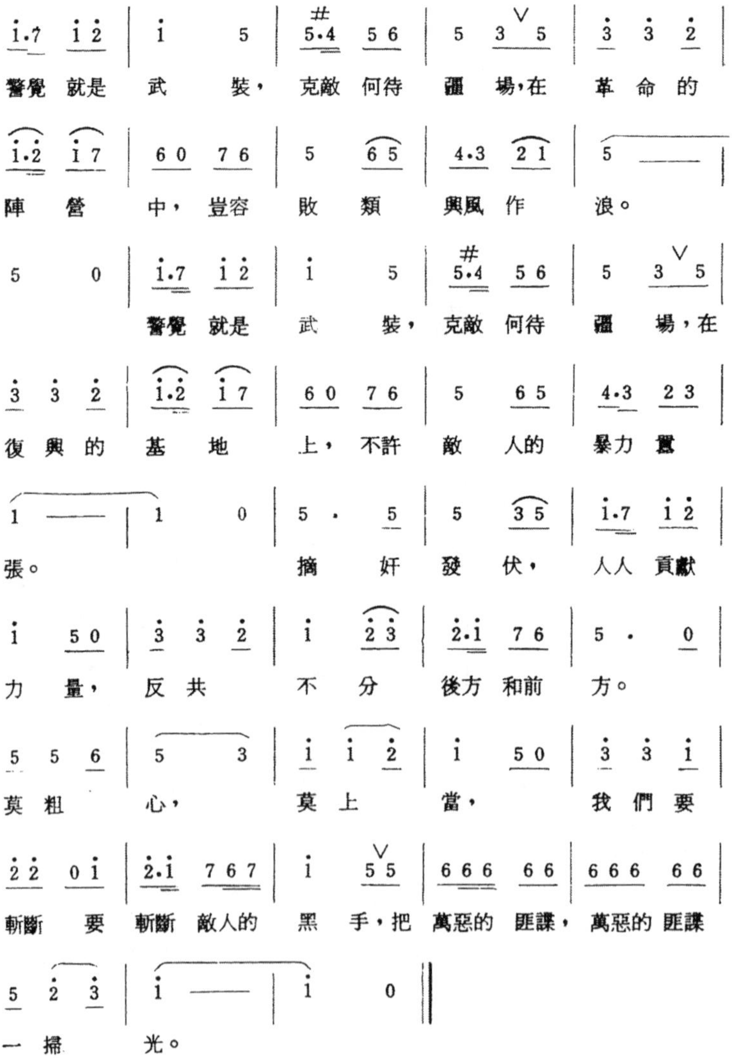

1·7 12 | 1 5 | #5·4 56 | 5 3 5 | 3 3 2 |
警覺 就是 武 裝，克敵 何待 疆 場，在 革 命 的

1·2 17 | 60 76 | 5 65 | 4·3 21 | 5 — |
陣 營 中，豈容 敗 類 興風 作 浪。

5 0 | 1·7 12 | 1 5 | #5·4 56 | 5 3 5 |
警覺 就是 武 裝，克敵 何待 疆 場，在

3 3 2 | 1·2 17 | 60 76 | 5 65 | 4·3 23 |
復 興 的 基 地 上，不許 敵 人的 暴力 囂

1 — | 1 0 | 5 · 5 | 5 35 | 1·7 12 |
張。 摘 奸 發 伏，人人 貢獻

1 50 | 3 3 2 | 1 23 | 2·1 76 | 5 · 0 |
力 量，反 共 不 分 後方 和前 方。

5 5 6 | 5 3 | 1 1 2 | 1 50 | 3 3 1 |
莫 粗 心， 莫 上 當， 我 們 要

22 01 | 2·1 767 | 1 55 | 666 66 | 666 66 |
斬斷 要 斬斷 敵人的 黑 手，把 萬惡的 匪諜，萬惡的 匪諜

5 2 3 | 1 — | 1 0 ||
一 掃 光。

軍紀歌

何志浩 詞
李中和 曲

C調 2/4 稍快板

11.

國家有綱常，軍隊有軍紀，軍紀是
軍隊的命脈，以三民主義為根基。
三信心堅如鐵，上下團結
成一體。號令嚴明，服從
第一，革命軍人要牢記。戰陣
有勇，無私無畏，戰鬥精神大無比。

國民革命軍，愛民如愛己。北伐成
功，抗戰勝利，關鍵在軍
紀。守軍紀、鼓士氣、救同胞、
滅共匪，勝利把握一定在我們手
裡。
(前奏、間奏、尾聲，通用)

我愛中華
林君長 詞
成介中 曲
♭E調 2/4
14.
我愛中華，我愛中華，
文化悠久物博地大，
開國五千年，五族共一家，
中華兒女最偉大，
為民族，為國家，奮鬥犧牲絕不怕，
我們要消滅共匪，
復興中華民國。

中國一定強

♭B調　4/4

快板

桂濤聲 作詞
夏之秋 作曲

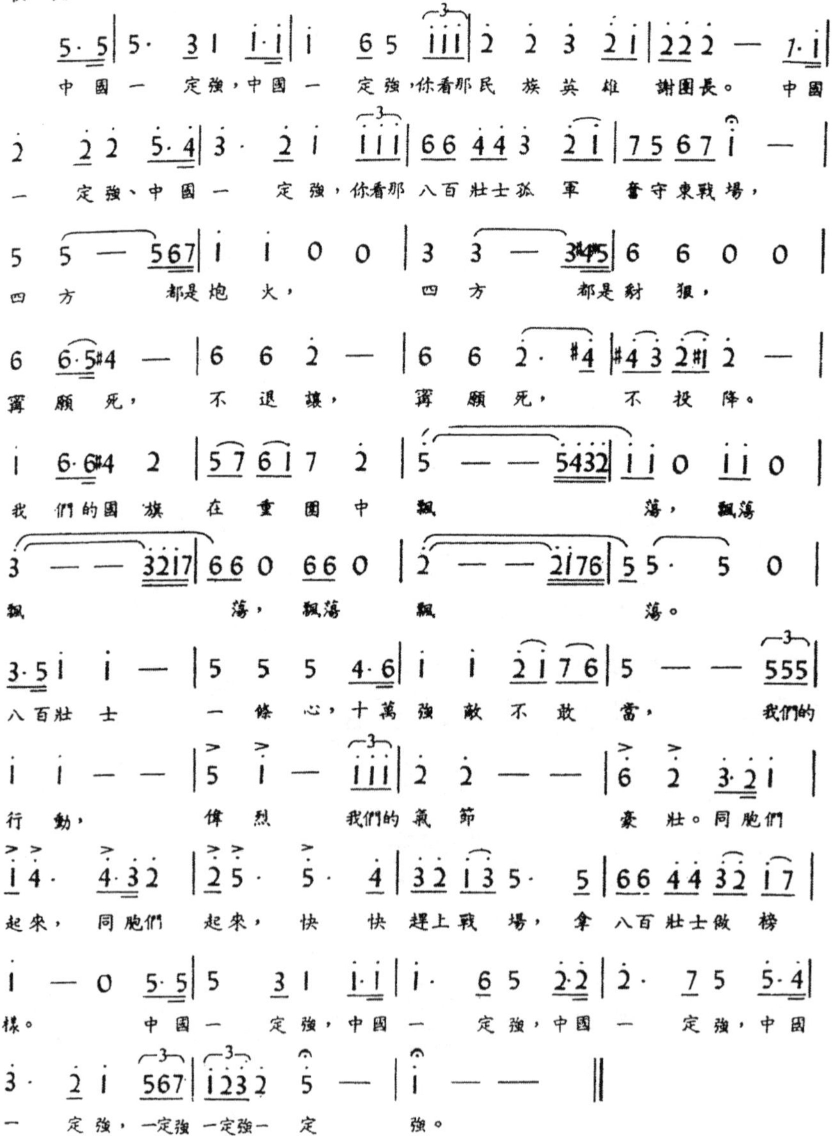

中國一定強，中國一定強，你看那民族英雄謝團長。中國

一定強、中國一定強，你看那八百壯士孤軍奮守東戰場，

四方都是炮火，四方都是豺狼，

寧願死，不退讓，寧願死，不投降。

我們的國旗在重圍中飄蕩，飄蕩

飄蕩，飄蕩飄蕩。

八百壯士一條心，十萬強敵不敢當，我們的

行動，偉烈我們的氣節豪壯。同胞們

起來，同胞們起來，快快趕上戰場，拿八百壯士做榜

樣。中國一定強，中國一定強，中國一定強，中國

一定強，一定強一定強一定強。

火　花

（齊唱曲）

Bb 2/4

瞿德春　詞
蔡盛通　曲

進行曲速度

| 3 3 2 | 1 1 | 1 6 1 | 2 2 | 5 5 6 | 5 1 | 3 – |

復仇的　火 花，灼爍在　胸膛　沸騰着　心 頭 熱

| 2 – | 3 3 4 | 3 1 | 2 – | 1 – | 5 – | 5 · 4 |

血，　蒸發出 青 春 力　量。戰　鬥 的

| 3 4 5 | 1 – | 1 · 7 | 67 1 | 5 – | 1 · 2 | 30 20 |

火　花，飛　舞 在 戰 場，燃　燒 起 敵 愾

| 10 70 | 6 71 | 2 1 | 7 6 | 5 – | 3 3 2 | 1 1 |

意 志，照亮了 勝 利 方　向；革命的 火 花，

| 1 6 1 | 2 2 | 5 5 6 | 5 1 | 3 – | 2 – | 3 3 4 |

飛舞在　四 方，滙集成 燎 原 形　勢　幅射出

| 3 1 | 2 – | 1 – ||

中 興 曙　光。

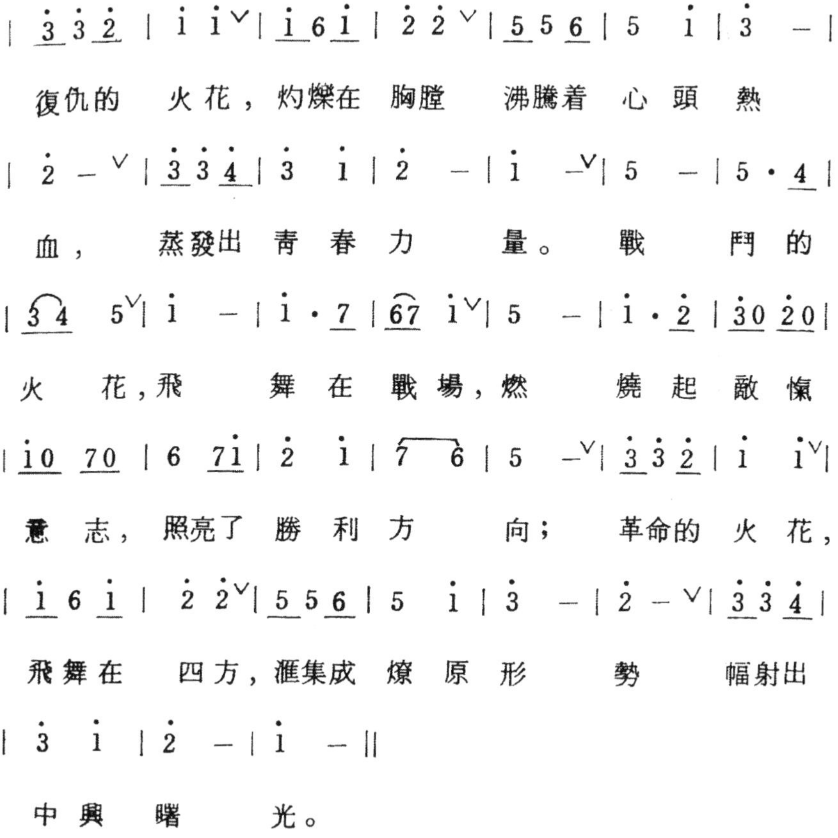

莫等待

李士英 詞
談 修 曲

G調 2/4 4/4

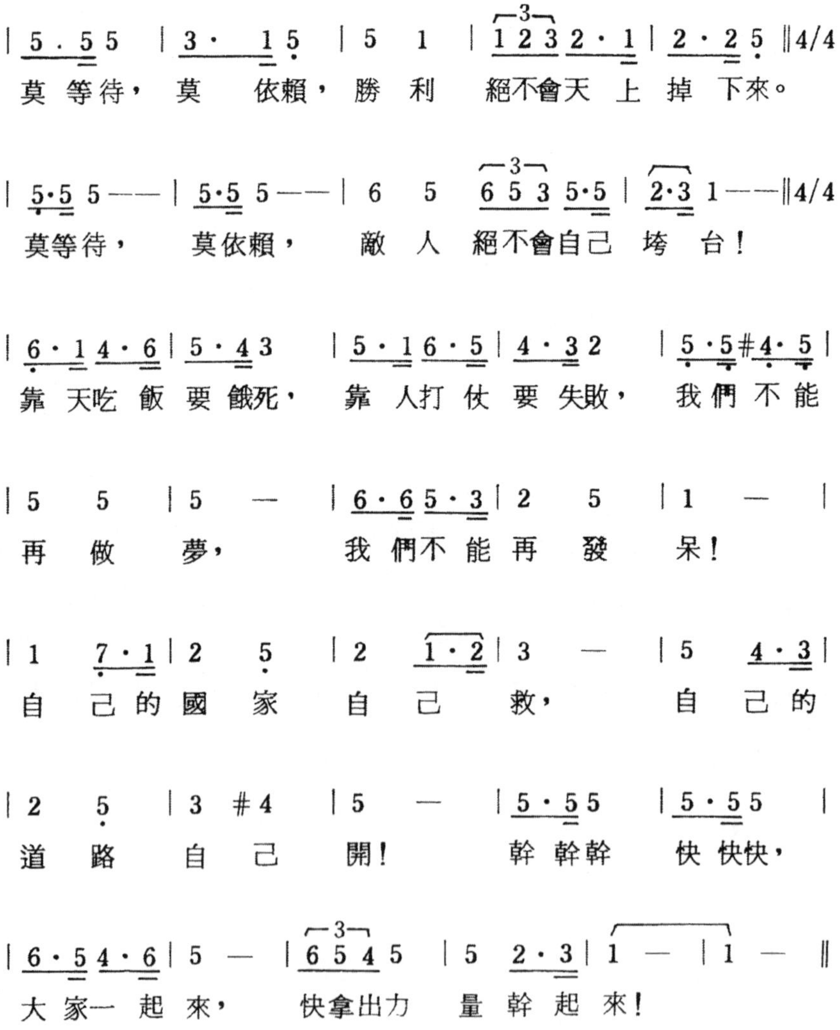

| 5 . 5 5 | 3 · 1 5 | 5 1 | 1 2 3 2 · 1 | 2 · 2 5 ‖4/4
莫 等待， 莫 依賴， 勝 利 絕不會天 上 掉 下來。

| 5·5 5 — — | 5·5 5 — — | 6 5 6 5 3 5·5 | 2·3 1 — — ‖4/4
莫等待， 莫依賴， 敵 人 絕不會自己 垮 台！

| 6 · 1 4 · 6 | 5 · 4 3 | 5 · 1 6 · 5 | 4 · 3 2 | 5 · 5 #4 · 5 |
靠 天吃 飯 要 餓死， 靠 人打 仗 要 失敗， 我 們 不 能

| 5 5 | 5 — | 6 · 6 5 · 3 | 2 5 | 1 — |
再 做 夢， 我 們不 能 再 發 呆！

| 1 7 · 1 | 2 5 | 2 1 · 2 | 3 — | 5 4 · 3 |
自 己 的 國 家 自 己 救， 自 己 的

| 2 5 | 3 #4 | 5 — | 5 · 5 5 | 5 · 5 5 |
道 路 自 己 開！ 幹 幹幹 快 快快，

| 6 · 5 4 · 6 | 5 — | 6 5 4 5 | 5 2 · 3 | 1 — | 1 — ‖
大 家一 起 來， 快拿出力 量 幹 起 來！

我們的事業在戰場

ᵇB 4/4
（進行速度）

劉英傑　詞
左宏元　曲

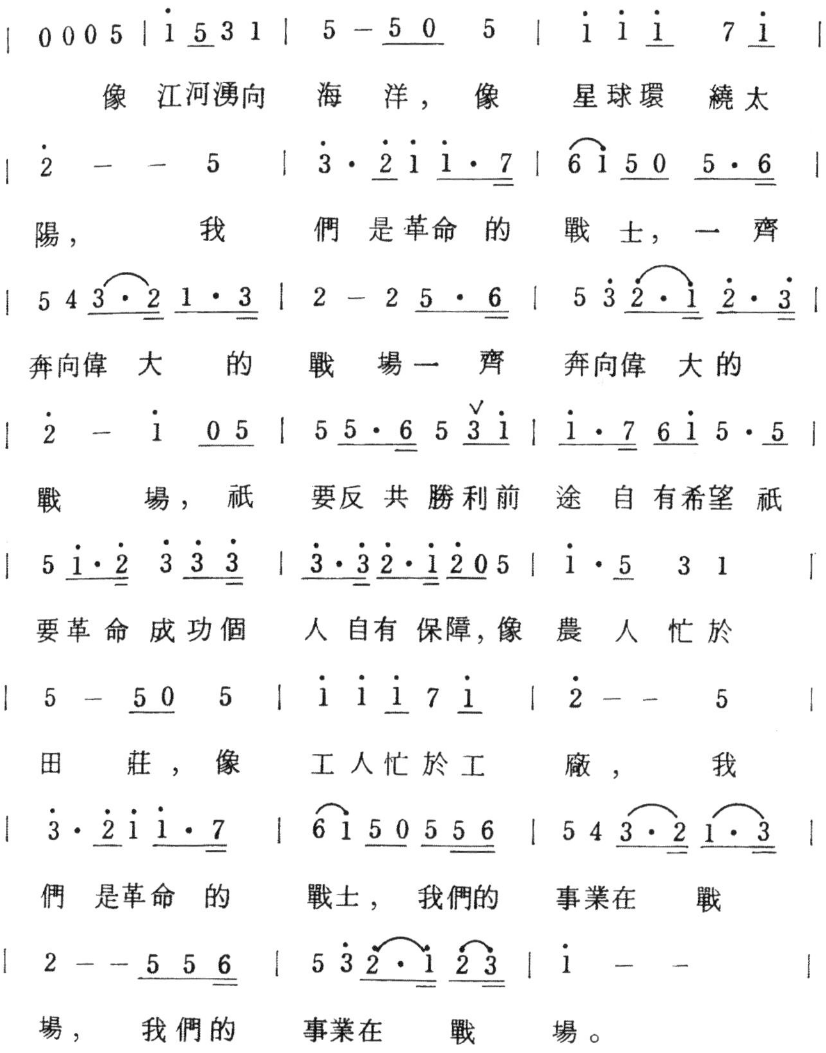

| 0 0 0 5 | 1 5 3 1 | 5 – 5 0 5 | 1 1 1 7 1 |

像　江河湧向　海　洋，　像　星球環　繞太

| 2 – – 5 | 3・2 1 1・7 | 6 1 5 0 5・6 |

陽，　我　們　是革命　的　戰　士，一　齊

| 5 4 3・2 1・3 | 2 – 2 5・6 | 5 3 2・1 2・3 |

奔向偉　大　的　戰　場一　齊　奔向偉　大的

| 2 – 1 0 5 | 5 5・6 5 3 1 | 1・7 6 1 5・5 |

戰　場，祇　要反　共　勝利前　途　自　有希望　祇

| 5 1・2 3 3 3 | 3・3 2・1 2 0 5 | 1・5 3 1 |

要革　命　成　功個　人　自有　保障，像　農　人　忙　於

| 5 – 5 0 5 | 1 1 1 7 1 | 2 – – 5 |

田　莊，像　工　人忙　於　工　廠，　我

| 3・2 1 1・7 | 6 1 5 0 5 5 6 | 5 4 3・2 1・3 |

們　是革命　的　戰士，　我們的　事業在　戰

| 2 – – 5 5 6 | 5 3 2・1 2 3 | 1 – – |

場，　我　們　的　事業在　戰　場。

夜 襲

黃 瑩 詞
李 健 曲

F調 4/4

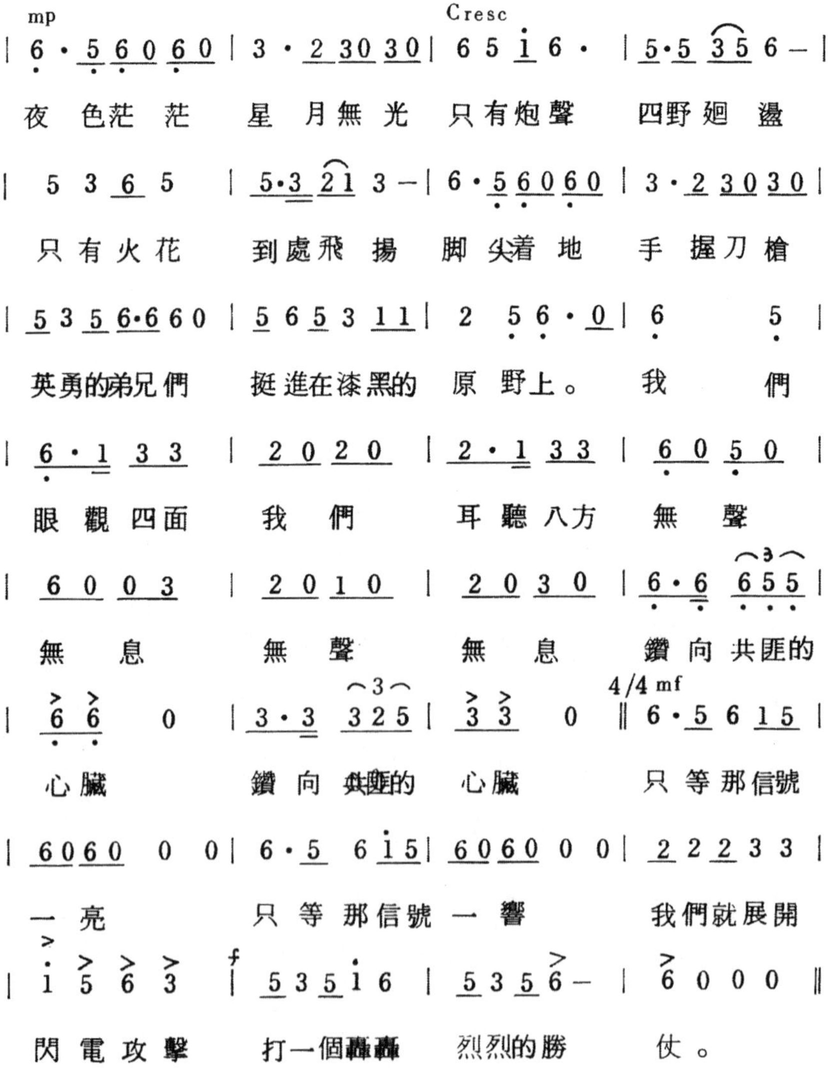

mp　　　　　　　　　　　　　　　Cresc
| 6 · 5 6 0 6 0 | 3 · 2 30 30 | 6 5 i 6 · | 5·5 3 5 6 – |
夜 色茫 茫 星 月無 光 只有炮聲 四野廻 盪

| 5 3 6 5 | 5·3 2 1 3 – | 6 · 5 6 0 6 0 | 3 · 2 3 0 3 0 |
只有火花 到處飛 揚 脚 尖着 地 手 握刀 槍

| 5 3 5 6·6 6 0 | 5 6 5 3 1 1 | 2 5 6 · 0 | 6 5 |
英勇的弟兄們 挺進在漆黑的 原 野上。 我 們

| 6 · 1 3 3 | 2 0 2 0 | 2 · 1 3 3 | 6 0 5 0 |
眼 觀 四面 我 們 耳 聽 八方 無 聲

| 6 0 0 3 | 2 0 1 0 | 2 0 3 0 | 6 · 6 6 5 5 |
無 息 無 聲 無 息 鑽 向 共匪的

　　　　　　　　　　　　　　　　　　4/4 mf
| 6 6 0 | 3 · 3 3 2 5 | 3 3 0 ‖ 6 · 5 6 1 5 |
心 臟 鑽 向 共匪的 心臟 只 等 那 信號

| 6 0 6 0 0 0 | 6 · 5 6 i 5 | 6 0 6 0 0 0 | 2 2 2 3 3 |
一 亮 只 等 那信號 一 響 我們就展開

　　　　　　　f
| i 5 6 3 | 5 3 5 i 6 | 5 3 5 6 – | 6 0 0 0 ‖
閃 電 攻 擊 打一個轟轟 烈烈的勝 仗 。

命運靠自己創造

A調 2/4

趙友培 詞
蕭滬音 曲

進行曲速度，表現有力

| 5 · 5 5 | 3 · 3 3 | 1 · 1 3 · 1 | 5 · 0 |
天 不 靠，地 不 靠，本 領最 重 要，

| 5 · 5 5 | 1 · 1 1 | 3 · 3 1 · 3 | 5 · 0 |
有 理 想 有 目 標，努 力向 前 跑！

| 5 · 5 5 5 5 | 5 3 0 | 3 · 3 3 3 3 | 3 1 0 |
鼓 動 時代的 高 潮， 開 闢 自由的 大 道，

| 5 5 1 | 3 1 · 3 | 5 — | 3 · 0 |
剷 滅 那 豺 狼 虎 豹，

| 1 1 3 | 5 3 · 5 | 3 — | 1 0 |
命 運 靠 自 己 創 造，

| 5 5 5 5 5 | 1 1 1 1 1 | 3 1 3 | 5 5 0 |
靠自己 創造，靠自己創造， 靠 自 己 創 造，

－27－

| 5 5 1 | 3 · 0 | 1 1 3 | 5 · 0 |
光 明 照 耀， 青 春 不 老，

| 5 5 1 | 3 1 · 3 | 5 — | 1 — |
命 運 靠 自 己 創 造！

大時代進行曲

王平陵作詞
談　修作曲

G調 2/4

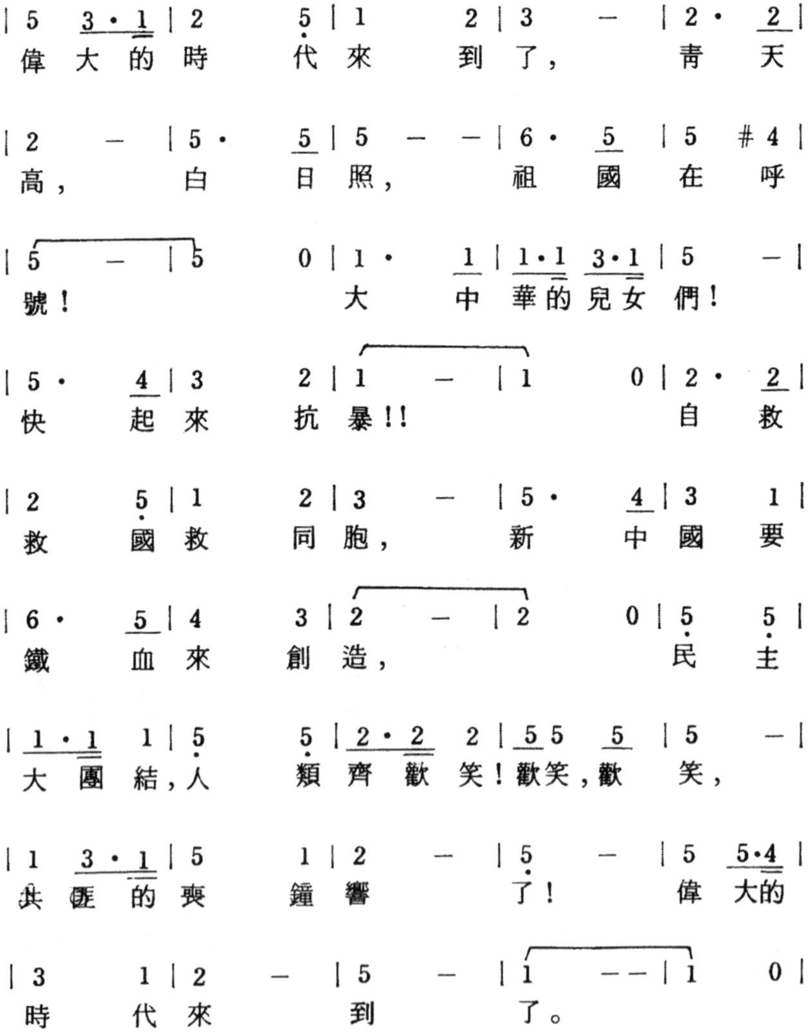

| 5 3・1 | 2 5 | 1 2 | 3 — | 2・ 2 |
偉大的時代來到了，青天

| 2 — | 5・ 5 | 5 — — | 6・ 5 | 5 #4 |
高，白日照，祖國在呼

| 5 — | 5 0 | 1・ 1 | 1・1 3・1 | 5 — |
號！大中華的兒女們！

| 5・ 4 | 3 2 | 1 — | 1 0 | 2・ 2 |
快起來抗暴!!自救

| 2 5 | 1 2 | 3 — | 5・ 4 | 3 1 |
救國救同胞，新中國要

| 6・ 5 | 4 3 | 2 — | 2 0 | 5 5 |
鐵血來創造，民主

| 1・1 1 | 5 5 | 2・2 2 | 55 5 | 5 — |
大團結，人類齊歡笑！歡笑，歡笑，

| 1 3・1 | 5 1 | 2 — | 5 — | 5 5・4 |
共匪的喪鐘響了！偉大的

| 3 1 | 2 — | 5 — | 1 — — | 1 0 |
時代來到了。

我有一枝槍

黃瑩 詞
李健 曲

♭B調 2/4

| 3 · 3 | 3 · 2 1 0 | 1 · 3 | 5 · 6 5 0 | 3 2 | 1 · 2 6 0 |

我有一枝槍，扛在肩膀上，子彈上了膛，

| 6 · 1 2 3 | 2 – | 3 · 3 | 3 · 2 1 0 | 1 · 3 | 5 · 6 5 0 |

刺刀閃寒光。我有一枝槍，扛在肩膀上，

| 3 2 | 1 · 2 6 0 | 6 · 1 2 3 | 1 – | 3 3 · 2 | 1 1 |

子彈上了膛，刺刀閃寒光。慷慨激昂。

| 2 1 6 | 5 5 | 3 · 5 6 | 5 · 6 1 | 6 · 1 | 2 – |

奔赴戰場衝鋒陷陣誰敢擋?!

| 5 5 | 3 2 | 1 2 · 1 | 6 0 5 · 0 | 1 6 · 1 | 2 · 3 |

誓把共匪消滅盡,高唱凱歌

| 5 · 6 | 1 · 0 | 3 · 3 | 3 · 2 1 0 | 1 3 | 5 · 6 5 0 |

還故鄉 我有一枝槍，扛在肩膀上

| 3 · 5 6 5 | 6 1 | 2 – | 6 · 5 6 1 | 3 – | 2 – | 1 0 ‖

國家把它交給我，重責大任不敢忘。

敵愾同仇

錢慈善 詞
謝君儀 曲

C調 4/4　進行曲速度

勇士進行曲

bE調2/4

Marcia 勇壯

劉英傑 詞
鄧夏 曲

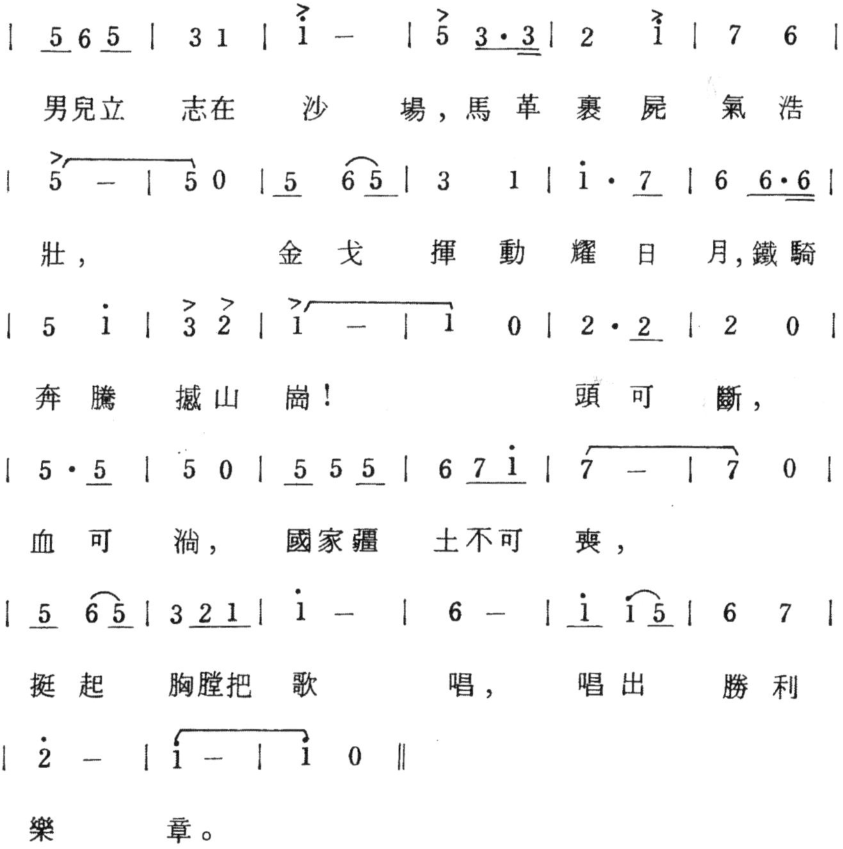

| 5 6 5 | 3 1 | i – | 5 3·3 | 2 i | 7 6 |

男兒立 志在 沙 場，馬 革 裹 屍 氣 浩

| 5 – | 5 0 | 5 6 5 | 3 1 | i·7 | 6 6·6 |

壯， 金 戈 揮 動 耀 日 月，鐵 騎

| 5 i | 3 2 | i – | i 0 | 2·2 | 2 0 |

奔 騰 撼 山 崗！ 頭 可 斷，

| 5·5 | 5 0 | 5 5 5 | 6 7 i | 7 – | 7 0 |

血 可 淌， 國 家 疆 土 不 可 喪，

| 5 6 5 | 3 2 1 | i – | 6 – | i i 5 | 6 7 |

挺 起 胸 膛 把 歌 唱， 唱 出 勝 利

| 2 – | i – | i 0 ‖

樂 章。

反情報責任歌
G調 4/4 進行曲速度
林君長 詞
汪石泉 曲
12.
我們要消滅潛伏匪諜，我們要消除叛國奸
敵，人人調查，果敢檢舉，人人調查，果敢檢
舉，查誰在秘密破壞，查誰在洩露機密，查
誰在分化團結，查誰的言行可疑，發現問題，反映
上級，見有可疑追查到底，破案獎金四十萬元，知匪
不報害自己，履行反情報基本責任，共同為整體安全努
力，反共復國勝利，勝利，勝利。

小意思：

本來早該給你寫信了，但由於前些日子忙著演習，最近又忙著受訓，所以迄今才稍微空些。也許你會奇怪我怎麼來此地呢？其實也沒啥，有考試我就來了，預計在小港營校待留半年，這裡休假正常多了，禮拜六下午、禮拜日是自由時間，毫無疑問。對了，你生了個寶寶還沒向你道賀呢！那天找個時間再聚聚！最近阿妹也不方便行動，她正在「帶球跑」，預計也在明年生產。

上次聽你說要裝電話，不知是否裝了，沒電話的確不方便。另外劍峯他正規班也該結束了，我打了幾次電話到他家好像都沒人接，不知是不是又到前線去了。好了，不多寫了，這段時間我想把英文句型稍再作整理，希望能有點成績。

祝

筆安

P.S. 若你裝了電話，請打給阿妹 8712121-3551，留便條轉給他即可。

我的電話（江蘇大樓轉386 話訓班、43期）

惠輝 上

5. July 1982

附件三：死黨，那些迷航的日子我們在想什麼？（書簡）

虫意思：

好久沒提筆為兩位寫信了，真不知要從何說起，前些日子收到虫意思的來信，感觸良多，「執著」和「永恆」是争是最好的寫照。我相信畢業迄今有很多同學隨波逐流已迷失不知往何方，也有些同學始終跑在時代的尖端一直平步青雲，至於我們呢？我敢說我們一直非常本份而且忠於職守但又視功名如浮雲。今天現實的環境和主觀的意識使我們對人生有了更深的体驗，不管我們怎麼想、怎麼做，每年此時都會有無數的往事歷歷如目，並不只是因為它是母親節，而是這日子代表了我們彼此「心靈的契合和共識」，在不同的崗位上追求共同的理想！

僅此頓筆！略舒心意。

長青
0507

小意思：

協同演習分手之後，轉眼迄今，也過了兩個多月，原本回到岡山後就給你寫信，無奈接了個最吃重的參三職務，從那一天開始就每天工作十八小時，真是食不知味，忙得我頭昏眼花，回顧畢業至今似乎從未閒過，也不知是命中註定如此忙碌，亦或問題考驗幹部，這幾天稍微清淡些，故趕忙提筆上陣與久別的老友敘舊。

不知道兩位兄台近況如何，尤其劉兄，到「國外」後更是未見一張半紙，讓人甚為懷念，也許公事太忙，也許家務操勞，不知你可有他的消息。另有關嫂子懷胎之事，想必一切順利，可要多加注意，也可早日生個胖娃娃，我家那丫頭－雅淳，調皮透了，前些日子帶他去大世游泳，可給他樂了，有個孩子總是好些，但我們又不能經常相處在一起，頗感遺憾。

最近你可有什麼好消息，或考試，不妨捎個信跟我們福成：

來去匆匆不是你的個性而是草綠人的作風，此番回台算算也蠻是給我們有半年以上的相聚，可是長年來辛苦盼望所致，能不言謝。

大事底定，全是水到渠成沒費許多心力，相片洗了數佰張，傢俱當已就定位，新屋是老屋改的，隔局又多不說，小倆口相依相持，散佈著幸福當兒，更盼望的乃是哪天咱們重相聚在寒舍或在你的婚禮中。

那天廣沒來（但前一天來了）你沒來，立謙、明、王利群來了，誰又責怪得出口呢？

相片送一張回你，以紀新婚歡笑！

祝　成功

建民 2009

廣地址：[illegible] 沒錯.

長青嫂：

來信與相片均收到，謝謝！這大概是「長青」社一次的大團圓，只可惜時間太匆忙了，未能盡興。

如今我們都已完成了第一志願，希望能藉著「賢內助」的鼎力合作，能使我們更加進步。

貴官提議至苗栗一遊，精神甚佳，但恐很難抽出這麼多時間。不瞞你說，從退役至今我還沒有回過復興崗我那ㄚ頭呢！從電話中得知雅涼是手愈來愈調皮，只可惜目前還無此福份逗著女兒遊戲。也預祝你們早獲麟兒。

弟 義輝 上
70.3.9

小意思：

來函知悉，得知你已回台，甚為欣慰！這兩年真希望要好好保握。現劉也結婚了，僅存的碩果，盼你先成家而後再談立業。

此次劉的婚礼，我是前日先去了，因為部隊任務，所以當天也沒趕去，僅送了份礼，目前我們最需要的是找個机會三人徹夜暢談，对「長青」的未來早作準備，信上說劉將參觀東部農場，你也至宜蘭參觀，雖然我倍感慚愧，也許是身不由己吧！我個人認為等，這「長」字辦的位置交了以後，也就是另一個階段的開始。

祝

秋安

長青
6/1003

P.S 代問候伯父母及那位準嫂子.

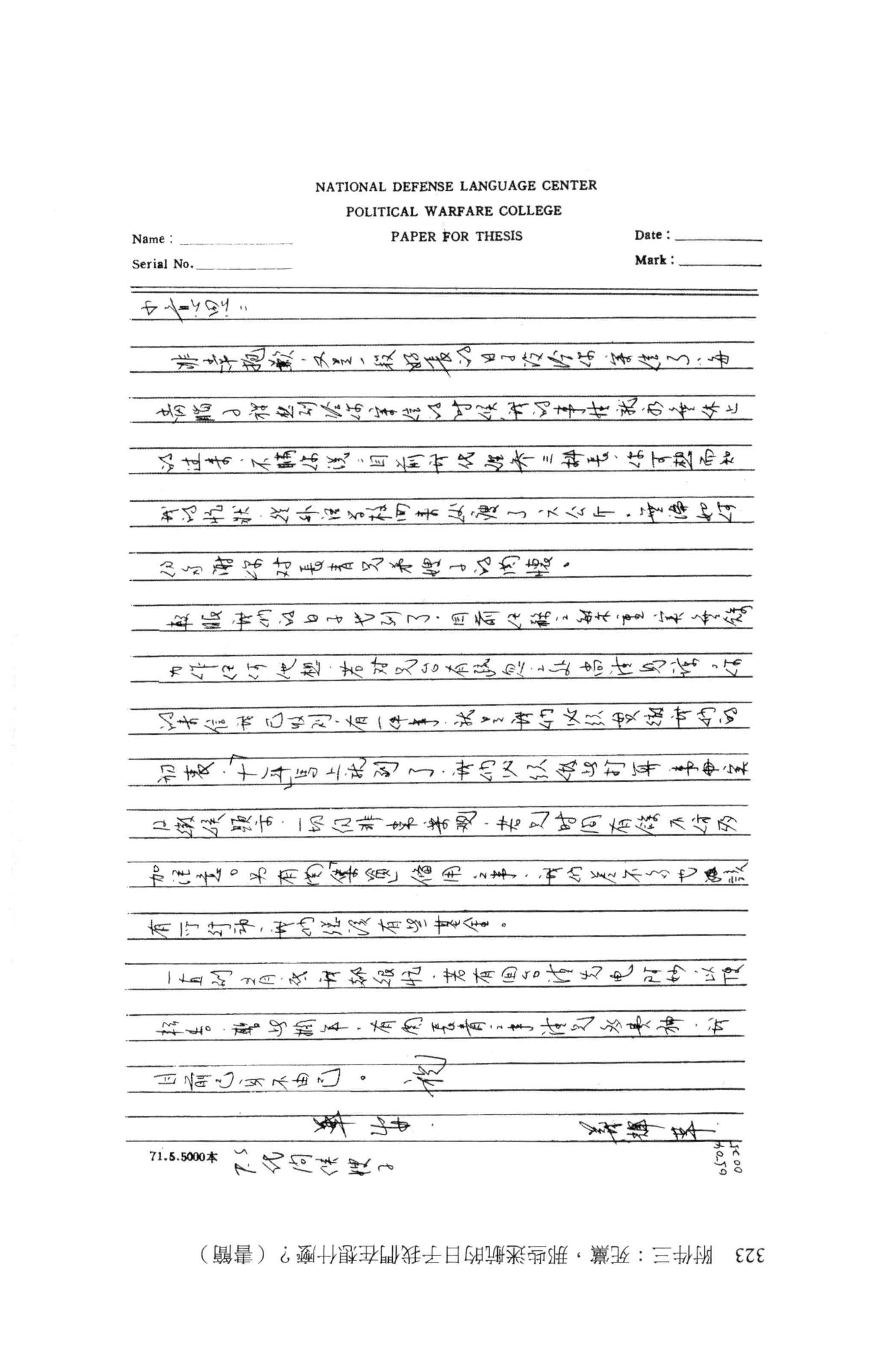

NATIONAL DEFENSE LANGUAGE CENTER

POLITICAL WARFARE COLLEGE

PAPER FOR THESIS

Name：

Serial No.

Date：

Mark：

[illegible]

71.5.5000本

福成兄：

難得的機会竟然說去就去了，我的心同你們一樣不由衷希望你捎來的信裡仍然充滿了信心，我認相信長青應如是。

關於考試一事我以為是退路亦是應該的，不止是考考高考、特考甚或導遊翻譯嚮導前可以實际從事的事，另一方面不懈的尋求長青共同目标，像你所寫的報告中所說的服務業、皮東部開發等等不都是相當有潛力的嗎？最近知道了一個朋友在台東卑南初鹿農場做事，預定九月去那裡看看，再給你寫個報告些可拋開你事出去走走的可能性確是太低了，祇要咱們商準了一行就全力以赴，失敗再起，何患不成，跟政策結合会減去多少阻力的。

九月十三（暫訂）是我和阿華的婚期，若是請得起一条水鴨子我一定过去馬祖接你來參加。

敬祝

平安健康

弟 建民 08.01

小竟兒：

近來嘗留情緒如何？銓宏可好？

又是長串的別離讓你寄來叫人心酸。我們倆給你們捕魚的兄弟，可不能一天讓船空著。兩半年滿載而歸時你已出航，唯願資深歷久的你早日獲得青睞。

七月底我不能去蟾蜍山了，你知道六月高組班結束時，我多麼盼望打個電話給你來幫我搬家，然而家還是搬完了，如今才知道你的忙。為了這小間屋子可是夠累人的，眼看輪、會是愈來愈大，果若仍寄人籬下於心何忍，好在新家的確夠美夠好，一進家門寵辱皆忘。他日休假來此小住，包當滿意。

電話正在迁裝，八月初可啟用，爾後聯絡聚會就輕鬆多了，唉！都要七年了，才有推進的感覺。

此行任副職，或可多增長常識，這些是無莫有讀不盡（樂）之慨，好個長青精神！

祝

長青、平安。

春艾 0721

西市清華里玉興29號5樓 電話同前

小意思：

寄來的幾封信，我都收到了，只是最近忙著阿妙坐月子以遲遲未給你去信。這次又是生了個丫頭，反正這年頭男女都一樣，即然命中註定要兩個千金也好。這丫頭叫"虞子嫺"，希望你下次回來有機會看看。

有關於你的SOS，原本我和阿華取得聯絡準備去援你，後來她打電話問玉鳳，好像說你已貸款到了，還怪你消息不靈通吧？事情大致就是如此。

本來明天(19)要考特考，名也報了，但適逢生產又沒看書，假也不夠，甘脆不考了，等以後有機會再說吧！下次準備參大，不知你是否聽說，主要原因是我部隊在南部可以想往北發展，離家近些，其他別無作用。

這封信在醫院寫的，字體太草(字也沒寫好過)請多見笑。以後寫信可寄至 關山 部隊，我想大部份時間不在那，尤其最近格外吃緊！

祝

華生

弟 義輝

72.1.18

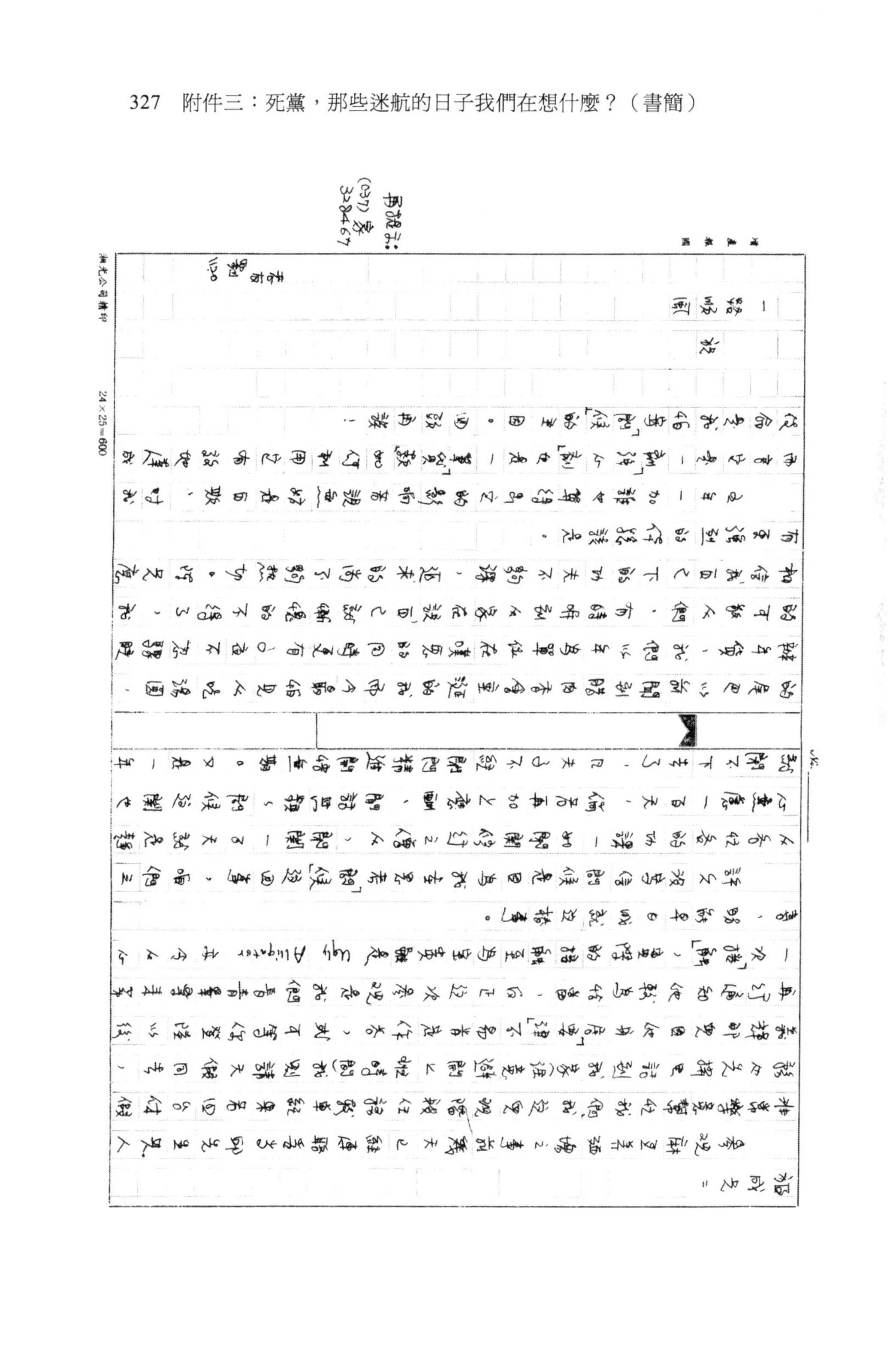

[illegible] Ugly Alligator [illegible]

[illegible]

11.20

福成兄：

數日前共剛通過电話，对吾兄甚為思念，言談之間对兄數度金馬更是感慨萬千，幸虧您好福氣，娶得鳳姊，出內操持，一手全包，上星期六我特別給他送小孩用的沐浴精去並且看看孩子，他們都很好，請您放心，若以後有何須小弟效勞之处，捎個信來，一定照办。

此次剛的考試，我想基本上應該沒问題，因為主客观的條件都对他非常有利。參加應試的人員僅23人，而且主要又是陸軍野戰部隊的，可以不久在有好消息。

最近隨著整個世局的大轉变，我們也突然变得更忙碌，時間有时也很難控制，但一切尚稱順利。暫此頓筆，何时返台渡假，務必相告！

祝

健康

快樂

[illegible] 弟

78.6.20

福成嫂兄：

寶寶誕生了嗎？我這裡一直忙的很，尤其「小翰」報到了之後，我更像鐘擺一樣，南來北往不曾歇，每個禮拜天都使我和阿華累的反應都慢了。然而累歸累，心情反而甜美的很，小傢伙的一顰一笑，亦使因我們800里路的苦和月，此中趣味唯當事者才知。

時光飛逝，我們的「訓」祇剩兩個月了，這裡是不錯的課程，於我而言仍覺十分滿意的，眼看就結訓我心戚戚，然尤其你的寶寶到現在還沒見到，你又要遠走國外，竟是如此匆匆。

母親節將至，我們依然回屏東看「小翰」，我會在這偉大的日子裡細心體味那長青精神，這精神一直鞭策著我向前莫停，我要說我真的很誠心謝這些年來它所賜我的力量。

希望福兄常常利用我家的電話(037)328467我則有空到萬盛街看我的小姪兒。

祝

安平 快樂！

還有大嫂身体健康！

弟 建成 0428

國軍 第 頁

國軍標準規定No.3-1-23(27.0×38.4)cm28½磅打字紙 @100 70.9. 6000万 中心印

NATIONAL DEFENSE LANGUAGE CENTER
POLITICAL WARFARE COLLEGE
PAPER FOR THESIS

Name : ______________ Date : ______________

Serial No.______________ Mark : ______________

小意思。"

非常抱歉，讓你等這封信，如此漫長！在你
來責怪之前，先聽我訴說：你從馬加寄來的信，我翻
遍了，就找不到你的地址，我想大概是你疏忽忘了寫
吧！為了給你回信，打了N次電話到貴府，但N次
接不通，直到今天（卅分鐘前）撥了接通，才告訴
我地址。不敢稍有怠慢，立刻疾筆而書，以博君一
笑！

另有關舍妹於今年底結婚要用，可以說迫[illegible]
搬家，但還好仍在附近，從公園這邊搬公園那邊，此
以前有便多加了個電話：758三七一九三七，而且他姊姊
也和我們一起住，彼此有個照應。

轉眼在此我也快畢業了，英文這玩藝，讓人愈讀
愈覺得自己粗淺，但無論如何這半年是我畢人
生涯中至目前為止最痛的一次，離家坐公車僅十五分鐘
時間，在此結業後應該是再回陽明山學校，預計一月
初離開。下個目標是元月十九日的特考（純屬碰運氣）
再下個目標是於大致計明年四月份，這場考試可
能要花些功夫，不知你們對我的近程計劃有何
見解，我希望你們也正著手於此。希望屆時碰見你
們。

阿妙預產期在一月份左右，前六去掃描，醫生說可
能是（穿裙子的），害得她難過了一天，當然我是不
在乎男女，她才怪！好了，暫此擱筆。

祝
愉快、

附台北石牌振華街四十六號四樓（新家）

長青
Nov. 22. 1982

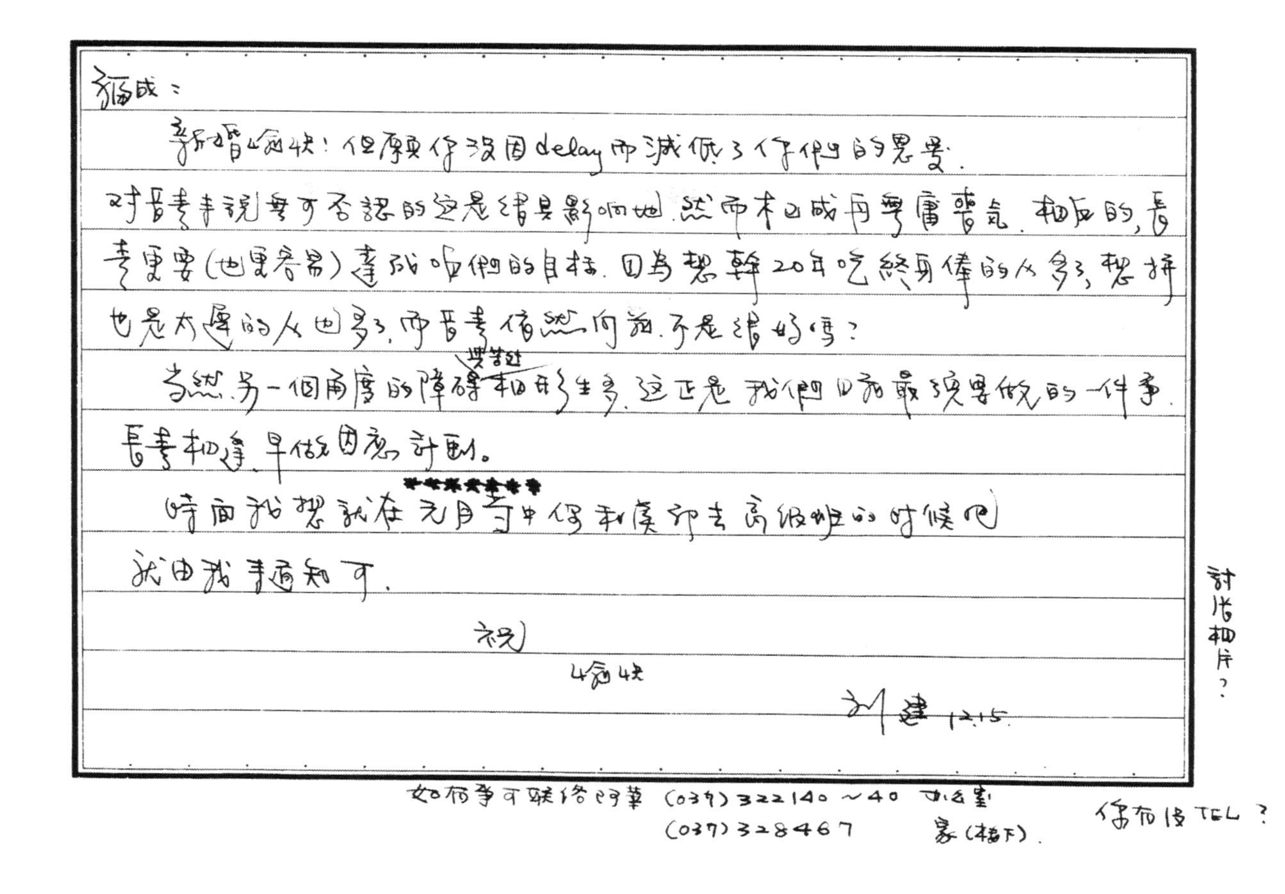

猫成：

新婚愉快！但願你沒因delay而減低了你們的恩愛。

對青年說無可否認的這是很具影响地。然而未必成再無審氣。相反的，長青更要（也更容易）達成咱們的目標。因為想幹20年也終身偉的人多了，想拚也是太遲的人也多了，而青年仍然向前，不是很好嗎？

當然另一個角度的障礙相形之下多，這正是我們目前最須要做的一件事。長青相逢，早做因應計劃。

時間我想就在元月[illegible]中你和廣[illegible]去高級班的時候吧

就由我來通知了。

祝

愉快

劉建 12.15

討論相片？

如有事可聯絡阿華 (037) 322140～40 辦公室

(037) 328467 家（樓下）。

你有沒有TEL？

路兄：

很想這個月見到你們，但却不易。

一是我要上軍交通官（正催報中）。

二是：休假日為 Wed. 而六、日，得視狀況。

請快告訴我你們家或手机的电话，也許很快我就有机会了，而且自己記住了。再（二手的电话給你們亦可）。

這些東西給你，記住！不要到營等我。

祝安好！

大嫂亦好　　建民 01.18.

澤華兄：

「你」來的SOS已於大前天收到，正忙著寫信給高寧卻先接著詠華來信，我不知道詠風（玉風）有沒有說真話：她告訴詠華說已經辦妥信用貸款，而錢則不用借了。我則并不清楚為什麼說信用貸款能抵分期貸款（付款），那你們情況將可能更不理想。當然不消多問我們三個都不可能擺脫各自眼前的負擔，但我自己則是很想幫你忙，即使是一小部份亦好，這忙就是遲的解毒劑。人生如幻，料不到何時何地、何人、何事、會降下福或災，唯願緊要關頭都有長青相助。

義輝帶護木蘭第二號，想必是又忙又苦，那便像你我各得一男而要斗事計。我想人間事恒無定論，今朝所有非我所有，好自惜福，把利弊看的淡些可為今日莊周，切不可忽視了眼前之福，意下如何？

祝

如意！

老友劉

0120.

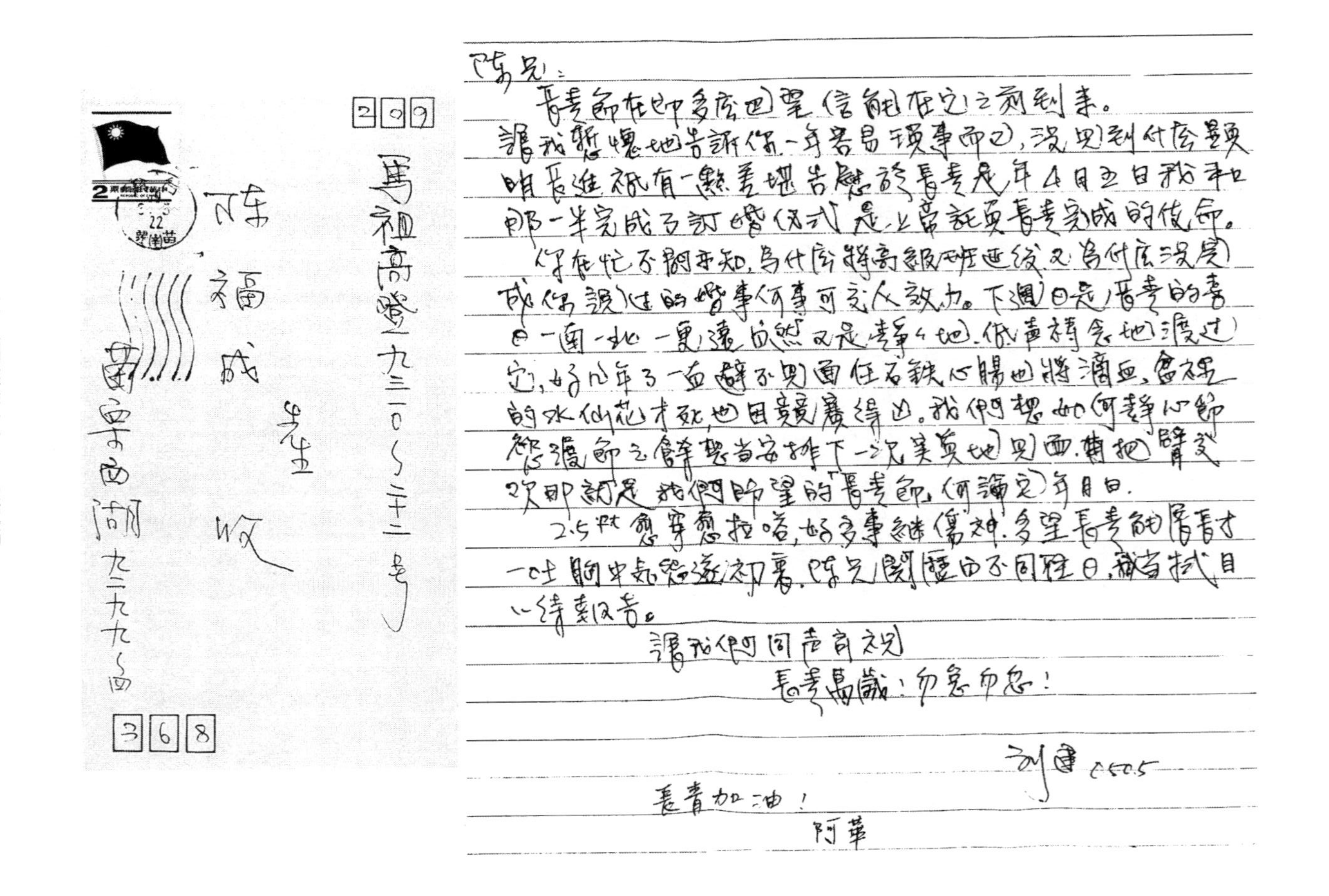

209
馬祖高登九三〇〇六二十二號
陳福成 先生 收
苗栗西湖
368

陳兄：
長青節在咱們島上(信能在之前到來。
讓我驕傲地告訴你一年容易[illegible]，沒見到什麼要
的長進，祇有一點差堪告慰於長青兄年4月5日我和
那一半完成了訂婚儀式，是上帝託負長青完成的使命。
你在忙不關未知，為什麼將高級班延後又為什麼沒完
成你說過的婚事何事可令人致力。下週日是長青的生
日一南一北一東遠，雖然又是孤零零地，依舊精采地渡過
它，好几年了一直[illegible]不見面，任石鐵心腸也將滴血，盆裡
的水仙花才死，也因[illegible]緣由。我們想如何靜心節
約[illegible]命之餘，想當安排下一次美麗地見面，借把[illegible]
次即訂是我們盼望的「長青節」(可論定)年月日。
2.5[illegible]愈穿愈拉嗒，好多事總傷神，多望長青能屆看才
一吐胸中[illegible]遂初衷，陳兄[illegible]不同往日，敬當拭目
以待喜訊吾。
讓我們同聲高祝
長青萬歲！勿急勿急！
劉建 0505
長青加油！
阿華

長青兄：

轉眼這個年頭又快过了，回畢業迄今，三人重聚似乎大海撈針，着实不易，可幸魚雁往返，頗能互通心聲，觀感，但這畢竟不是良策，我們總要重聚，檢討過去，策勵將來，不管我們目前可遭遇各有不同，但我們總希望未來能一致走上康莊大道，切莫因客观形勢的劇變而摧折了這棵長青巨木。

此次欣聞小惠思不久亦將穿西裝打領帶，確实很人又驚又喜，不知誰家閨女，紅鸞心动，怎麼未曾耳聞呢？不知良辰吉日是否已擇，若不嫌棄的話也來個再創三井九，如何？

關於劉兄可能是好事多磨吧，及此該來的總是要來，該屬於你的別人搶不掉，然实留我次也不錯，倒是兩位準新娘，彼此都不曾照面，实在有点美中不足，不知兄否，亦有同感。這個月（十二月十六、十七、十八、十九）四天我休假，我都在台北家中，若兩位也有假期或有空，很希望能斗室相聚。（行車路線：在台北坐224公車，位置在西对希爾頓左側站牌，到石牌榮民總醫院站下車，約卅分鐘，打電話給代妹妹（註：8333333），我會去總院接你們，最好在事前先打電話給代妹，以便有較多的時間通知我，而我也會定期和代妹聯络。

頌

長青永存

義輝筆

68.12.07

陳兄：

　昨夜內人來電，得知兄已回台灣甚悅，我1月16/17/18/19四日休假，若你有空希望能在16日到台北，我想這時間對劉可能較方便，我同時也去信給他，因日前台北租屋尚無電話，故先打內人娘家 8333233，若無法聯絡上可撥行軍路我周圍我到我家。

長青
68129

小強兄：

滿以為這次會見著面的，佛說是連一聲呼嘯都沒聽見，怨歸怨誰也沒得話說，就說「緣」字還差一點吧！

像虞兄一樣我也非常佩服你的「長青精神」仍舊保存的相當完整，這對我們來說是慚愧也是鼓勵，到底歲月還是征服了我們，使我們失去了依據。也是老天垂憐，還為我們保留了一粒 seeds 那就是你，長青何幸，任憑千錘百鍊終是有人屹立不拔。我們該何去何從是有了公論也請呼兄別再說了我們了。如今的世代事已調整前了，但請邁開大步向前去！我們「長青」永遠在一起即使是倒了、敗了也是長青所願。何悔之有！

新年要檢討舊年。

長青 25/12

小意思：

半年容易算着又是你當回家的時候了，有好多話也有好多事想跟你談談，似乎也祇有我們青青才能聽進去，而這麼多年共事的人亦不过路客乃客而已。

年前你訂婚我沒能去，四月我訂婚你連糖也沒吃，咱們倆可真各奔呀一幌就5年了，像兩個同極的磁石說什麼就是不聚首，祇夢中看見你漸漸消瘦的身体又不知真瘦否？有些時候跟阿華談起青青中的小意思她就嚷道：「到底他是誰嘛」？我說等他結婚帶她去看個明白，那曉得你的missle尚未研製成功，过年前我还保証了一段時間。

「息」事愈未愈窩囊，偏还佔去許多時間，以前沒什麼精進現在是逆波而流 真真覺得自己在退步，也真真感到而已

有為青年精神這感覺使我怵立不安不知如何是好：馬上要
填婚報表了（想到你還沒見過就舉双手讚成我的心裡就
很感動，顯然咱倆的看法已趨一致無疑）。接下來是張燈結
彩了啦！或許上帝有心安排一位佳人給我這種笨蛋以緩和
局勢，到時你不該有理由吧！〈九月初或十一月〉。

鳳婷妹妹的住址我找不到麻煩寄來，好久沒印象了。
今天的時局教人不敢訂報紙，而最令人困惑的還不是它，才
有我的不安。

希望同榻彈琴話別不抵足

劉建 06111700

陳兄：

來信知悉，得知兄台如此堅守諾言，唸之不移，使吾輩深感汗顏。吾已転知劉兄，我等原則決不改變。此次北上之行雖未全員到齊，但做了一次很好的溝通，建誼我們「心連心」、讓我們再次的為「長青」

祝福 邁進。

弟 義輝 上

附：大寒代凍，外加保重，並代問候長青嫂。

便條

長青兄弟：

看完你老遠漂來的心思，迺令我百感交集懷歎無已，許多年的確沒有誰撇得開咱們心中的長青，也沒有什麼因素化解得他，正像是活生生的哀婢無時或罷。

這條路是開始踏勘了，即表示實際着手了，是長青莫不珍惜，多望小夢思的船早些泊岸，一下船第一個動作就是給我們打個電話，還有什麼事比得長青同聚首。

婚數表回頭談，編記金門時期不得申請吧！單位電話撥108（長途台）接西湖265再接五三連，與信同步之或可來電話了。

阿華到是很誇獎你的報告。

祝

歡心如意

弟 [illegible]
0627

劉達：

我們不能人人服從[illegible]，可以和你一樣，認定必走，認定可通，除了服從真理以外[illegible]有能不做有何[illegible]，不知是否有何[illegible]。

前日陳兄來函，相互勉勵，甚覺欣慰，另望你[illegible]三言：於七日在我們的[illegible]，[illegible]來[illegible]日至一[illegible]明。另有些不能寫信告訴。

一、[illegible]我們最初的[illegible]。

二、希兩兄來函可也。

三、本期工作不得[illegible]。

四、此行為難[illegible]，[illegible]本不必[illegible]。

五、代問候老媽及小妹、阿華老師們好。

[illegible]
67.10.13

小意思。
又是一段漫長的日子，未和你聯絡了，不知近況如何？甚念！
最近，這幾個月，也夠忙的了，尤其是身為「長」字號人物，差不多都快變天才了，要背要看要測的不知多少，反正這幾年是賣給他了，隨便他怎去由。上兩個禮拜我們參加上級的戰技測驗，據說還拿了個第一，但也把我們累慘了，幸虧平日小有練習，否則真不堪想像。
前些日子和李嘉葉同學聊天，彼此都有同感慨，一個結論「想得開，但放不開」，也許這就是目前的我，更主要的是我正向「修心」之路前進，希望能暫且平靜我心。
另有件事，我們碩士同學孫彭，近期內至本單位服務，可能接吳秋林，反正滄海桑田，人世原本就是虛無，何必自尋煩惱，君看閒雲野鶴，小橋流水，不也快哉。
P.S. 很想知道你近況，
長青嫂和丫頭甚佳。
長青
690404

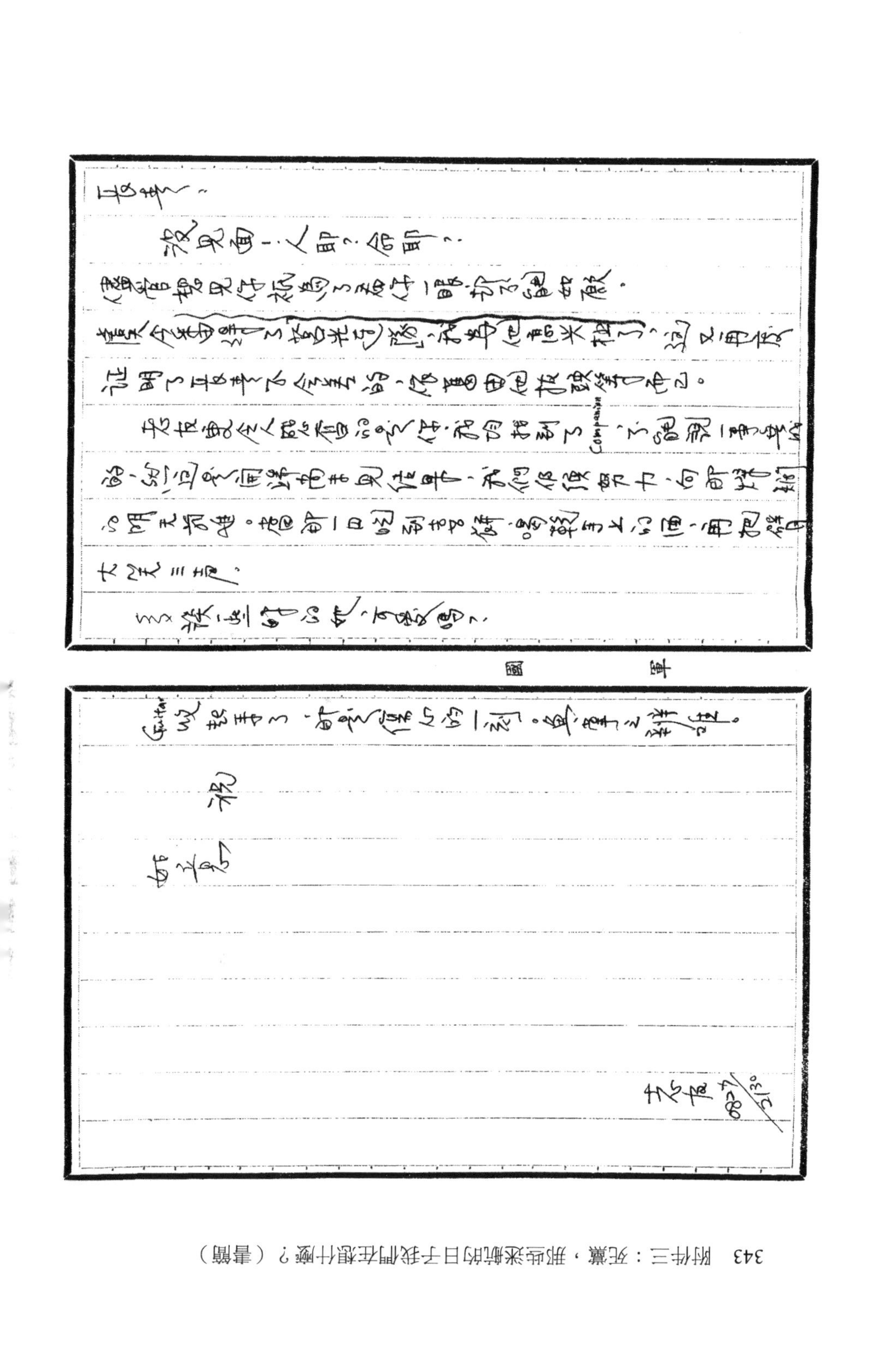

[illegible]～

我只有一人啊？你呢？

[illegible]。

[illegible]，[illegible]，[illegible]

證明了以前不會[illegible]，[illegible]而已。

我[illegible]的人[illegible]，我們找到了Companion，[illegible]

的、[illegible]，我們[illegible]，[illegible]

的[illegible]。[illegible]，[illegible]

大概三天。

xxx[illegible]。

Guitar 以[illegible]，[illegible]。

祝

好夢

[illegible]

80-7 2130

詩　跋——誰敢發動革命

老同學雲集，高唱校歌，旗正飄飄
隊伍迎著朝陽，繞行中正紀念堂
風雲輕起，山河微動
而水的演出已不如當年澎湃、洶湧
老大哥們卻仍有一糰糰火，自目光射出
欲焚燒那篡國竊位者

「應該啓動第三次革命推翻不法政權」陳同學說
隊伍三三兩兩緩慢前行，老同學們邊走邊聊
「誰敢啊！那是要命的！」

少將退伍的李同學漫不經心的說
四週的刺網拒馬盡忠職守，閃著兇神
誰敢蠢動就拿誰，誰叫你打破我的飯碗

日頭高照，步伐更慢，像情人散步
偶有恣縱的吶喊，拳頭輕輕舉起
實在太熱了，也不適合革命，有人先閃了
有人輕聲哼著校歌，風雲不起，山河不動
終點到，領隊宣佈：多謝參與、解散
有人商議去唱歌喝酒或打麻將
我回書房寫「春秋」，這一章的標題
「誰敢發動革命？」

後記：二〇〇六、〇七年間，台獨不法政權在貪污腐敗的陳阿扁操弄下，不斷進行

「去蔣化」、「去中國化」。本期（陸官44）同學暨國軍各軍事院校先後期老哥、老弟們，曾多次在中正紀念堂遊行，反制不法的篡竊政權，並對老校長　蔣公表達永恆的忠誠和懷念。此種忠誠非個人私心愚忠，而是對中華民族列祖列宗的效忠，及堅定支持中國終必統一的信念。

這首詩完成後不久，爆發陳水扁一家人洗錢案，他們一家子人，竟在全球各國開設秘密帳戶、紙上公司等，貪污A走的錢，奸商走後門賄賂的贓款、贓物（吳淑珍愛珠寶也），可能達數十億。到二〇〇八年十月各媒體檢調單位仍在挖、挖、挖，不知這「糞坑」中還有多少沒挖出？實際上，這是篡竊政權的本質和真相，不信請君回頭讀五千年來的中國史，凡篡竊（割據）政權必腐敗，蓋因掌權者亦知其「短命」、暫時割據一方，便能吃盡量吃、能撈盡量撈。

陳福成 80 著編譯作品彙編總集

編號	書　　　　名	出版社	出版時間	定價	字數（萬）	內容性質
1	決戰閏八月：後鄧時代中共武力犯台研究	金台灣	1995.7	250	10	軍事、政治
2	防衛大臺灣：臺海安全與三軍戰略大佈局	金台灣	1995.11	350	13	軍事、戰略
3	非常傳銷學：傳銷的陷阱與突圍對策	金台灣	1996.12	250	6	傳銷、直銷
4	國家安全與情治機關的弔詭	幼　獅	1998.7	200	9	國安、情治
5	國家安全與戰略關係	時　英	2000.3	300	10	國安、戰略研究
6	尋找一座山	慧　明	2002.2	260	2	現代詩集
7	解開兩岸 10 大弔詭	黎　明	2001.12	280	10	兩岸關係
8	孫子實戰經驗研究	黎　明	2003.7	290	10	兵學
9	大陸政策與兩岸關係	黎　明	2004.3	290	10	兩岸關係
10	五十不惑：一個軍校生的半生塵影	時　英	2004.5	300	13	前傳
11	中國戰爭歷代新詮	時　英	2006.7	350	16	戰爭研究
12	中國近代黨派發展研究新詮	時　英	2006.9	350	20	中國黨派
13	中國政治思想新詮	時　英	2006.9	400	40	政治思想
14	中國四大兵法家新詮：孫子、吳起、孫臏、孔明	時　英	2006.9	350	25	兵法家
15	春秋記實	時　英	2006.9	250	2	現代詩集
16	新領導與管理實務：新叢林時代領袖群倫的智慧	時　英	2008.3	350	13	領導、管理學
17	性情世界：陳福成的情詩集	時　英	2007.2	300	2	現代詩集
18	國家安全論壇	時　英	2007.2	350	10	國安、民族戰爭
19	頓悟學習	文史哲	2007.12	260	9	人生、頓悟、啓蒙
20	春秋正義	文史哲	2007.12	300	10	春秋論文選
21	公主與王子的夢幻	文史哲	2007.12	300	10	人生、愛情
22	幻夢花開一江山	文史哲	2008.3	200	2	傳統詩集
23	一個軍校生的台大閒情	文史哲	2008.6	280	3	現代詩、散文
24	愛倫坡恐怖推理小說經典新選	文史哲	2009.2	280	10	翻譯小說
25	春秋詩選	文史哲	2009.2	380	5	現代詩集
26	神劍與屠刀（人類學論文集）	文史哲	2009.10	220	6	人類學
27	赤縣行腳・神州心旅	秀　威	2009.12	260	3	現代詩、傳統詩
28	八方風雨・性情世界	秀　威	2010.6	300	4	詩集、詩論
29	洄游的鮭魚：巴蜀返鄉記	文史哲	2010.1	300	9	詩、遊記、論文
30	古道・秋風・瘦筆	文史哲	2010.4	280	8	春秋散文
31	山西芮城劉焦智（鳳梅人）報研究	文史哲	2010.4	340	10	春秋人物
32	男人和女人的情話真話（一頁一小品）	秀　威	2010.11	250	8	男人女人人生智慧

陳福成 80 著編譯作品彙編總集

編號	書　　　　名	出版社	出版時間	定價	字數（萬）	內容性質
33	三月詩會研究：春秋大業 18 年	文史哲	2010.12	560	12	詩社研究
34	迷情・奇謀・輪迴（合訂本）	文史哲	2011.1	760	35	警世、情色
35	找尋理想國：中國式民主政治研究要綱	文史哲	2011.2	160	3	政治
36	在「鳳梅人」小橋上：中國山西芮城三人行	文史哲	2011.4	480	13	遊記
37	我所知道的孫大公（黃埔 28 期）	文史哲	2011.4	320	10	春秋人物
38	漸陳勇士陳宏傳：他和劉學慧的傳奇故事	文史哲	2011.5	260	10	春秋人物
39	大浩劫後：倭國「天譴說」溯源探解	文史哲	2011.6	160	3	歷史、天命
40	臺北公館地區開發史	唐　山	2011.7	200	5	地方誌
41	從皈依到短期出家：另一種人生體驗	唐　山	2012.4	240	4	學佛體驗
42	第四波戰爭開山鼻祖賓拉登	文史哲	2011.7	180	3	戰爭研究
43	臺大逸仙學會：中國統一的經營	文史哲	2011.8	280	6	統一之戰
44	金秋六人行：鄭州山西之旅	文史哲	2012.3	640	15	遊記、詩
45	中國神譜：中國民間信仰之理論與實務	文史哲	2012.1	680	20	民間信仰
46	中國當代平民詩人王學忠	文史哲	2012.4	380	10	詩人、詩品
47	三月詩會 20 年紀念別集	文史哲	2012.6	420	8	詩社研究
48	臺灣邊陲之美	文史哲	2012.9	300	6	詩歌、散文
49	政治學方法論概說	文史哲	2012.9	350	8	方法研究
50	西洋政治思想史概述	文史哲	2012.9	400	10	思想史
51	與君賞玩天地寬：陳福成作品評論與迴響	文史哲	2013.5	380	9	文學、文化
52	三世因緣：書畫芳香幾世情	文史哲				書法、國畫集
53	讀詩稗記：蟾蜍山萬盛草齋文存	文史哲	2013.3	450	10	讀詩、讀史
54	嚴謹與浪漫之間：詩俠范揚松	文史哲	2013.3	540	12	春秋人物
55	臺中開發史：兼臺中龍井陳家移臺略考	文史哲	2012.11	440	12	地方誌
56	最自在的是彩霞：台大退休人員聯誼會	文史哲	2012.9	300	8	台大校園
57	古晟的誕生：陳福成 60 詩選	文史哲	2013.4	440	3	現代詩集
58	台大教官興衰錄：我的軍訓教官經驗回顧	文史哲	2013.10	360	8	台大、教官
59	爲中華民族的生存發展集百書疏：孫大公的思想主張書函手稿	文史哲	2013.7	480	10	書簡
60	把腳印典藏在雲端：三月詩會詩人手稿詩	文史哲	2014.2	540	3	手稿詩
61	英文單字研究：徹底理解英文單字記憶法	文史哲	2013.10	200	7	英文字研究
62	迷航記：黃埔情暨陸官 44 期一些閒話	文史哲	2013.5	500	10	軍旅記事
63	天帝教的中華文化意涵：掬一瓢《教訊》品天香	文史哲	2013.8	420	10	宗教思想
64	一信詩學研究：徐榮慶的文學生命風華	文史哲	2013.7	480	15	文學研究

陳福成80著編譯作品彙編總集

編號	書　　名	出版社	出版時間	定價	字數（萬）	內容性質
65	「日本問題」的終極處理 ── 廿一世紀中國人的天命與扶桑省建設要綱	文史哲	2013.7	140	2	民族安全
66	留住末代書寫的身影：三月詩會詩人往來書簡	文史哲			6	書簡、手稿
67	台北的前世今生：圖文說台北開發的故事	文史哲	2014.1	500	10	台北開發、史前史
68	奴婢妾匪到革命家之路：復興廣播電台謝雪紅訪講錄	文史哲	2014.2	700	25	重新定位謝雪紅
69	台北公館台大地區考古・導覽	文史哲				
70	那些年我們是這樣談戀愛寫情書的（上）	文史哲				
71	那些年我們是這樣談戀愛寫情書的（下）	文史哲				
72	我的革命檔案	文史哲				革命檔案
73	我這一輩子幹了些什麼好事	文史哲				人生記錄
74	最後一代書寫的身影：陳福成的往來殘簡殘存集	文史哲				書簡
75	「外公」和「外婆」的詩	文史哲				現代詩集
76	中國全民民主統一會北京行：兼全統會現況和發展	文史哲			5	
77	60後詩雜記現代詩集	文史哲				現代詩集
78	胡爾泰現代詩賞記	文史哲			8	現代詩欣賞
79	從魯迅文學醫人魂救國魂說起	文史哲			10	文學
80		文史哲				
81						
82						
83						
84						
85						
86						
87						
88						
89						
90						
91						
92						
93						
94						
95						

陳福成國防通識課程著編作品

（各級學校教科書）

編號	書　　名	出版社	教育部審定
1	國家安全概論（大學院校用）	幼　獅	民國 86 年
2	國家安全概述（高中職、專科用）	幼　獅	民國 86 年
3	國家安全概論（台灣大學專用書）	台　大	（台大不送審）
4	軍事研究（大專院校用）	全　華	民國 95 年
5	國防通識（第一冊、高中學生用）	龍　騰	民國 94 年課程要綱
6	國防通識（第二冊、高中學生用）	龍　騰	同
7	國防通識（第三冊、高中學生用）	龍　騰	同
8	國防通識（第四冊、高中學生用）	龍　騰	同
9	國防通識（第一冊、教師專用）	龍　騰	同
10	國防通識（第二冊、教師專用）	龍　騰	同
11	國防通識（第三冊、教師專用）	龍　騰	同
12	國防通識（第四冊、教師專用）	龍　騰	同

註：以上除編號 4，餘均非賣品，編號 4 至 12 均合著。